# 성공
# 酒도

HadA

# 성공주도

**초판 1쇄 발행** 2016년 1월 6일

**지은이** 박흥석 안학훈 이형석
**펴낸곳** 하다
**펴낸이** 전미정
**책임편집** 남명임
**기획·정리** 손시한
**디자인** 남지현
**일러스트** 최민경
**출판등록** 2009년 12월 3일 제301-2009-230호
**주소** 서울 중구 퇴계로 182 가락회관 6층
**전화** 02-2275-5326
**팩스** 02-2275-5327
**이메일** go5326@naver.com
**홈페이지** www.npplus.co.kr
**ISBN** 978-89-97170-24-1  03320
**정가** 16,000원

ⓒ박흥석, 안학훈, 이형석, 2015

# 성공
# 酒도

사실 이 책을 만든 동기는 해외 비즈니스를 잘하기 위해서는 세계 각국의 다양한 술문화를 잘 아는 것도 중요하겠다는 막연한 생각에서 비롯되었다.

나는 우리나라 무역진흥을 위해 설립된 코트라에서 2년 넘게 근무할 기회가 있었다. 산업부 소속인 나를 비롯하여 코트라 직원과 국세청, 중소기업진흥공단, 수출입은행, 무역보험공사 등에서 파견 나온 직원들 그리고 국가별 전문위원들이 함께 우리 기업의 해외진출을 상담하고 지원하는 일을 주로 하였다. 여러 기관 사람들이 어울려 일을 하다 보니 퇴근길에 자연스럽게 술 한잔 기울이는 날이 자주 있었다. 여러 국가에서 다양한 일들을 한 분들이 모였으니 말 그대로 술자리의 화제가 끊이질 않았다.

그러던 어느 날 누군가 해외 비즈니스를 하면서 겪은 술과 관련된 에피소드를 모아서 들려주면 재미도 있고 사람들에게 도움을 줄 수도 있겠다는 이야기를 했고 그날 술에 취해 우리는 의기투합하게 되는 어리석음을 저지르고 말았다. 그리고 차마 누구 하나 중간에 그만두겠다는 말을 못하고 여기까지 온 것 같다.

2년여에 걸쳐 술에 관한 책과 자료를 보고 차근차근 에피소드를 모으는 작업을 진행해 왔으나 어떤 형식으로 글을 묶을지가 많은 고민이 되었다. 그래서 실제 우리가 수집한 이야기를 좀 각색해서 써보기로 했다. 가급적 독자들이 따분하지 않고 편안하게 읽을 수 있도록 나름대로 노력했으나 얼마나 흥미가 있을지는 모르겠다. 사실 단순히 술에 관한 정보를 알려준다는 관점이 아니라 술과 비즈니스를 연결해보고자 하는 의도에서 이 책은 시작되었다.

흔히 비즈니스와 술은 깊은 관계가 있다. 우리나라나 중국과 같이 음주문화가 확산되어 있는 나라에서는 더욱 긴밀한 관계가 있는 게 사실이다. 오늘날 우리나라의 수많은 기업인들이 전 세계를 상대로 비즈니스 활동을 펼치고 있다. 나라마다 역사와 문화, 전통, 국민적 정서가 다르기 때문에 각국마다 차별화된 마케팅을 해야 한다고 누구나 쉽게 이야기할 수 있다. 그러나 우리가 실제 경험해보지 않고 한 나라의 문화를 디테일한 부분까지 깊이 있게 알기가 쉽지 않은 것이 현실이다.

술문화만 하더라도 '술'에 대한 관념 때문인지는 모르겠으나 해외 비즈니스 활동과 연관하여 각국의 독특한 술문화를 이해하고 실전에 대응할 수 있는 정보나 자료가 부족한 실정이다. 해외 비즈니스를 위하여 처음으로 낯선 이국땅에 진출하는 경우, 해당 국가의 세제를 비롯한 관련 법제도, 경제여건, 산업발달 수준 등 직접적인 투자환경을 당연히 잘 알아야겠지만 현지 적응에 필요한 그 나라의 전통과 문화를 이해하는 것도 매우 중요하다.

이 책은 실제 해외 비즈니스 현장에서 겪은 술과 관련된 에피소드를 들려줌으로써 독자가 직접 경험한 것처럼 느끼도록 노력했다. 아무쪼록 한 국가의 술문화를 이해하고 '술'이라는 감성 매개체를 비즈니스의 긍정적인 활력소로서 이용하는 데 조금이라도 도움이 되었으면 하는 것이 작은 바람이다. 이 책을 만드느라 함께 고군분투한 안학훈, 이형석 그리고 소재를 제공해 주신 많은 분들께 감사드린다. 아울러 책 발간을 흔쾌히 받아주고 삽화까지 넣어서 예쁜 책으로 만들어 주신 도서출판 하다의 전미정 대표와 직원 분들께도 진심으로 감사드린다.

평온함과 비즈니스가 공존하는 지평선의 고장,
김제 자유무역지역에서
박 흥 석

# 차례

# 晝耕夜酒

### 주경야주_ 유럽 : 낮엔 일하고 밤엔 술과 함께 인생을 즐기세

# 酒器晚成

### 주기만성_ 중남미·미주 : 술과 함께라면 언젠가는 큰 뜻을 이루리

# 寤寐酒忘

### 오매주망_ 러시아권 : 자나 깨나 술 생각이로구나!

에필로그_ 비즈니스와 감성, 그리고 술

부록_ 이것만은 알고 마시자

참고문헌 및 도움을 주신 분들

### 반주해

하다 출판사의 팀장. 악성 곱슬머리에 시력이 나빠 안경을 벗으면 10m도 걷기 힘들다. 엉뚱하고 실수투성이지만 '감'이 좋아 어떻게든 버텨가고 있다. 다소 급하고 덜렁대는 성격을 가지고 있어 자신과 대비되는 유식혜 과장에게 은근히 콤플렉스를 갖고 있다. 밝고 긍정적인 성격으로 작업의 활력소를 담당한다.

### 주안상

국제무역발전협의회의 실장으로 전 세계 구석구석 안 다녀본 나라가 없을 정도로 해외 경험이 많다. 말이 필요 없는 애주가. 외국 각지에서 한국 사업가들을 지원하는 일을 하다 보니 '술'의 힘을 몸소 체감했다. 출판사와의 술자리에서 '술과 글로벌 비즈니스'의 관계에 대한 얘기를 하다가 '필'이 꽂혀 유식혜 과장과 소갈량 과장을 좌우에 끼고 책 작업에 뛰어든다. 카리스마 담당.

### 유식혜

국제무역발전협의회의 과장이자 뛰어난 일꾼. '백곰'이라는 별명을 가지고 있다. 예민하고 꼼꼼한 성격으로 일처리 능력은 타의 추종을 불허한다. 스스로를 드러내는 것을 부끄러워하지만 다른 사람의 칭찬에는 은근히 약하다. 겉으로 보이는 것과 다르게 마음이 약해 반주해에게 막히는 일이 있을 때마다 뒤처리를 도와주곤 한다.

## 소갈량

국제무역발전협의회의 과장이자 마당발. 구수한 말투에 뛰어난 친화력까지 갖췄다. 술자리에서 위풍당당하게 '회오리주'를 마는(?) 그의 솜씨는 혀를 내두를 정도다. 동남아에서 근무한 경력을 바탕으로 반주해의 캄보디아 출장을 주선하기도 했다. '술과 함께라면 누구와도 친구가 될 수 있다!'고 자신 있게 말하는 그는 주안상과 도도해의 귀여움을 독차지한다.

## 도도해

하다 출판사의 미녀 사장. 일에 있어서도 술에 있어서도 그야말로 여장부다. 무언가를 한번 하기로 결정하면, 일사천리로 일을 진행시킨다. 반주해의 성격을 꿰뚫고 있어 그녀를 잘 요리해 일을 진척시키곤 한다. 사람과 여행, 술을 사랑해서 한시도 가만히 있지를 못한다. 또 그런 만큼 주위에 항상 지원군이 가득하다.

사장은 '문제 있어?'라는 눈빛으로 내 쪽을 쳐다봤다.

나는 3일 전의 술자리를 떠올렸다.

다음 날 내가 얼마나 고생을 했던가,
겨우겨우 기어서 회사에 나왔었는데…
아직도 그 여파가 가시질 않았건만.

'주 실장님은 생각할 시간이 필요하시다더니, 벌써 다 끝내신
거야? 뭔 일이 이렇게 일사천리야.'

나는 울상을 지었다.

⋮

3일 전 밤.


"자, 자, 반 팀장 한 잔 더 들어요. 우리가 이렇게 만난 것도 인연입니다. 피할 수 없는 인연. 흐흐흐."

"주 실장님, 이제 고만요. 저 벌써 주량 오버라구요. 내일 일 못해요~ 아이고."

"어머, 반 팀장. 편집자가 그렇게 술이 약해서야 어떻게 이 험한 출판계를 헤쳐 나가겠다는 거야! 아휴, 걱정이야 걱정. 저자들 중에 술 센 사람이 얼마나 많은데~ 인생의 쓴맛, 단맛 다 아는 사람에게 술은 친구라고, 친구!"

나는 옆에서 주 실장을 거드는 사장에 야속한 눈초리를 날렸다. 말술을 들이켜도 꿈쩍없을 두 사람 사이에 끼여 있으니, 이 일을 어찌할꼬. 하지만 두 사람은 나를 놀릴 만큼 놀렸다고 생각했는지, 이내 이야기꽃을 피우기 시작했다. 은근한 배려가 느껴졌다.

반 팀장, 술이 뭐라고 생각해요?

주 실장이 물었다.

술이라고는 한 잔도 걸치지 않은 사람처럼
예의 예리한 눈빛이 살아 있었다.

**"**

술이요?! 글쎄요. 저는 술을 잘하진 않지만 좋아해요.
사람 사이의 벽이 옅어지는 기분이에요.
제가 아주 취할 때까지는 먹지 않는 편이라…
'형님, 아우' 하며 마구 벽을 부수진 않지만요. 하하.
사람이 정신이 말짱할 때는 선입견에 휘둘리기 쉽잖아요.
'아, 여기 다니는 누구구나.'
'직책이 뭐라고? 와! 대단한 사람이네.' 하면서
먼저 거리를 두거나 그 사람에 대한 이미지를 미리 만들어
두는 경우가 많거든요. 상대와 나 사이에 벌써 많은 것들이
놓여 있는 거예요. 근데 술자리에서는 그런 벽들이
금세 사라져요.
먹을 것 앞에서 풀어지는 면도 있겠죠. 맛있는 안주에
달콤한 술이라. 그럴 때면 일이 아닌
본능적인 솔직한 기분이 얼굴에 드러나잖아요.
'아, 좋다~ 풀어진다. 즐겁다.' 그런 얼굴을 마주하면
저도 조금씩 긴장이 풀리는 거죠.
주 실장님만 해도 처음에는 무서운 사람처럼 보였다구요.

**"**

"하하. 사람이 다 거기서 거기죠. 무역을 하다 보면 해외의 날고 기는 사업가들을 만나는 경우도 많은데, 다 똑같아요. 미팅을 할 땐 바늘 하나 들어가지 않을 것 같던 사람들이 같이 술잔을 기울일 때는 이웃집 친구 같아지죠. 그들도 일을 하면서 한껏 긴장했던 몸과 마음을 편하게 쉬고 싶은 겁니다. 그래서 나는 오히려 술자리에서 거래처 사람들을 더 잘 알아갈 때가 많아요."

"음~ 이해가 가요. 정말로… 응?! 주 실장님 무역일 얼마나 하셨죠?!"

"글쎄, 나는 오리지널 무역인은 아니죠. 사업가들이 해외무역을 원활히 할 수 있게 도와주는 일을 하니까. 아, 벌써 20년이 훌쩍 넘었군요. 가만 보자, 30년 채울 날도 얼마 안 남았구만… 하하."

'술… 무역… 사업… 그리고, 술?!'

나는 불현듯 머릿속에 떠오르는 아이디어에 상기된 얼굴로 말했다.

"앗! 비즈니스를 할 때 술의 역할에 대한 책을 내보면 어때요? 실장님은 무역인들의 에피소드도 많이 알고 계시고, 또 직접 많이 만나기도 하셨잖아요."

"좀 식상하지 않을까?"

사장이 말했다.

"아니, 아니… 그러니까 세계로 나가야죠. 술이 어디 소주랑 막걸리뿐이겠어요?! 달콤한 와인에 독한 보드카, 많잖아요. 일은 사람이 만들고, 사람은 술을 사랑하고, 어딜 가나 술문화는 있다. 딱 들어맞는 것 같지 않으세요?!"

"꽤 흥미롭긴 하군요."

주 실장은 정말 관심이 간다는 듯 자세를 고쳐 잡았다.

"사실 나도 그간 해외를 숱하게 돌아다니면서, 성과와 보고서로는 측량할 수 없는 수많은 사업 성공요소에 대해서 고민하지 않은 건 아니었습니다. 그중에서 술은 정말 매력적인 성공요소죠. 인간의 감성과 문화가 버무려져 있으니까 말이에요."

"그럼, 한번 적극적으로 해 볼 생각이 있으신 거에요?"

사장 역시 주 실장의 긍정적인 태도에 슬슬 발동이 걸리는 것 같았다. 그녀가 진지하게 말했다.

"실장님, 이 주제를 책으로 만드는 게 쉬운 일은 아닐 거예요. 해외의 무역가들과도 접촉을 해야 할 거고, 인터뷰도 하고 그걸 잘 갈무리해서 글로 써야 하죠. 술에 관해서도 조사를 많이 해야 해요. 그리고 현지 조사가 필요하다면… 그러니까… 아주 아주 잘하면 해외에 나가야 할지도 모르고요."

사장은 옆에서 눈을 초롱초롱 빛내고 있는 나를 거북스럽다는 듯이 밀치며 떨떠름하게 말했다.

"그럼요! 현지에 직접 가보는 것도 정말 좋은 방법이죠!!"

내가 박수까지 치며 말하자, 주 실장과 사장은 '너의 속셈이 그거였냐?'라는 얼굴로 나를 쳐다봤다.

"아~ 왜 그러세요?! 좋은 아이디어를 냈는데. 주 실장님도 무역 일을 하면서 겪은 여러 가지 일들을 정리할 좋은 기회가 될 거고요. 그렇죠?!"

"하하하. 맞습니다. 내 비즈니스 인생에 있어서도 술은 빼놓을 수 없는 부분이고 말입니다."

주 실장은 감회에 젖은 표정으로 무언가를 생각하는 듯하더니, 조용히 소주잔을 들이켰다.

"이 일은 내가 조금 더 생각해 봐야 할 부분도 있는 것 같으니, 우리 가까운 시일에 한 번 더 뭉쳐 봅시다."

빈 잔에 술을 채우며 건배를 제안하는 주 실장의 눈빛은 이미 어떤 계획이 세워진 것 같았다.

오늘의 만남을 기념하며, 건배!!!!!

나는 도살장에 끌려가는 소처럼 사장을 좇아 회사 근처의 쭈꾸미집으로 향했다.

"여깁니다."

주 실장은 먼저 와 자리를 잡았는지, 우리 쪽으로 손을 흔들었다. 테이블로 가니, 그 혼자만이 아니었다.

"자, 소개하죠. 이쪽은 유식혜 과장. 저와 함께 오랫동안 손발을 맞춰 온 친구입니다. 서로 다른 나라에 파견 가 있는 경우도 많았지만 꾸준히 연락을 이어왔죠. 놓치기 싫은 친구였거든요."

유 과장은 약간 덩치가 있지만 어딘지 모르게 섬세함이 느껴지는 외모를 가지고 있었다. 흰 피부와 얇고 긴 눈 때문일까. 왠지 모르게 풍기는 분위기가 그랬다.

"굉장히 능력 있는 친구입니다. 특히나 분석하고 정리하는 부분에 있어서는 혀를 내두를 정도죠."

"안녕하세요. 유식혜입니다."

그는 사장과 내게 명함을 건네고, 다시 조용히 자리에 앉았다.

"그리고 이쪽은 소갈량 과장, 동남아 쪽에 아주 정통한 친구입니다. 얼마 전까지 캄보디아에 있다가 왔어요. 승부사 기질에 넉살도 좋아서, 함께 있으면 절대 지루하진 않습니다."

연한 구리빛 피부의 소 과장은 익살스러운 표정을 지으며 인사했다.

"처음 뵙겠습니다. 실장님께 익히 얘기를 들었습니다. 도도해 사장님은 듣던 대로 미인이시네요. 하하. 앞으로 잘 부탁드립니다."

사장과 나는 설명 좀 해달라는 눈빛으로 주 실장을 쳐다봤다.

"하하. 저번에 술자리에서 한 얘기 기억하시죠? 술과 비즈니스에 관한 책. 한번 해보고 싶습니다. 그런데 아무래도 지원군이 필요할 것 같더군요. 그래서 이 두 사람을 섭외했죠. 여러 나라의 사례도 들어가야 하고, 조사할 것도 만만치 않을 테니까요. 저희 세 사람의 이력으로도 어느 정도의 나라는 확보가 가능할 겁니다."

사장은 주 실장의 말에 소리 내어 웃으며 말했다.

"아하! 하하, 나는 이렇게 화통한 일처리 방식이 좋아요! 이거 모임 축하주라도 해야겠네요. 이모, 여기 맥주랑 소주요!"

'역시…'

그렇게 '술과 글로벌 비즈니스'는 시작됐다.

# 酒顚八起

## 주전팔기_동북아

술로 넘어져도 다시 술로 일어나리

# 중국

G2, 중국을 공략하려면, 먼저 고량주부터 잡아라.

우리는 본격적으로 '술과 글로벌 비즈니스' 작업에 착수했다.
출판사는 자료 수집을 돕고 인터뷰를 지원하기로 했다.
실제 비즈니스맨의 사례를 모으는 게 중요한 부분이었는데,
쉽지가 않았다.

그때 전화벨이 울렸다.

"반 팀장님? 유식혜입니다."

"아, 유 과장님, 자료 조사는 좀 어떠세요?"

"네, 차근차근히 진행하고 있습니다.
그것보다 오늘 같이 만나 뵜으면 하는 분이 있습니다.
N기업 종합상사원으로 근무하셨던 분이에요.
이제는 퇴직하시고 지방에서 지내시는데,
제 연락을 받고 마침 서울 올 일이 있으니 한 번
보자고 하시더군요."

"오, 좋은 소식이네요. 곧장 달려가겠습니다."

전화를 끊자마자, 바로 약속 장소인 인사동으로 향했다.
관광객이 즐비한 대로 사이,
작은 골목길에 있는 전통 찻집을 찾았다.

평일 낮 시간이지만 관광 명소라 그런지

대부분 자리가 차 있었다.

창가 쪽 구석에 앉자,

칸막이 너머 자리에서 중국인 관광객들의 목소리가 들렸다.

아는 중국어라고는 인사말과

'니 쉬팔로머(밥 먹었니?)'밖에 없는데, 중국이라…

고전, 한자, 사극, 영화를 많이 본 탓인지

가까운 나라 같은데, 정작 중국 사람들은 어떨까?

라고 생각하니 전혀 아는 게 없는 나라 같기도 했다.

*"이쪽입니다. 선생님."*

유 과장의 목소리에 고개를 드니,

나이 지긋한 신사분을 모시고 내가 앉은 테이블로 오고 있었다.
나는 자리에서 일어나 두 사람을 맞았다.

"안녕하세요. 하다 출판사의 반주해라고 합니다."

"반갑습니다. 고량주라고 합니다. 책 쓰는 데 제 도움이 필요
하다고요."

"네네. 당근이죠. 술과 글로벌 비즈니스를 알아보는데, 선생
님 같은 산증인의 이야기가 빠질 수는 없죠. 말씀 편하게 하
세요. 유 과장님께 듣기로는 선생님이 중국에서 아주 날리셨
던 분이라던데요?"

"하하하. 유 과장이 그랬나?"

유 과장은 내 입방정에 질끈 눈을 감더니,
다시 정중하게 말했다.

"선생님 명성이야, 중국 무역하는 사람들 사이에서 모르는 사람이 없죠. 저도 컨설팅을 할 때 선생님이 체결하셨던 계약들을 예로 드는 경우가 많았습니다."

고량주 선생은 너털웃음을 짓더니 말했다.

"요새야 하도 빠른 세상이니, 어디 내 얘기가 아직까지 나올 만한가."

"아닙니다. 기술이 아무리 발전했어도 결국 일은 사람이 하는 건데요. 그리고 무역에 있어서 사람 됨됨이가 가지는 힘은 막강합니다. 앞으로도 마찬가지일 테죠."

"맞아. 그거야 그렇지."

고량주 선생이 미소 지었다.
그의 얼굴에 흘러간 세월만큼이나 깊은 주름이 팼다.
그가 천천히 입을 열었다.

"1992년 중국과 정식 수교를 맺으면서, 많은 한국 기업들이 물밀듯 중국으로 진출했지. 연일 중국 관련 기사가 미디어를 차지하고, 중국을 모르면 대화에 끼지 못하는 분위기일 정도였으니까. 위로는 우리 조선족 자치구가 있는 연변부터 시작해 동북3성의 장춘, 심양, 대련에서 산둥의 청도, 연태, 위해, 화동 지역의 상해, 소주, 항주. 화남 지역의 광동 등등 조그만 보따리 무역부터 대기업들이 앞다투어 나갔어."

"그랬군요."

"우리 회사도 경공업 분야로 진출했지. 일단 직접투자에 앞서서, 현지 중국 업체에 임가공 형태로 오더를 주는 위탁생산 방식으로 진출했어. 새벽에 닭 우는 소리가 한반도까지 들린다는, 산둥 반도 일대 지역의 중국 공장들을 찾아 작업을 진행한 거야."

"당시 중국에서 생산되는 자재가 아직은 국제규격에 못 미치고, 현지 업체들은 자금력이 부족했습니다. 그래서 발주자 측에서 원부자재를 공급하고 현지에서는 단순 봉제 완성만 하는 내료가공(來料加工) 형태로 갔죠."

유 과장이 설명을 곁들였다.

"맞아. 우리도 그렇게 했지. 그런데 이런 형태의 거래 방식이 가지는 최대 약점이, 수출가의 60% 정도를 차지하는 자재를 넣어주었는데 어떤 사유로 문제가 발생할 시, 아무런 안전장치가 없다는 거야. 아니나 다를까, 별 탈 없이 1년 이상 진행해 오던 작업들이 공장에서 원부자재를 볼모로 잡고 작업 거부, 임가공료 선지급, 가격 상승 등을 요구하고 나섰지."

"허허. 말 그대로 BJR, 일명 '배째라'라고도 하지. 본사 영업 담당자가 현지 업체와 지루한 담판을 했는데 오히려 서로 간 감정 골만 깊어지고 납기는 놓치고…[1] 본사에서는 중국 전문가인 주재원이 나서 보라고 재촉했어. 그래서 내가 그 공장에 가게 됐지."

고량주 선생은 그때를 떠올리는 듯했다.

"지역명이 석도(石島)였어.

장보고 사당도 있고, 거기서 빈 맥주병을 바다에 던지면,

목포 신안 앞바다에 도착한다는 걸 봐서 해류 방향에 따라

고대에 이미 항로가 있었던 곳 같아.

그때로 치면 주재한 지 1년도 안되고,

중국말이라고는 밥 먹고, 집 찾아가는 수준밖에 안 되는데,

무슨 전문가라고 하는지…

그래도 일단 부딪히는 게 상사 주재원의 임무 아닌가.

조선족 통역을 대동하고 현지 관할 현(縣) 당서기를

사전 접촉해, 협상에 동참하도록 계획을 세웠지.[2]

무릇 어느 나라 공무원들이 다 그렇듯이,

중국 공무원들도 어떤 사안에 대하여,

확실한 흑백을 가리고 귀책을 가려내 해결책을

마련하기보다는 대강 양측의 의견을 중간 부분으로

중재하는 역할만 해. 물론 중국 측에 유리하게 말이야."

[1]    중국 업체가 이를 교묘히 이용하는 측면도 있다.

[2]    참고로, 많은 우리 업체들이 초기에 시행착오를 겪었
던 사례 중의 하나가, 정공법보다는 변칙 접근, 이를테면
당서기, 공안, 세관 등 고위급들과의 꽌시(관계)에 너무 의
존해 일을 그르쳤던 경우이기도 하다

'팔은 안으로 굽기 마련이라고,
경위야 어떻든 자국에 유리한 쪽으로 해결하려 하는구나.'

고량주 선생의 이야기에서 해외 무역이 가지는 가장 기본적인 장애물을 확인할 수 있었다. 이야기는 계속 이어졌다.

"오전 내내 같은 이야기만 반복해서 주고받고, 독한 중국 담배는 어찌 그리 권하는지. 협상장이 담배 연기로 찌들 무렵, 점심 때가 되어 식사를 하러 갔지.
그런데 아뿔싸, 협상 당사자는 우리 측 4명, 중국 측 4명인데, 테이블은 열댓 명이 앉을 수 있는 크기인 거야. 그 옆에 정체를 알 수 없는 중국 사람들이 너덧 명 있는데, 알고 보니 운전기사, 공장 경리 담당, 나머지 둘은 끝까지 정체를 몰랐어.
여하튼 바람잡이, 술상무 역할이었던 게지."

"어머, 아주 작정을 했던 거군요."

'상대방을 사냥감처럼 교묘하게 술자리로 몰아가다니…'

갑자기 이야기가 흥미진진해졌다.

"당서기의 장황한 오찬 연설부터 시작해 식사를 하는데,
첫마디가 친한 친구, 손님이 왔으니
첫 잔을 건배해야 된다고 윽박을 지르더군.
메인 요리는 아직 나오지도 않고, 밑반찬밖에 없었어.
게다가 잔은 포도주 잔이요,
술은 그 유명한 52도짜리 백주였지.
그래도 기싸움에 밀릴 수 있나.
우리 측 수석대표인 내가 당서기와 건배를 했지.
참, 자네들은 건배의 의미가 뭔지 알고 있나?
'잔을 비우다'라는 의미지.
나는 그때서야 그 의미를 몸소 알았네."

'으, 빈속에 포도주 잔으로
52도짜리 술을 마시다니.'

내 뱃속이 다 찌릿하는 것 같았다.

"그때부터 시작이었지. 이 정체 모를 인간들이 돌아가며 권주사를 한마디씩 하고 술을 권하더군. 사전에 들은 바로는, 사양하면 예의가 아니라고 하고, 또 여기서 지면 협상에서 밀릴 것 같다는 우둔한 오기가 발동했어. '좋다, 한 잔씩 대작해주마' 작정하고, 한 잔씩 돌아갔지. 두 순배, 즉 여덟 잔을 들이키고 나니, 거의 인사불성이야. 정작 메인 요리는 손도 못 대고, 이미 모두들 (주로 한국 측만) 취해 협상이고 뭐고 거의 초토화였어. 한 30단어 정도 아는 중국어가 횡설수설 나오게 되더군. 그렇다고 여기서 물러서면 죽도 밥도 안 되고, 오히려 중국 측 기세만 올려주고 올 판이었지."

술자리에서의 기싸움이 꽤나 중요한 요소구나 싶었다.
고량주의 말은 계속 이어졌다.

"하지만 우리 쪽에도 비장의 무기가 있었어. 같이 동행한 조선족 직원이었지. 여자 직원이라, 상대 측에서도 술을 권하지 않고 조신하게 앉아서 통역만 했는데, 알고 보니, 이 분이 두주불사 여장부인 줄을 우리 쪽도, 상대 쪽에서도 꿈에도 생각지 못한 거야. 근데 사태를 지켜보던 여직원이 나서야겠다 생각이 들었는지, 일어나서 '우리 대표가 취했으니, 무릇 신하된 자로서 대표를 대신하겠노라'고 일갈한 거지."

"와우, 멋진데요?!"

나 같으면 꿈에도 못 꿀 배짱이었다. 술로 선봉에 서다니.

"여직원은 중국 측에서 처음 권하던 방법대로 당서기부터, 공
장 사장, 주요 간부를 차례로 한 잔씩 권했어. 여자가 권하는
잔이니, 사양하면 모양 빠지지. 일당 사(一當 四)로 두어 순배
를 돌리니 드디어 당서기부터 한 사람씩 횡설수설에 5분마다
권하던 담배도, 라이터도 떨어트리는 거야. 아니나 다를까 휴
전 제의가 들어오더군."

"휴전이면, 끝이 아니었습니까?"

유 과장이 물었다.

"말도 마. 숙소로 가서 거의 죽어 있는데, 오후 5시에 2차전이 열렸지. '그래, 죽어보자'하고 자리에 나갔더니 그나마 이번에는 잔이 엄지손가락만 한 작은 잔으로 바뀌어 있더군. 이제 힘겨루기는 대충 끝내고, 대화를 시작했어. 서로 간에 다소 친근감이 돌고, 저녁이라 분위기가 더 좋기도 했지. 일도 잘 마무리되고, 결국 장소를 옮겨서 춤까지 추며 어울렸으니까. 사실은 중국 측에서 생떼를 쓴 거고 우리 측에서는 본전인 셈이지만, 잘 풀리지 않았다면 손해가 이만저만이 아니었을 거야. 우선 사람들과 친해지니 서로 믿음이 생기게 됐어. 그 후에도 그 업체와는 좋은 관계를 유지했지. 논리 대립으로 서로 간에 조금의 공간도 없을 때, 나름대로 이런 분위기에서 사람 사는 이야기들을 하면서 서로의 진면목(?)을 보게 되니 마음이 열렸던 것 같아."

"맞아요. 사람들은 꼭 서로의 풀어진 모습을 보고 나서 더 친해지는 것 같아요. 점잔 빼며 앉아 있다가, 서로 술에 취해 갈 때까지 간 모습을 보였으니 친해질 수밖에 없겠네요. 어깨에 힘줄 필요도 없어지고요."

"그렇지."

"중국 술·접대 문화가 지금은 많이 바뀌었지만, 인치(人治)를 하는 전통이 남아 있어서 아직도 접대는 비즈니스에서 상당히 중요한 역할을 하고 있어. 그 후에도 중국에 있으면서 절실히 느꼈던 것은 사안에 따라서는 통역을 대동하기도 뭣하고, 통역이 끼어 있으면 분위기도 흐트러지기 때문에 중국어 공부가 절대적으로 필요하다는 점이었지. 덧붙이자면 몇 가지 아는 사자성어가 아주 유용해. 그 후 중국어 공부가 조금 풀어졌을 때도 사자성어는 열심히 외웠었지."

유 과장과 나는 고개를 끄덕거렸다.

"아, 그 조선족 여직원분은 그 후로 어떻게 되셨어요?"

내가 물었다.

"하하. 그 대단한 여성분은 한국으로 건너와 큰 회사의 중요한 역할을 했다더군. 나도 풍문으로만 들었네."

고량주 선생과 헤어지고 난 후
나는 유 과장과 지하철을 타고 돌아오면서 좀 더 이야기를 했다.
중국에도 얼마간 파견 간 적이 있던 유 과장은 해박한 지식을 드러냈다.

"산둥에는, 저도 2년 정도 있다가 왔습니다."

"그래요? 중국은 하도 땅덩이가 커서
각 지역마다 술 문화도 조금씩 다를 것 같아요."

"그렇죠. 중국은 잘 아시다시피
국토 면적이 한반도의 44배, 한국(남한)의 97배 크기,
남북 간 거리가 약 5,500km, 동서 간 거리가 약 5,200km입니다.
인구는 공식적으로 2013년 말 기준으로 13억 6,072만 명인데
비공식 인구를 포함하면 약 15억 가까이 되지 않을까 생각합니다."

'뭐야, 이 사람. 왜 이런 걸 외우고 있는 거야.'

나는 유 과장을 외계인 보듯이 쳐다봤다.

"오늘 고량주 선생님을 만나기로 해서, 좀 조사해 본 겁니다."

유 과장은 내 눈빛을 보고 어떤 생각을 하는지 알겠다는 듯이 말했다.

'역시 귀신이네.'

"중국의 행정구역은 홍콩, 마카오, 대만을 제외하고 31개 행정구역에 56개 민족으로 이루어져 있죠. 중국 대륙에 31개의 작은 나라가 별도로 존재한다고 생각해도 좋습니다. 넓은 국토에 다양한 민족, 지역적으로 다른 문화와 풍습으로 인해, '한 지방의 물과 흙이 그 지방의 사람을 기른다(一方水土養育一方人)'는 중국 속담처럼 지역에 따라 사람들의 성격도 제각각입니다."

"음~"

"일반적으로 사람들이 아는 것이 '북방은 술을 좋아하고 남방은 술이 약하다'입니다. 지역으로 볼 때는 동북 사람은 호탕하고 다혈질적이며 술을 즐기고 공격적이지만, 의리를 중시해 '동북 호랑이'라는 별명을 가지고 있죠. 북경 사람은 말을 굉장히 잘하고 정치에 관심이 많으며, 수도 사람으로서의 자부심이 대단합니다. 그래서인지 남자들이 뒷일은 생각하지도 않고 큰소리부터 치고 보는 경향이 많죠. 또 화동 지역이나 상해, 절강 사람들은 지혜롭고 눈치가 빠르고, 비즈니스 감각이 뛰어난데다 유행에 민감한 편입니다."

"오호~"

나는 유 과장에 말에 연신 감탄하며 귀를 기울였다.

"여기에 광동 사람은 중국식 문화의 개척자고 실천가들이며 실리주의자이고 현실주의에 기초한 물질주의자들입니다. 따라서 인생의 철학(정치)을 논하기보다 장사(돈) 이야기를 많이 하고 마음(정, 의리)을 나누기보다는 이익으로 친구를 대하죠."

"그렇다면 산둥 사람은요?"

"흠… 청나라 말기부터 산둥 사람들은 동북3성으로 이주를 했습니다. 1930년대는 산둥성 일대에 대기근이 들어 동북3성으로 이주하는 사람들이 더 많았죠. 1956년에는 산둥성 정부에서 동북3성으로 가서 황무지를 개간할 이주자를 모집하기도 했으니까요. 그 결과 현재 동북 사람 7명 중 1명이 산둥 사람이거나 그 후예라는 비공식 통계가 있습니다. 산둥 사람과 동북 사람의 성격이 일부 유사한 데는 이런 역사적 배경도 작용했으리라 보고 있어요."

확실히 직접 지내다 와서 그런지 산둥에 대한 유 과장의 말은 더더욱 청산유수였다.

"산둥 사람들의 성격에 가장 큰 영향을 끼친 3성(三聖)은 산(태산 : 泰山), 강(황하 : 黃河), 성인(공자 : 孔子)입니다. 문학 작품에서도 산둥 사람은 호탕하고 거칠게 표현되며 술문화도 산둥에서 역사가 깊습니다. 성인, 공자도 술은 어지간히도 좋아했다고 하죠. 음식 습관은 상당히 까다로운 반면 술만은 양을 정하지 않고 마셨다고 하니까요. 산둥 사람들은 술을 취할 때까지 마시는 경향이 있습니다. 정리하자면 호탕하고 솔직하고 직선적이고 의리를 중시하며 술을 호방하게 마시죠."

"유 과장님도 고량주를 꽤나 하셨겠군요."

"저는 지금도 '건배'라는 말을 싫어합니다."

유 과장의 미간이 미세하게 찌푸려졌다.

나는 피식 새어나오는 웃음을 삼키며,
그의 아픈 기억을 더 이상 헤집지 않기로 했다.

[중국]

## 역사/문화적 특이사항 및 금기사항

### 1. 녹색 모자는 금물

중국에서 남자가 녹색 모자를 쓰면 '아내가 바람났다'는 것을 의미한다. 녹색 모자에 대한 금기는 원나라 때로 거슬러 올라간다. 한편 녹색 모자와 관련된 관용어로 '뻬이런따이뤼마오즈(被人戴綠帽子, 녹색 모자가 씌워졌다)'라는 말이 있는데 이는 체면이 구겨지는 일을 당했을 때 쓰는 표현이다.

### 2. 중국을 상징하는 건축물 상표 사용 불가

중국에서는 국가 명칭이나 국기, 국장, 군기, 훈장 등과 같거나 비슷한 도형, 중앙국가기관이 소재하는 특정한 지명이나 대표 건축물의 명칭, 도형을 상표로 사용하지 못한다. 이를테면 '톈안먼(天安門, 천안문)', '즈광거(紫光閣, 자광각)', '런민따회이탕(人民大會堂, 인민대회당)' 등은 간판이나 상표에 사용하지 못한다. '중국(中國)'이나 '국(國)'자를 첫 글자로 하는 상표에 대한 심사는 매우 까다롭다. '톈안먼 사태' 발발 일자(6.4) 등에도 사용할 수 없다.

※ 중국인민공화국상표법(제 10조 1항목 1항~3항)

"중화인민공화국의 국가 명칭, 국기, 국장, 국가, 군기, 군장, 훈장 등과 똑같거나 유사한 것뿐만 아니라 중앙국가기구의 명칭, 표지, 소재지, 특정 지점의 명칭 혹은 심벌마크를 상징하는 건축물의 명칭, 도형과 일치하는 것은 사용할 수 없다."

### 3. 종교 선전 불허

중국에서 중국 공산당원을 제외하고는 모두 종교의 자유가 있으나 종교 선전이나 대형 종교 모임은 불가하다. 외국인의 중국 내 종교 활동은 '중화인민공화국 경내외국인 종교 활동 관리규정'에 따라 허용한다. 외국인이 중국 내에서 선교 활동을 할 경우 당국의 허가를 받아야 하며, 무단으로 선교 활동을 하거나 외국인과 내국인이 함께 종교 활동을 하는 것은 금지되어 있다.

## 비즈니스 에티켓

### 1. 식사

중국은 국토가 광대하고 인구가 많아 지역마다 음식 습관에 차이가 있다. 날 음식은 거의 없고 익힌 음식이 주를 이룬다. 북방 사람들은 면을 좋아하고 진한 맛을 좋아하며 풍성한 상차림을 좋아하는 반면, 남방 사람들은 입쌀을 좋아하며 연한 맛을 좋아하고 음식을 낭비하는 것을 좋아하지 않는다. 또 회족은 돼지고기를 절대 먹지 않으며, 후베이(湖北), 저장(浙江) 등의 지역 사람들은 매운 음식을 즐기지 않는다. 그래서 중국인들과 함께 식사할 경우 먼저 금기사항이 있느냐고 물어보는 것이 예의이다.

'우지우부청시(无酒不成席, 술이 없으면 자리가 만들어지지 않는다)'라는 말이 있을 정도로 손님 접대, 비즈니스 상담 모임에서는 술이 빠지지 않는다. 술을 마실 때 일반적으로 중국 사람들은 한 사람씩 돌아가며 술을 권하고 필요한 경우 건배를 위해 자리를 자주 이석하기도 한다. 술잔을 돌리는 관습은 없다.

## 2. 선물_ 중국인에게 선물을 할 경우 유의할 점

| 관계 | 적절한 선물 | 부적절한 선물 |
| --- | --- | --- |
| 일반적인 관계 | 성의를 담은 과일·꽃·특산물 등 | 손수건·우산·시계·하얀 꽃은 눈물 혹은 죽음을 의미하므로 부적절함. |
| 비즈니스 관계 | 구하기 힘든 문화 관련 티켓, 보기 드문 특산품 | 초면에 너무 고가의 선물을 하면 상대방에게 부담감을 줄 수 있고, 뇌물로 오해하는 경우도 있으므로 주의해야 함. |

## 3. 인사_ 중국인들의 간단한 인사방식(상황 인사방식)

| 상황 | 인사방식 |
| --- | --- |
| 첫 만남 | 니하오(妳好)/닌하오(您好)<br>호칭은 이름을 빼고 성에 직함을 붙여 부름.<br>날씨나 사적인 질문을 하는 경우가 많은데, 이는 친밀감의 표현임. |
| 감사 | 쎼쎼(謝謝)<br>연장자나 상사에게는 살짝 고개를 끄덕여 인사함. |
| 일반적인 안부 | 츠러마(吃了嗎)가 보통 아는 사람 간의 편한 인사임. |

| 아침 인사 | 자오(早)/윗사람에게는 자오상하오(早上好) |
| --- | --- |
| 헤어짐 | 짜이찌엔(再見) |

## 4. 복장

중국인은 대체적으로 복장에 크게 신경 쓰지 않는 편으로 정장을 입더라도 노타이 차림이 많다. 중국인들은 복장에 있어 외관보다는 브랜드를 크게 중시하는 편이다.

 바이어 상담/거래 시 유의사항

### 1. 실수요자와 직접 접촉해야

중국은 실수요자와 에이전트가 이원화돼 있어 비즈니스 상담은 실수요자와 직접 접촉하는 것이 효과적이다. 중국 업체들이 요청하는 대리제도는 독점판매와 비슷한 형식으로서 한 지역에 대해 독점판매권을 주고 바이어의 능력에 따라 광고비용, 시장개척 비용 일부를 주는 것이나 독점대리를 한 번 주면 파트너를 바꾸기가 쉽지 않으므로 신중히 결정해야 한다.

### 2. 상담 시 최대한 중국어 가능해야

중국 업체들은 대부분이 영어구사 능력이 부족하므로 중한 통역원을 동참하는 것이 좋다. 자료 송부 시 중국어로 작성된 상담 자료를 송부하여야 하며, 통상적으로 전화 통화 시에도 중국어가 가능해야 통화를 진행할 수 있다.

먼저 중문 카탈로그 및 샘플(제공 가능한 경우)을 해당 업체에 제공한 뒤 팩스나 이메일로 접촉해야 한다. 또한 중국 업체 특성상 물품을 확인하고 구매하는 경향이 강해서 상담 시에는 샘플 등을 휴대하고 상담하는 것이 효과적이다.

## 3. 사전준비를 철저히 하라

최초 접촉 단계부터 철저한 준비가 필요하다. 무역 분쟁의 경우 대부분이 수출대금 회수불능에서 기인하는 것이므로 사전에 물품인수와 대금지불 간의 연계 방법을 강구할 필요가 있다. 계약서를 작성할 때 중국어와 영문으로만 계약서를 작성하는 경우가 많은데, 한국어로 된 계약서도 같이 작성하여 계약서 내용을 정확히 이해하고 수시로 점검해야 하는 편이 좋다. 중국어 계약서만 작성할 경우에는 중국어를 보는 것이 부담되어 계약서를 잘 보지 않는 경향이 있는데, 이는 매우 위험한 행위이다. 분쟁이 발생할 경우, 최후의 보루는 계약서라는 사실을 잊어서는 안 된다. 따라서 계약서 작성 단계부터 법률 전문가(변호사)의 도움을 받는 편이 오히려 비용을 절감할 수 있는 방법이며, 계약서는 반드시 전문표준계약서양식을 활용해야 한다.

## 4. 전문가를 충분히 활용하라

먼저 사업을 시작한 경험자, 변호사, 한국의 중국 관련 각종 기관 등 주변에 있는 각종 전문가를 최대한 동원하여 충분히 활용해야 한다. 통역원을 동참할 경우에는 충분한 의사전달이 되었는지 반드시 확인해야 하며, 통역원이 중간에서 잘못 전달하여 분쟁이 발생하는 경우가 발생할 수 있으므로 유의해야 한다. 간혹 통역원이 통역을 하면서 파악한 사업내용을 토대로 중간에서 사업을 가로채는 경우도 있다. 중국에서 장기적으로 사업을 하려면 어느 정도까지는 직접 중국말을 배우고 사용할 줄 아는 편이 도움된다. 분쟁의 소지가 엿보일 시 전문가를 찾아가 상담료를 지불하고서라도 먼저 상담을 하는 것이 현명한 방법이다.

### 5. 증거를 충분히 확보하라

중국에서 중국인과의 분쟁 발생 시 사후에 증거를 수집하기는 매우 어려우므로 사전에 미리 증거를 수집해 두어야 한다. 중국인들은 개인 간에도 증거(특히 물적 증거)를 중시하는 편이므로 반드시 물적인 증거를 확보해두어야 하며 기록으로 남기는 것도 좋다.

## 방문 시기

구정 연휴(2월), 국경절 연휴(10월 초), 노동절 연휴(5월 초)는 장기 연휴 기간이므로 중국 방문 시기로 적절치 않다. 대부분의 업체가 이 시기에 장기 휴무에 들어간다. 특히, 구정 연휴부터 정월대보름 사이에 국유기업, 정부기관의 업무가 정상적으로 이루어지지 않는다. 그 외 원단, 청명, 단오, 5.1노동절, 추석 등 국가법정휴일에도 연속 3일 연휴제를 실시하고 있어 방문이 적합하지 않다.

**야근을 기대 마세요!**

중국 A사에 컬러브라운관 원자재를 공급하는 한국 B사 직원이 A/S와 업무협의를 위해 중국 출장을 갔다. B사 출장자는 베이징 공항에 도착하자마자 바로 A사로 향했다. 회사에 오후 1시쯤에 도착해 구매부 관련 책임자와 원자재 공급문제 등에 대해 상담하고 공장 현장을 돌아본 후 호텔에 5시경 돌아왔다. B사 직원은 상담 시 얘기가 나온 문제를 해결해줘야겠다는 생각에 다시 A사로 향했다. 그러나, A사 직원은 퇴근 시간이니 내일 다시 상담하자는 반응을 보였다. B사 직원은 출장 일정이 길지 않으니 늦게라도 좋으니까 문제를 해결하자고 했으나 이미 퇴근 시간이니 내일 다시 보자는 말만 되돌아왔다. 최근에는 민영기업이 늘면서 분위기가 많이 달라졌으나 중국의 국유기업과 정부기관은 야근을 거의 하지 않는다.

## 중국의 술자리(테이블) 매너(酒法)

중국의 식사 자리는 매우 중요하다. 천하의 패권을 다투는 일에서 비즈니스의 현안을 해결하는 곳이 식사 자리일 경우가 많았다. 현재의 수많은 중국 비즈니스맨들 또한 식사를 통해 중요한 거래를 한다. 쌍방의 이해(利害)를 조율하기 위한 형식이 아주 번잡할 정도로 발전해, 앉는 자리, 음식을 놓는 순서, 건배를 하는 차례 등의 복잡한 에티켓으로까지 이어졌다. 이런 중국의 식사문화는 '판쥐(飯局)'라는 단어까지 낳았다. 밥을 뜻하는 매개를 통해 게임, 또는 싸움을 벌인다는 뜻이다. 따라서 중국의 이 '판쥐'는 보통의 식사 자리 이상의 함의를 지닌다.

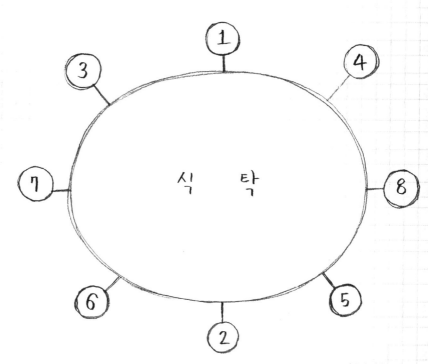

그 안을 자세히 살펴보면, 우선 초청자가 있으면 초청에 응하는 사람이 있다. 그 안에도 각각의 서열이 매겨지는데, 초청을 받는 사람 중의 으뜸은 주객(主客)이다. 그 으뜸의 주객을 모시고 상대하면서 한 바탕의 게임을 치르는 사람은 주배(主陪)다. 8인 기준의 원탁 테이블로 볼 때, 주객과 주배에 이어 이객(二客), 삼객이 있고, 초청자 측에서는 이배(二陪)와 삼배가 따로 있다. 서열을 맞춰 착석이 끝나면 술과 함께 상대의 의중을 탐색하며 공격과 방어, 교섭과 타협, 우회와 매복이 줄을 잇는 승리와 패배를 내는 전쟁 같은 식사가 시작된다.

❶ : 主陪(주배)
주인(主人)이며 초대한 사람들 중 가장 지위가 높은 주최 측의 장(長)이다. 위치는 문을 바라보고 정면 중앙이며 고급 식당에서는 테이블보로 표시를 하기도 한다(테이블보가 놓여 있는 모양이 다른 테이블보와 다르다). 고급 식당에서는 젓가락이 2세트 놓인다(1세트는 공용 젓가락임). 공용 젓가락은 손님들 접시에 요리를 놓아 주는 데 사용한다.

❷ : 副陪(부배)
부주인(副主人)이며 초대한 사람들 중 지위가 두 번째인 주최 측의 2인자이다. 위치는 주인의 맞은편에 앉으며 고급 식당에서는 젓가락이 2세트 놓인다(1세트는 공용 젓가락임). 공용 젓가락은 손님들 접시에 요리를 놓아주는 데 사용한다.
주로 식사(술) 자리의 분위기를 주도하며 술상무(?) 역할을 많이 한다. 자리가 끝날 때 계산을 하는 사람이다.

**❸** : 主賓(주빈)

초대받은 사람들(손님) 중 가장 지위가 높은 사람이다.

위치는 주인의 오른쪽에 앉는다.


**❹** : 副主賓(부주빈)

초대받은 사람들 중 지위가 두 번째인 사람이다.

위치는 주인의 왼쪽에 앉는다.


**❺** : 副主賓(부주빈)

초대받은 사람들 중 지위가 세 번째인 사람이다.

위치는 부주인의 오른쪽에 앉는다.


**❻** : 副主賓(부주빈)

초대받은 사람들 중 지위가 네 번째인 사람이다.

위치는 부주인의 왼쪽에 앉는다.


**❼ ❽** : 주인의 동료나 직원들이 앉는다.

과거에는 제남 등 내륙 지역에서는 7번이 三陪(삼배)라 하여 특별히 주빈(3번)을 접대하는 역할이 있었으나 요즘은 거의 찾아볼 수 없다.


▸ 보통 식사 참석 인원은 초대하는 측에서 초대받는 측의 참석 인원을 확인하고 나서 그 동수나 약간 많게 초대 측에서 참석하는 것이 예의이다. 초대받은 손님들보다 초대한 측에서 너무 많은 인원이 참석하지 않는 것은 손님을 위한 배려 차원이다.

- 초대 받은 사람들이 식당에 먼저 도착했을 때는 임의로 자리에 앉으면 실례가 된다. 소파에 앉아서 탁자에 있는 땅콩이나 호박씨, 해바라기씨를 까먹으며 주최 측을 기다린다.
- 주최 측이 도착하고 서로 인사를 나누고 나면 주인이 좌석을 배정해 주고 손님들은 배정 받은 자리에 앉는다.
- 자리에 앉은 후 요리가 올라오기 전에 환담을 하면서 상호 선물 교환하는 시간이 있다. 중국 비즈니스에서 선물문화는 빠질 수가 없으니, 가급적이면 사전에 주최 측의 참석 인원을 확인하여 선물을 준비하면 금상첨화다.
- 찬 요리부터 올라오기 시작하는데 3번(주빈) 앞에서 처음 요리가 놓이며 1번, 4번, 8번, 5번 순으로, 즉 시계 방향으로 원형판이 회전한다. 이때 주인, 부주인은 공용 젓가락을 이용하여 좌우에 앉아 있는 손님들에게 요리를 권한다.
- 요리는 찬 요리에서 뜨거운 요리, 탕(국)류, 생선류 순서로 마지막에 주식(밥, 면, 빵 등)이 올라온다.

보통 요리 주문은 뜨거운 요리(차가운 요리, 탕, 주식 제외)가 전체 참석 인원보다 2~4개 정도 많게 주문하면 무난하다. 요리 종류는 육(陸 : 소, 돼지, 양 등), 해(海 : 생선), 공(空 : 오리, 닭, 거위 등)이 골고루 들어가도록 주문하면 베스트이다.

자, 이제 술을 마시는 것을 살펴보자.

주인이 먼저 건배 제의를 하는데, 세 번(3잔)을 한다.

그 다음은 부주인이 건배 제의를 두 번(2잔)을 하며 부주인의 건배 제의가 끝나고 나면 주인의 동료나 직원들이 각각 한 번(1잔)의 건배 제의를 한다.

상기 그림과 같은 인원 구성이면 주인 3잔 + 부주인 2잔 + 동료나 직원 1잔 + 동료나 직원 1잔 도합 7잔의 백주를 마시고 난 후에 초대받은 손님들이 건배 제의를 할 수 있다.

손님들은 주빈부터 부주빈 순으로 1잔씩 건배 제의를 한다. 이렇게 단체 건배가 끝나고 나면 단독(1:1) 건배가 시작되며 초대한 주최 측이든 초대받은 손님 측이든 자유롭게 단체 건배나 단독 건배를 하면서 술자리를 즐긴다.

이렇게 주거니 받거니 하면서 술을 마시면 술이 취할 수밖에 없다. 일반적으로 산둥 사람들은 술에 관대한 편이다. 마시고 화장실에 가고, 이러기를 몇 차례 하면 초대한 주인 입장에서는 손님들이 대접을 잘 받아 흡족해 하는 것으로 생각하는 경향이 있다.

이렇게 어울리면서 몇 차례 자리를 같이 하며 술을 마시거나 식사를 하다보면 자연스럽게 친분이 두터워지고 꽌시(관계, 연줄)가 형성된다. 어제까지도 제대로 풀리지 않던 일들이 진한 술을 마신 다음 날부터 서서히 풀리기 시작하는 경험을 할 수 있다. 요즘은 과거보다 산둥의 술자리 매너(酒法)가 점점 희미해지고 있다. 특히 젊은 친구들 사이에는 많이 약해지고 있지만, 그래도 아직도 산둥 내륙으로 들어가면 남아 있다.

"어? 소 과장님도 중국에서 근무하셨어요?"

"아~ 그럼요. 유 과장만 중국에 박식한 게 아닙니다."

"그래요?"

"그럼요. 제가 또 중국 술자리는 꽉 잡고 있죠. 하하하."

"아… 술자리요…"


| 알아두면 좋은 건배사 |

술을 권할 때 건배사는 빠지지 않는데 주로 많이 나오는 건배사 내용은 상호 우의증진, 원만 합작성공, 만사여의(萬事如意), 사업번창, 신체건강, 만사순리 등이다.

식사 자리에 초대를 받으면, 미리 건배사 몇 마디를 준비해 짧은 중국어로라도 건배사를 하면 중국인들이 굉장히 좋아한다.

- 칸페이(乾杯) : 중국 사람들의 건배 구호. '잔을 비우자'
- 얌센 : 중국 사람들의 건배 구호. '다 마셔 버리자'


| 중국의 음주 관련 속담 |

- 아내를 무서워하지 않는 술꾼은 바보, 주정뱅이, 남편을 어려워하지
  않는 아내는 그 천 배의 바보.
- 술꾼에게 좋은 약은 맨정신으로 남이 취하는 꼴을 구경하는 것.

- 취중망언성후회(醉中妄言醒後悔) : 술에 취해 망령된 말을 하고 술 깬 뒤에 뉘우친다. 지나치게 술을 마시면 쓸데없는 말을 하게 되니 항상 조심하라는 것을 강조한 말-중국 남송(南宋) 때[B.C. 1200년경] 회암 주희(晦庵 朱熹) 선생이 열 가지 모든 일에는 항상 때가 있고, 때를 놓치면 뉘우쳐도 소용 없음을 강조한 말 중 아홉 번째.
- 3년간 술을 마시지 말아 봐라. 그래도 돈은 없어진다.


**P.S.**

"소 과장님 다시 봤어요~ 이런 정보는 다 어디서 찾았대요?"
"이거 왜 이러십니까. 저도 중국땅 좀 누비고 다녔다고요. 저랑 맞는 나라였죠.
"술로 말이죠?"
"하하하. 제가 특히나 좋아했던 건배사를 알려드릴까요?"


熱酒會傷胃 (뜨거운 술은 위를 상하게 할 수 있고)
冷酒會傷肝 (차가운 술은 간을 상하게 할 수 있지만)
無酒會傷心 (술이 없으면 마음을 상하게 할 수 있다)


"캬~ 멋지지 않습니까?"

# 일본

사케는 썸을 타고~

"여어, 오랜만입니다. 반 팀장님. 어떻게 지내세요?"

"네, 잘 있죠. 일이 문제예요. 저번에 유 과장님과 함께 한 중국 인터뷰 이후로 아직 진전이 없어요."

"하하. 그래서 제가 떡밥을 물어왔죠."

"오, 희소식이군요. 누구신데요?"

"네, 국제무역발전협회 도쿄 지점에서 근무하는 오시케 차장님입니다. 이번에 한국에 잠깐 들어오시는데, 그때 한 번 만나보시면 좋을 것 같아요."

"당근이죠. 근데 소 과장님은 같이 안 가시고요?"

"아, 저는 안타깝게 그때 해외 출장이 생겨 가지고… 제가 허오리즙을 한 잔 말아드려야 하는데 말입니다."

"하하. 마음만 받을게요."


소갈량 과장의 전화였다.

넉살 좋은 그의 성격처럼 마치 어제 만난 친구에게
전화를 건 듯한 말투였다.

소 과장 말에 따르면 오 차장은 한국은행 일본 주재원으로 파견된 아버지를 따라 어린 시절부터 일본에서 보냈다고 한다. 그곳에서 대학까지 마친 후 한국에서 군복무를 하고 직장에 취직했지만, 다시 숙명처럼 일본에 주재원으로 파견을 가게 된 것이다. 정말 일본 파트의 적임자 같았다.

토요일 저녁.

사람들로 북적거리는 강남의 한 이자카야에서 오사케 차장을 만났다.

"안녕하세요. 오사케입니다."

"안녕하세요. 반주해라고 합니다."

마르고, 조금 스타일리시한 옷차림의 오사케 차장에게 일본 젊은이들의 스타일이 느껴졌다.

5:5 가르마가 자연스럽게 어울리는 것부터가 그랬다.

'쉽지 않은데…'

"소 과장한테는 얘기 들었습니다. 일본의 술문화에 대해 알고 싶으시다고요."

"네. 멋진 책이 나오면 오 차장님께도 꼭 보내 드릴게요."

"하하. 기대하겠습니다."

오 차장은 옆머리를 귀 뒤로 넘기며 웃었다.

"일본 생활은 어떠세요? 저도 여행으로 짧게 다녀온 적은 있어요. 정갈한 나라라는 느낌이 강했죠. 이거 참, 오 차장님께는 이런 질문을 하는 것도 웃기네요. 일본에서 거의 자라다시피 하셨으니, 한국과 일본이 모두 고향이나 다름없으시죠?"

"맞아요. 저한테는 사실 둘의 구분이 그렇게 크지 않아요. 같은 나라 같죠. 서울에서 부산 가는 느낌이랄까? 잘 아시다시피 서울이나 도쿄나 직장인의 생활은 비슷해서 가끔씩은 어디에 있는지 잊고 지냅니다. 서울에서도 만원 지하철을 타고 분주하게 뛰어다니며 출근했는데, 일본 넥타이 부대의 출근 모습 역시 그보다 심하면 심했지 다를 게 없거든요. 그리고 한국이랑 시차도 전혀 없다 보니 한국 본사에 있는 것과 똑같아요. 본사와 거의 동시 업무 진행이라 눈코 뜰 새 없죠. 유럽이나 미국에 있는 동료들처럼 본사와의 시차를 활용한 농땡이를 부릴 수 없어 아쉬울 뿐입니다."

"하하. 저도 저희 사장님을 어디 파견 보내고 싶은 마음이 굴뚝 같아요. 오 차장님은 어떤 술을 좋아하세요? 일본 술문화에 대해서 여쭤 보는 자리니 먼저 사케 폭탄 한 잔 말고 시작할까요?"

"소 과장이 말하길래 혹시 했었는데, 역시 소 과장과 같은 과이신 건가요?"

"하하. 농담이에요. 사실 저는 술이 세지 않아요. 소 과장한테 오 차장님의 술 사랑이 엄청나시다고 들었거든요. 명불허전이라고 술은 헛되이 전해지는 법이 없죠. 무림에 숨어 계시는 고수 분을 만나서 술 이야기를 들으려면 어느 정도는 해야 하는 건데… 오늘은 맘 단단히 하고 나왔으니 맘껏 드시죠."

내 각오 서린 얼굴에 오 차장은 웃으며 손을 내저었다.

"편하게 하세요. 저는 서로가 즐거운 가운데 먹는 술을 가장 좋아합니다. 한국과 일본의 다른 술문화 중 하나가 여기에 있죠. 일본에서 술자리는 한국과는 달리 조용한 편입니다. 왁자지껄한 우리네 회식문화와는 많이 다르죠. 술도 각자 자기가 먹고 싶은 술을 시켜 본인의 주량만큼만 마십니다. 한국처럼 술잔을 돌리거나 '원샷해' 하는 음주 강요 문화가 거의 없어요. 격식을 많이 따지는 일본 비즈니스 세계도 다를 바 없죠. 전반적으로 점잖게 먹는다고 보시면 맞는 것 같아요."

"그렇군요."

"네, 일본에 비즈니스 하러 오신 한국분들은 일식집에서 사케 좀 먹어 봤다고, 일본문화를 어느 정도 안다고 생각하시는 분이 많은데요, 그게 착각일 수 있는 게, 생각 외로 술자리에서 실수하시는 분들이 많더라구요."

"말씀을 들으니 술로서 꽉 막힌 비즈니스를 풀어간 이야깃거리를 찾기는 쉬워 보이지 않는 걸요?"

나는 곤란한 듯 머리를 긁적였다.

**"**

꼭 그런 건 아닙니다. 일본이라고 해서 얼마나 다르겠습니까?
사람이 점잔만 빼고 있을 수 있나요.

하하.

서로 마음을 열기에 술만큼 좋은 매개체가 없다는 건
한국과 똑같아요.
친구들, 지인들과 즐겁게 식사하며 술자리를
가지는 건 다르지 않죠. 먹는 방식과 술 종류, 문화가
조금 다르다는걸 빼고는요.

일본인들도 술을 좋아하고
이에 관한 재미난 문화도 많습니다.

술꾼이 많은 고치현에는 '베쿠하이(可杯)'라는
연회용 술잔이 있어요.
이건 술을 완전히 마시기 전에는
내려놓지 못하는 잔이죠.
베쿠하이 술잔에 난 구멍을 손가락으로
막지 않으면 술이 쏟아지는 구조라,
상 위에 술을 놓을 수 없고
술을 한 번 받으면 다 마실 때까지
잔을 내려놓을 수 없거든요.

**"**

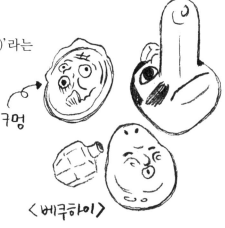

구멍

〈 베쿠하이 〉

"어머. 벌주 같기도 하네요."

"반 팀장에게는 그렇겠군요. 누가 어떤 잔을 사용해 마실지는 잔과 세트인 주사위를 던져서 결정하는데 작은 잔은 소주 한 잔 크기, 큰 잔은 소주 여섯 잔은 들어갈 만한 크기입니다. 그러니 일본에서의 술자리를 무겁게만 볼 건 아니에요. 이렇게 술 마시며 즐기는 재미있는 게임도 발달해 있으니까요."

"와, 소주 여섯 잔이요? 휴우~ 일본에도 우리처럼 술 먹이기 게임 같은 것이 있는 거군요. 재미있네요. 그럼, 술 종류는 어떤가요? 일본 술 하면 사케잖아요. 일본인들은 사케를 가장 많이 마시나요?"

"사케뿐만 아니라, 맥주, 와인, 위스키, 칵테일 등 모든 종류의 술을 즐깁니다. 사케가 최고 인기 술이라고 말할 수는 없지만, 사케에 관해 이야기를 시작하면 하룻밤을 새워도 모자랄 만큼 내용이 많아요. 사실 저도 사케를 가장 좋아하구요."

"그러고 보니 사케에 대해선 아주 빠삭하시다고 들었어요."

"과찬입니다. 사케는 맛이 정말 좋죠. 그렇지 않나요? 제가 일본에 근무하며 가장 행복한 것 중에 하나가 다양한 사케를 먹을 수 있다는 점이었죠."

"음, 저는 사케 맛을 잘 모르겠어요. 소주랑 비슷하면서도 조금 다른 것 같긴 한데, 냄새도 독특하고…"

"사케는 소주와는 확연히 다른 술이에요. 좀 더 전문적으로 말하자면 소주는 증류주고, 사케는 양조주죠. 양조주는 원료를 발효시켜 만드는 술로 사케, 와인, 맥주 등이 여기에 속하고요. 이에 반해 증류주는 원료를 발효시키는 과정까지는 같지만 증류라는 공정을 거쳐서 알코올을 걸러낸 것인데, 소주, 위스키, 브랜디 같은 것들이 여기에 속하죠."

"음, 확실히 종류부터 다르네요."

"그렇죠. 사케의 가장 큰 매력은 반주로서의 가치에요. 사케는 그 맛의 성분만으로도 감칠맛을 느낄 수 있는 진기한 술입니다. 사케는 쌀로 만들고 쌀을 주식으로 하는 일본인들에게는 쌀의 근원적인 맛에 저항할 수 없는 그 무엇인가가 있어요. 또 일본 요리에는 그 상황에 맞는 사케들이 있습니다. 대접하는 분에 맞게 사케를 선택할 수 있는 안목이 있다면 외국인일지라도 상대방의 마음을 금세 얻을 수 있겠죠."

오 차장은 사케에 빠져 헤어나오기 힘들다는 표정으로 말했다.

"일본과 거래하는 무역인들에게는 정말 갖고 싶은 재능이겠네요."

"그렇죠. 하지만 차근히 가야 해요. 사케는 쉽게 정복할 수 있는 술이 아니에요. 우선은 사케에 대해 잘 모르는 사람이라도 준마이슈(純米酒)나 긴조슈(吟釀酒), 혼조조슈(本釀造酒) 같은 이름들을 들어본 적은 있을 겁니다. 일반적으로 향긋한 향 성분을 내는 것을 목적으로 만들어진 경우는 준마이긴조슈나 긴조슈로 표기하고, 향기 이외에 보다 깨끗한 맛을 목적으로 만들어진 경우에는 '도큐베쓰 혼조조슈(特別本釀造)'나 '도큐베쓰 준마이슈(特別純米酒)'로 표기하는 경우가 많아요."

"우와, 잠깐만요! 저 같이 일본말을 모르는 사람이 들으니 이제부터 헷갈리기 시작하는데요?!"

"제가 갑자기 빨리 나갔나요? 하하. 사실 이름에 연연할 필요 없이 그냥 마시기만 해도 되지만, 술에 대해 조금이라도 알고 마시면 그 맛을 더 잘 느낄 수 있어요."

"그렇긴 하죠. 그런데 사케는 각 지역마다 대표하는 술이 있어서 그 종류만도 엄청나다고 들었어요."

"사케의 원료는 쌀이죠. 어느 지방 어떤 쌀을 사용했는지가 가장 중요하고 어떤 양조자의 기술로 어느 지역의 기후 풍토를 통해서 숙성 발효되었는지에 따라 맛이 달라요. 니가타현에 가면 혹독한 추위의 특색을 살려 장기간 저온 발효시킨 쌉싸름하고 독한 거친 술이 있고, 섬세한 요리가 많은 교토에는 요리에 맞게 부드럽고 마시기 편한 술이 있는 등, 그 지역의 향토 문화와 기후 풍토가 술에 녹아들어 있죠. 사케를 마시면 그 지방의 향기를 마신다고 할 수 있어요. 사람이 모여 사는 곳에 저마다의 술이 만들어진 거죠."

"그 지방의 향기를 마신다라… 뭔가 멋스럽네요."

"네. 이런 사케의 스토리를 알게 되면 비즈니스에도 활용할 수 있어요. 만나야 할 일본 파트너의 출신지를 알고 그곳에서 만든 좋은 사케를 미리 준비할 수 있다면 식사를 하며 또 다른 이야깃거리를 만들어 갈 수 있는 거죠. '당신 고향의 술을 준비했는데, 입맛에 맞을지 모르겠다'는 적절한 멘트도 함께 날려주면 더 좋겠죠. 물론 술을 좋아하시는 분이어야 하겠지만, 술을 잘 못 먹더라도 자기가 배려 받고 있다는 섬세함을 전달해 줄 수 있을 겁니다."

"오, 아주 좋은 방법인데요?"

"그렇죠. 하지만 솔직히 말해서 일본 파트너가 자란 곳의 사케를 골랐다고 해서 만사 오케이는 아니에요. 사케는 어느 시기에 어떤 음식과 함께 먹느냐도 중요하거든요. 사케 초보자들이 겪는 첫 번째 관문은 2만 종이 넘는 사케 중에 접대할 분의 취향에 맞는 사케가 무엇인지 선택하는 거예요. 향이 강하다, 약하다, 맛이 농후하다, 담담하다 등 유형에 따라 여러 가지 분류가 있지만 상대에게 맞는 건 개인적 취향이라 뭐가 좋다고 말하기 힘들어요!"

"그렇겠네요. 그래도 저 같은 문외한에게 추천해주실 만한 사케가 없나요?"

"사케는 폭넓은 온도로 마실 수 있는, 세계에서도 찾아보기 힘든 술이에요. 온도가 바뀌는 것만으로도 맛이나 향의 인상이 변하는 섬세함을 가지고 있죠. 차가울 때는 향이 닫혀 있고 신맛은 샤프하고 떫은맛이 거칠지만, 따뜻해지면 향이 퍼지고 신맛은 온화해지며, 떫은맛은 부드러워지죠. 계절별로도 어울리는 사케가 다양한데요. 춘하추동, 차가워도 좋고 따뜻해도 좋고 계절의 변화에 따라 요리와 함께 곁들인다면 더더욱 좋죠."

오 차장은 신이 난 듯 말을 계속했다.

"예를 들어 여름 같이 날이 더울 때는 상쾌하고 청량한 느낌을 줄 수 있고 차갑게 마실 수 있는 사케가 좋아요. 저는 개인적으로, '준마이긴조 고로'라는 사케를 좋아해요. 쑥, 청죽, 파드득나물과 같은 청량하고 쌉싸름한 맛을 가진 산채류의 향이 중심을 이루는 사케인데, 부드러우면서도 균형 있는 맛으로 첫맛에서 단맛과 신맛이 느껴지죠. 하지만 지속성이 길지 않아 중립적인 맛을 느낄 수 있어요. 대다수 일본 요리와 잘 어울려요. 특히 광어 생선회나 연어알 간장절임, 바지락 꼬치구이 같은 메뉴랑 먹으면 정말 최고죠."

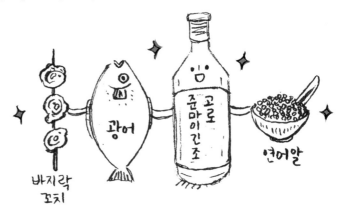

꽁치

"으~ 듣기만 해도 군침이 도는데요."

"하하. 그렇다면 여기서 멈추면 안 되겠군요. 여름이 가고 가을이 오면 사케 애주가들을 들뜨게 하는 술이 있어요. 1년에 한 번 가을에 출하되는 한정판, 즉 리미티드 에디션으로 나오는 히야오로시(ひやおろし)입니다. 히야오로시란 초봄에 짠 술을 무더운 여름을 피해 서늘한 곳에서 저온 숙성시킨 후, 선선한 초가을에 출하하는 것으로 숙성된 감칠맛이 뛰어나요. 일본에서 가을에 잡히는 다랑어나 꽁치와 같은 가을 별미의 대가인 기름진 생선을 먹을 때 이 사케를 함께 먹으면 감칠맛을 더해줘서 더욱 맛있죠. 특히 싱싱한 가을 꽁치를 먹을 때 쌉싸름한 꽁치 내장과 달콤한 간장소스, 고소한 꽁치살이 어울어진 그 오묘한 맛에 히야오로시를 한 잔 딱 걸치면 세상을 다 가진 것 같은 기분입니다. 맞다. 또 레몬을 곁들인 생굴을 먹을 때 함께 마시면 이게 또 눈물 나게 맛있어요."

"으아~ 정말 맛보고 싶어요. 이제는 더 이상 참을 수가 없네요."

우리는 마시고 있던 술을 비우고 준마이긴조 고로를 시켰다. 달콤하진 않았지만 안주들과 묘한 조화를 만들어내는 술이었다. 그렇게 한 잔 두 잔 사케를 먹어가며 이야기꽃을 계속 피웠다.

"일본에서 술을 마실 때 조금 신경 써야 할 것들은 없나요? 아까도 의외로 술자리에서 실수를 많이 한다고 하셨잖아요."

내가 물었다.

"음… 만취 주사 금지요? 하하"

오 차장이 장난스레 말했다.

"아, 그런 다 아는 것 말고 일본에서만 통하는 사케 매너라든지 그런 거요."

"흠, 그렇다면… 일본에서 사케를 마실 때 상대방에게 아무 말도 하지 않고 술을 따라주는 것은 실례예요. '한 잔 더 드릴까요?' 하고 여쭤보고 주는 게 좋아요. 우리 한국 사람들이 종종 놓치는 행동이죠. 빈 잔을 빨리 채워주지 않으면 실례라고 생각하니까. 아, 또 술을 더 마시지 않겠다고 잔을 뒤집어 놓는 것도 실례입니다. 경우에 따라서는 절교를 의미하기도 하거든요. 잔을 뒤집지 말고 더 마시지 못하겠다고 말하는 것만으로도 충분해요. 조금 전 말했듯이 상대방의 의사도 묻지 않고 몰래 작업주(?)를 따르는 경우는 거의 없거든요."

"음, 그렇군요."

"술병을 잡는 방법에도 주의할 것이 있어요. 술을 따라 줄 때 술병을 잡은 오른쪽 손바닥의 방향이 상대방을 향하게 하는 것은 좋지 않아요. 재수가 없다고 여겨지는 권주법이거든요. 그래서 술을 따라 줄 때는 상대방에게 오른쪽 손등이 위로 보이도록 술병을 잡고 왼손은 술병에 살짝 댄 채로 따르는 것이 좋아요."

나는 오 차장의 말대로 술을 따라봤다.

"네, 또 사케 잔을 부딪칠 때도 소리가 나지 않도록 하는 것이 매너예요. 주기에서 소리가 나는 것을 '주기가 운다'라고 표현하는데, 건배할 때 기운이 넘쳐서 주기를 파손하지 않도록 신경을 쓰는 것이 좋죠. 한국분들은 술이 들어갈수록 힘이 더 나잖아요."

오 차장이 장난스레 웃었다.

"이번엔 제가 하나 맞춰볼까요? 술잔 돌리기! 이건 늘 말이 나오는 것 같아요."

"맞아요. 절대 자기 술잔을 돌리지 말아야 돼요. 한국에서도 요즘은 위생상 이런 문화는 자제하자는 분위기죠. 가끔씩 한국에서 출장 오신 분들을 보면 술이 들어가고 기분이 좋아 긴장이 풀리면 일본 파트너에게 자기 잔을 돌리시는 분도 있으시더라고요. 이건 정말 하지 말아야 할 행동입니다. 잘 아시다시피 일본인들은 식사할 때 개인 접시에 조금씩 덜어서 먹는 것이 기본 예절이에요. 우리나라처럼 젓가락을 넣었다 뺐다 한다든가, 살짝 집었다가 다시 놓는다든가 하는 것은 일본의 식사 예절에 어긋나죠. 그러니 한국에서 하듯이 된장찌개 하나를 여러 사람이 쓰던 숟가락 넣어가며 함께 먹거나, 자기 술잔을 돌리는 것 같은 문화는 이질적으로 보일 수밖에 없어요."

나는 고개를 끄덕였다.

"대부분 일본의 문화는 우리와 비슷한 점이 많아 큰 무리 없
는 것으로 여기지만, 그런 점은 꼭 주의해야 할 것 같아요. 조
금만 공부하고 신경 쓰면 비즈니스 술자리에서 실수를 줄일
수 있을 테니 말이에요. 그런데 제가 지금 마시고 있는 술의
이름은 뭐죠? 왠지 맛있는 게 저도 모르게 한두 잔 술술 계속
들어가네요."

준마이긴조 고로 이후 새로운 사케를 주문해 마시고 있었는
데, 이쪽이 내 입에 훨씬 잘 맞았다.

"아~ 이건 반 팀장님이 좋아하실 것 같은 사케로 제가 골라 봤습니다. '나나와라이 준마이긴조(七笑 純米吟釀)'라는 술이에요. 일반적으로 여성분이 좋아하는 사케인데, '사쿠라모치(さくらもち)'라는 일본 과자 향도 나고, 고사리떡에서 나는 것 같은 포근하고 달콤한 향도 나죠. 일본 텔레비전에 나오는 사케 전문가의 표현을 빌리자면 "현미나 웨하스류 과자의 곡물향이 퍼지면서 단맛, 신맛, 쌉싸래한 맛이 뒤섞여 부드럽고 달콤하기 때문에 부담 없이 잘 넘어갑니다. 정말 맛있는 술이죠"라고 하더라고요."

오 차장은 마치 사케 전문가를 흉내내듯이 목소리를 바꾼 뒤 점잔 빼는 시늉을 했다.

"하하. 오 차장님 말투가 너무 웃겨요. 차장님은 어떻게 이렇게 사케에 대해 많이 아세요? 저 같이 술을 좋아하지 않는 사람도 이렇게 많이 마시게 되니… 혹시 이게 저를 위한 작업주인가요?"

"이런, 눈치채셨어요? 비즈니스에서 술은 항상 작업주로 쓰이죠. 어떤 상황에서 어떤 사케를 쓰면 좋을지 미리 알고 있으면 일본에서 작업하기 훨씬 더 편하니까요."

오 차장이 익살스러운 표정으로 말했다.

"하하. 좋아요. 책에 일본에 대한 비중을 확 늘려야겠어요."

자, 사케를 위하여!
오 차장님을 위하여!

우리는 잔을 부딪쳤다. 향긋한 사케의 향이 주변을 채웠다.

[일본]

## 역사/문화적 특이사항 및 금기사항

1. 다이죠부데스(だいじょうぶです)의 남발은 금물

사전적 의미로는 'It's OK'를 의미하는 다이죠부데스(だいじょうぶ
です). 사실 일본 내에서 이 단어만 자연스레 구사해도 상당 부분의
대화가 가능하다. 슈퍼마켓에서 물건을 산 다음에 "비니루, 다이죠부
데스(ビニール、だいじょうぶです)"라고 하면 '봉지는 필요 없다'
는 뜻이 되고, 음식을 대접하는 자리에서도 "아지와 다이죠부데스까
(味はだいじょうぶですか？)"라고 하면 '먹을 만하냐'는 질문이 된
다. 물론 대답은 "다이죠부데스"라고만 하면 된다.

단, 비즈니스 상담 시에는 이 단어의 남발은 피할 필요가 있다. 일본인
은 자신들도 이따금 필요 이상으로 세계적인 표준을 초과하는 엄격한
기준을 추구하고 있다는 사실을 인지하고 있다. 그럼에도 불구하고
제품 하나를 제작하는 경우 100%의 완성도를 달성하지 못하면 그 제
품의 출시를 연기하는 경우가 다반사고, 심지어 제품은 완성되었는데
도 매뉴얼이 제작되지 않아 1년간 출시를 지연하는 사례 또한 실제로

존재할 정도다. 그런 정교함을 추구하는 일본업계 사람들과 대화함에 있어서 "다이죠부데쓰"와 같이 정확한 척도 없는 어구의 사용은 피할 필요가 있을 것이고, 일본인들 또한 반기지 않을 것이다.

## 2. 오른쪽 좌석이 상석인 일본문화

예로부터 일본에서는 왼쪽 좌석이 상석으로 인식되어 왔으며, 과거 종이나 천으로 만든 인형(雛, 히나)을 장식하면서 여자아이의 행복을 비는 히나마츠리(ひな祭り, 3월 3일)에서도 왼쪽에 왕이, 오른쪽에 왕비가 위치하게 되어 있었다. 그러나 근대에 들어서 서양문화를 받아들이는 과정에서 이 인식은 정반대로 바뀌어, 지금은 오른쪽이 상석이라는 인식이 일반화되어 있다.

호텔이나 아파트 등의 엘리베이터를 탈 때가 좋은 예가 될 수 있는데, 엘리베이터 내에서는 손윗사람이 엘리베이터 안쪽의 오른편(바깥에서 봤을 때 왼편)에 서게 되며 손아랫사람이 엘리베이터 버튼을 조작할 수 있도록 버튼 바로 앞에 서게 된다. 택시를 탈 때는 특히 운전석 바로 뒤가 가장 안전하기도 한 만큼 운전석 뒷좌석인 뒷줄 가장 오른쪽 좌석에 손윗사람이 착석하게 된다.

엘리베이터와 택시에서의 상석

〈 택시에서 〉　　　　〈 엘러베이터에서 〉

### 3. 우선은 자신을 낮추는 것이 상책

일본인들 자신이 거래 상대방한테 선물을 건넬 경우도 선물을 '츠마라 나이모노(つまらないもの)'라 표현하는 경우가 종종 있다. 이는 대푼 짜리란 뜻으로 결국 자신을 극도로 낮추는 표현에 해당된다. 이렇듯 일본인들은 비단 비즈니스 영역에서만이 아니라 일반 영역에 있어서도 자신을 낮추는 버릇이 습관화되어 있다. 이러한 특징은 일본인들의 말 투에도 스며들어 있는데, 가령 '~를 할 수 있어서 기쁩니다'라는 표현 의 경우 '~를 할 수 있게 해주셔서 기쁩니다'라는 표현이 일반적으로 쓰인다.

# 비즈니스 에티켓

## 1. 약속

일본에서 비즈니스를 전개함에 있어서 약속을 지키는 것은 철칙이라 해도 과언이 아니다. 면담 시간을 비롯해 납기, 자료 제출 기한 등을 지키는 것은 일본 기업과 신뢰관계를 구축하는 데 근본적인 바탕이 된다. 아울러 비즈니스에 관한 약속을 할 때 과장해서도 안 된다. 자신이 수행할 수 있는 범위를 성실하게 전달하고, 약속을 지킬 수 없게 되었을 경우는 반드시 미리 사정을 설명하면서 사죄의 의사를 표명할 필요가 있다.

면담 약속은 보통 2주 전까지는 잡는 것이 상식적이다. 날짜가 임박해서 약속을 잡을 경우 좋지 못한 인상을 상대방 일본인에게 남길 수 있기 때문이다. 또 일단 약속 시간을 잡으면 함부로 변경하는 것도 좋지 못한 인상을 남기는 것이다. 방문 전에는 방문목적, 방문자 수, 방문자 이름과 직위/직책 등을 사전에 전달하는 것이 좋고, 방문 시에는 약속 장소에 5~10분 전에 도착하는 것이 좋다.

## 2. 복장

일본의 비즈니스 문화에서는 전통적으로 회색이나 남색 정장에 하얀 셔츠, 그리고 어두운 색의 넥타이를 착용하는 것이 보통이었으나, 시대가 변화함에 따라 최근에는 디자인과 색상이 중요해져 자신의 이미지에 맞는 색상이 가미된 복장을 착용하는 경향이 있다. 하지만 대기업이나 어느 정도 규모가 큰 기업, 정부 관련 기관에서는 지금까지도 전통적인 스타일의 정장을 입는 것이 일반적이다. 개성이 강하거나 무니가 요란한 복장은 점잖지 못하다는 인상을 주므로 가급적 피하는 것이 좋다. 또한 일본에서 테이블이 아닌 좌식의 레스토랑을 방문하거나 하는 경우에는 신발을 벗어야 하기 때문에 복장뿐 아니라 양말의 색상에도 신경을 쓸 필요가 있다. 여성의 경우, 복장은 전체적으로 안정된 인상(치마 및 바지 정장 등)을 줄 수 있는 것이 좋으며, 화장이나 액세서리, 향수 등은 과하지 않은 정도가 좋다.

기본적으로 일본의 비즈니스맨은 아무리 더운 여름철에도 긴팔 와이셔츠에 상의를 입고(아니면 들고라도) 디니기 때문에, 넙다고 해서 노타이 차림으로 다른 회사를 방문하는 것은 실례로 여겨졌다. 2005년부터 일본 정부의 주도로 Cool-biz(하절기 간편 복장) 운동이 확산됨에 따라 최근에는 노타이 차림도 늘어나고 있는 추세다. 하지만 중요한 상담이나 첫 대면 등에서는 아무래도 정장 차림으로 나오는 것이 상대방에게 신뢰감을 줄 수 있다.


## 3. 식사

일본에서는 종교를 갖지 않은 사람이 많기 때문에 종교적 이유로 인한 음식, 음주 관련 제한은 없다고 봐도 무방하다. 일본인들은 기본적으로 일식을 좋아하나, 양식, 중식, 한식 등 세계 주요 음식들이 넓게 보급되어 있는 만큼 일본인과 식사할 때 일식만을 고집할 필요는 없다.

일본인과 식사를 할 경우, 상대방에게 불쾌감을 주지 않도록 주의할 필요가 있다. 일식을 먹을 때는 물수건으로 얼굴이나 목을 닦는 것, 식탁 위에 담배를 두는 것, 식사 중에 이쑤시개를 쓰는 것 등은 매너 위반이다. 또한 젓가락을 쓸 때는 젓가락으로 식기를 움직이는 것, 젓가락을 핥거나 무는 것, 식기 위에 젓가락을 두는 것, 음식물에 젓가락을 찌르는 것 등은 상대방에게 좋지 못한 인상을 남길 위험이 있다.

일본 비즈니스 매너 중에는 식사 중의 좌석배치도 중요한 부분으로 간주되는데, ①출입구로부터 가장 먼 자리, ②일본식 방(和室)의 경우 도코노마(床の間, 일본식 방의 상좌(上座)에 바닥을 한층 높게 만든 곳. 벽에는 족자를 걸고 바닥에는 꽃이나 장식물로 꾸며 놓는다)에 가장 가까운 자리가 가장 상석이라 할 수 있고, ③초대받은 사람의 경우 상대방보다 직위가 높아도 끝자리에 앉는 것이 원칙이라 할 수 있다.

## 4. 선물

일본 비즈니스 문화에 있어서 선물을 주고받는 것은 중요한 풍습이라 할 수 있다. 여름에는 '오츄우겐(お中元)', 연말에는 '오세이보(お歳暮)'라는 선물을 거래 관계가 있는 업체끼리 교환하는 문화가 존재한다. 일본인들은 선물의 가치 자체보다는 선물을 주는 행위에 중점을 두는 경향이 짙다. 그래서 일본 기업으로부터는 매우 간소한 선물을 받는 경우도 있고, 반대로 고가의 선물을 받는 경우도 있으나 선물의 대소가 비즈니스 성과와 직결되는 구조는 아니다. 한편 일본인들에게 선물을 건넬 경우에도 고가의 물건을 선물하면 상대방이 부담을 느끼는 경우가 많기 때문에 거래를 시작하기 전에는 간단한 식품 등을 선물하는 것으로도 충분하다. 일본인들이 선호하는 한국 선물로는 김치, 김, 차, 과자 등이 있다. 일본에서는 선물을 받을 때 바로 포장을 열기보다는 선물을 준 사람이 돌아간 후에 포장을 여는 풍습이 있다. 또한 선물을 받을 때 두 번가량 사양의 의사를 보일 경우도 있는데 이 또한 풍습의 일환으로, 선물을 받을 의지가 정말로 없다는 뜻은 아닌 경우가 많다.

선물로 적절하지 않는 품목으로는 손수건, 칼, 불과 관계 있는 것(라이터, 재떨이 등) 등이 있다. 손수건은 일본말로 '테기레(手切れ)'라고도 하는데, 테기레는 '절연'을 의미하는 말이므로 칼 또한 관계의 단절을 연상케하기 때문이다. 또한 선물 개수가 4와 9(4=시='死', 9=구='苦'를 연상)가 되지 않도록 주의가 필요하다.

## 5. 인사

일본에서 가장 중요한 인사는 '오지기(お辞儀)'라는 동작이다. 오지기는 감사나 경의를 표할 때나 사과할 때, 뭔가를 부탁할 때에 상대방에게 허리를 구부려 하는데, 서서 하는 오지기에는 '에샤쿠(會釋)', '경례(敬禮)', '최경례(最敬禮)'의 세 가지가 있다.
왼쪽부터 '에샤쿠(會釋)', '경례(敬禮)', '최경례(最敬禮)'다.

'에샤쿠(會釋)'는 동료나 스쳐 지나가는 사람들에 대해 행하는 간편한 오지기이며, 상체를 15도 정도 구부려야 하고, 목만을 구부려 하는 '에샤쿠(會釋)'는 매너에 어긋나는 것으로 생각하는 일본인도 존재한다. '경례(敬禮)'는 거래선 등과 면담할 때나 무엇인가를 의뢰할 때 하는 오지기이며, 상체를 30도 정도 구부린다. '최경례(最敬禮)'는 가장 정중한 오지기이며, 크게 상대방에게 경의를 표하거나 사죄의 의사를 전달할 때 상체를 45~60도 정도 구부려 행한다. 남성은 허리를 굽힐 때 팔을 몸 옆에 붙이고, 여성은 양손을 앞으로 가지런히 포갠다.

참고로 일본에서는 아무리 친한 관계라 하더라도 스킨십을 요하는 인사는 행하지 않으며, 악수나 포옹을 하거나 볼을 만지는 인사는 일반적이지 않다.

## 6. 명함

일본의 비즈니스 문화에서 명함 교환은 신뢰관계를 구축함에 있어 중요한 의미를 가진다. 상담 시 명함 교환은 반드시 이루어져야 하므로 일본에서 명함은 늘 충분히 몸에 지니고 다녀야 한다. 또한, 명함은 상대방이 읽을 수 있도록 순 한글로 된 명함보다는 한자와 영어로 된 명함으로 준비해야 한다. 일본인들은 대부분 가죽으로 된 명함 지갑을 따로 가지고 다니며, 깨끗한 상태의 명함을 상대방에게 건네주기 때문에 아무렇게나 수첩이나, 지갑에서 때가 묻은 명함을 꺼내서 건네주는 것은 삼가는 것이 좋다.

명함은 악수나 인사를 한 뒤에 교환하는 것이 일반적이며, 명함을 건네받은 후에는 주의 깊게 명함을 살펴본 후, 발음이 어려운 이름이거나, 어떻게 발음하는지 모르는 경우에 조심스럽게 물어 본다. 명함을 받아 확인한 후에는 명함 지갑 또는 테이블 위에 올려두도록 한다. 명함을 받고 나서 바로 바지 주머니나 재킷 안쪽에 넣는 행동이나 상대방으로부터 받은 명함 위에 메모를 하는 것은 예의에 어긋난 행동이므로 조심하는 것이 좋다.

## 7. 호칭

일본에서 보통 이름(名)은 가족 및 친한 친구 사이에서 사용하고, 그 외의 경우에는 성(性)으로 부르는 것이 일반적이다. 성 다음에 '상(さん, 한국어의 ~씨에 해당)'을 붙여서 호칭하는 것이 좋다. 또한, 성 뒤에 그 사람의 직책을 붙여서 부르는 경우도 있다.

직책을 붙여서 부르는 경우 여기에 '상'을 추가로 붙이지 않도록 주의한다. 가령 한국어로 야마다 부장님이라고 할 경우 '야마다 부쵸(部長)'라고 부르며 여기에 한국어의 '님'에 해당하는 '상' 또는 '사마'를 붙이지 않는다.

## 8. 상담 자료 (카탈로그, 샘플)

상담 이전에 자사 카탈로그를 미리 상대방에게 전달하는 것은 꼼꼼하다는 인상을 심어줄 수 있어 상담에 유리하게 작용할 수 있다. 일본인은 회사의 규모나 실적 등을 중시하므로 회사의 규모나 연혁, 재정 상태를 알 수 있는 회사 소개 자료나 공개해도 무방한 거래처 리스트 등의 자료를 카탈로그와 함께 제공하는 것이 상담에 매우 효과적이며 상대방에게 안정적인 인상을 줄 수 있으므로 플러스 요인으로 작용한다. 특히 거래선 중 유력 회사가 있다면 회사의 신용도를 크게 제고할 수 있다. 일본인들에게 활자는 진실에 버금가는 것이므로 무역이나 기타 분야의 정기 간행물 등에 자사나 자사 제품에 대한 소개 기사가 게재되었을 경우 이것을 보여주면 더욱 신뢰도를 높일 수 있다. 자료는 기본적으로 일본어로 작성하는 것이 비즈니스 상담에는 효과적이나 별도로 구비되지 않을 경우 영어 자료라도 준비하도록 하자.

## 9. 좌석

상대방 기업에 방문했을 경우 방문자는 자리를 안내받을 때까지 기다리는 것이 바람직하다. 응접실에서는 안내인이 자리를 지정해 줄 경우에는 그 자리에, 그렇지 않을 경우에는 입구 쪽에 앉아서 기다린다. 방문자가 복수인 경우에는 직위가 높은 순서로 입구 쪽에서 먼 자리부터 차례로 앉는다.

## 10. 원활한 의사소통을 위한 팁. 대화 화제 및 일본식 영어

첫 대면에서 비즈니스에 관련된 이야기를 꺼내기 전에, 일본 경제에 대한 칭찬이나 일본 스포츠(야구, 축구, 골프 등)에 대한 뉴스거리로 상대방과 친밀감을 도모하여 분위기를 다소 누그러뜨리는 것도 중요하다. 그러나 요즘 민감한 역사 문제 및 제2차 세계대전에 대한 이야기, 심한 농담 같은 것은 피하는 것이 좋다 .

또한 일본인들의 특성 중 하나로 꼽히는 것이 줄임말과 일본식 발음의 영어를 자주 쓴다는 점이다. 이는 일본인들 사이에서 이루어지는 것으로 대화 영어로서 사용되는 것이 아닌 일본 고유의 언어(일본식 외래어)로 쓰여지는 것이기 때문에 영어 네이티브 스피커도 알아듣지 못하는 경우가 있다. 그렇기 때문에 일본인과의 원활한 의사소통을 위한 준비 작업의 일환으로 이러한 표현을 익혀두는 것이 중요하다.

## 11. 접대

일반적으로 일본인들의 식사비 지불은 더치페이(Dutch Pay) 식으로 하지만 식사에 초대받는 경우 지불은 초대한 측이 한다. 주문은 메뉴가 일본어로 쓰여 있기 때문에 상대에게 맡기는 것이 편하다. 먹을 때는 마음껏 먹고 다 먹은 후에는 "고치소-사마(잘 먹었습니다)" 내지는 "아리가또-고자이마시타(감사합니다)" 등의 감사 인사를 한다.

접대 중에는 일에 관한 얘기가 불가능한 것은 아니지만 기본적으로는 비즈니스 얘기보다 인간적인 관계를 증진시킬 수 있는 평범한 이야기를 화제에 올리는 것이 좋다. 특히 우리나라 사람이 조심해야 할 것의 하나로 다짜고짜 역사 얘기나 정치 이야기를 꺼내어 상대를 당황하게 만드는 것은 피해야 한다. 음식, 음주, 온천, 관광 등에 관한 이야기가 가장 무난하다.

## 12. 연락 및 약속

일본 기업과 상담 또는 면담 약속을 정하는 경우, 중간 소개자가 없을 시 서면으로 연락하는 것보다는 직접 전화로 연락하는 것이 효과적이다(의사소통에 문제가 없다면). 서면으로 연락을 취해도 회신이 없는 경우가 간혹 있으므로 주의해야 한다.

특히 통화 시 유의할 점은 자기 회사 사람에 대해서는 존칭을 붙이지 않는다는 것이다. 설령 자기 회사의 사장이라 하더라도 '님'과 같은 존칭을 붙여서는 안 된다.

비즈니스 관련 약속에서는 시간을 정확히 지키는 것이 무엇보다도 중요하다. 일본의 비즈니스 문화에서 약속 시간에 늦는 것은 예의에 어긋나는 행동으로 여겨지기 때문이다.

참고로 일본 회사의 근무일은 월요일부터 금요일까지가 일반적이나, 토요일 오전에도 출근하는 회사가 종종 있다. 대기업의 경우 월-금 평일 근무가 많다. 근무 시간은 일반적으로 오전 9시부터 오후 5시까지, 또는 5시 30분까지가 많지만, 대부분의 사람들이 정해진 근무 시간보다 더 많이 일한다.

그리고 신년(12/28~1/3), 골든위크(4/29~5/5), 오봉(お盆, 8월 중순)에는 대부분의 일본 기업이 장기 휴가로 업무를 하지 않는 경우가 많으므로 일본 기업을 방문하거나 상담 약속을 정할 때 위 사항을 염두에 두는 것이 좋다.

## 13. 상호 신뢰관계 구축 긴요

일본에서는 거래를 개시할 때나 그 후의 거래관계에 있어서도 거래 조건과 함께 개인의 신용을 중요시한다. 따라서 상대방의 신뢰성을 확인하기 위해 셀러가 바이어를 몇 번이고 방문해 대화를 나누는 경우가 많다. 한편 거래 교섭은 신뢰관계가 이미 형성되어 있는 소개자를 이용하는 것이 바람직하다. 거래 성립 후에도 계속적인 접촉을 통해 상대방을 더욱 알고, 신뢰관계를 유지, 심화시킬 필요가 있다.

또 거래에 있어 신뢰성을 중시함으로써 거래 기간이나 상대방과의 친밀도에 따라 거래 조건에 차이가 있을 수도 있다. 이러한 인간관계 중시의 상관습은 일본 시장에 있어 강력한 비관세 장벽의 기능을 발휘하고 있으며 일본에 신규진출 시 직면하는 장애요인의 하나이다.

일본에서는 일단 기업 간의 거래관계가 형성되면 마치 관행과 같이 장기적 거래관계가 유지되는 것이 일반적이다. 즉 일본 기업은 상품 공급자와 그때그때의 최저가격에 의한 일시적 거래를 하기보다는 장기적, 안정적 거래를 지향하고 있다. 따라서 일시적 이익에 대한 관심은 그리 많지 않다. 구미업체들이 단기적 수익성을 중시하는 경향과 대비되는 특징이다.

따라서 거래를 시작할 때 거래 조건 등의 합의 내용을 가능한 계약서에 기재하여 계약서에 의해 거래를 하며 분쟁이 발생하는 경우에는 계약서의 내용에 따라 분쟁을 해결, 처리하는 것이 일반적인 구미와는 달리, 일본 업체는 거래 시 계약서를 작성하지 않거나 세부적인 거래 조건을 계약서에 기재하지 않는 경우가 있다. 즉 거래를 시작하기까지는 상당한 시간과 상호접촉이 필요하지만 일단 거래가 시작되면 주문을 전화나 구두로 하는 경우도 자주 있다.

이처럼 일본에서는 거래를 시작할 때 계약서를 작성하지 않는 경우가 많은데, 설혹 계약서가 작성되었다 하더라도 계약서에 거래 조건 전부를 명기하지는 않으며 교섭 과정에서의 의견 교환, 사후에 발생하는 상황 등을 고려하여 계약을 해석하는 경우가 있다. 그리고 분쟁이 발생하면 신뢰관계를 기초로 하여 대화를 통해 탄력적으로 대응한다.

## 시간 약속에 늦었을 때 생각할 수 있는 여러 나라 사람들 반응

일본인의 시간관념에 대해 풍자한 조크로 다음과 같은 것이 있다. 국제적인 학회에 지각해버린 각국 연사, 지각해버린 만큼 발표 시간이 절반으로 줄어버렸다. 각국 연사들의 대처방안은? 미국 연사는 내용을 압축해 시간 내에 끝낸다고 하고, 영국 연사는 평소의 속도를 유지하다가 시간이 되면 도중에 그만둔다고 한다. 프랑스 연사는 평소대로 하다가 다음 발표자의 시간까지 지연시켜 버리고, 이탈리아 연사는 평소의 잡담만 생략하면 시간 내로 발표를 끝낸다고 한다. 그렇다면 일본인은?

정답은 '일본인들이 늦는 일은 있을 수 없다'이다. 그만큼 일본인들은 시간관념에 투철하다는 것이다. 남들한테 피해를 주는 것은 절대 금물이라는 교육을 유치원 때부터 교육받아 온 일본인들은 자신 때문에 상대방의 시간이 허비되면 안 된다는 생각을 항상 갖고 있기 때문에 약속 시간에 늦는 일은 있을 수 없는 것이다.

# 몽골

술은 영원한 동반자

"반 팀장, 원고 잘 돼 가지?"

사장이 사무실에 들어서자마자 내게로 왔다.

"뭐, 그런대로 진행되고 있어요. 유 과장과 소 과장이 자료도 꽤 많이 보내주고 있고요."

"그래? 좋아, 좋아. 나도 선물이 있어. 주 실장님이 메일을 하나 보냈는데, 몽골 관련한 자료라고 하더라구."

"오호~ 그래요? 좋죠."

"내가 보내줄게. 몽골에서 난방기구 회사 사람이라는 것 같았는데, 뭔가 좀… 짠해~"

'무슨 소리지?'

사장은 주 실장에게 받은 메일을 내게로 전달해줬다.

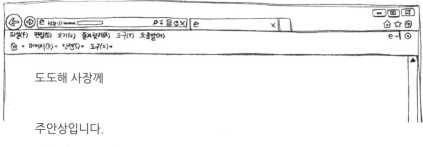

도도해 사장께


주안상입니다.

요즘 자꾸 쭈꾸미가 생각나, 곧 충무로로 가야겠습니다.

하하.

오늘은 다름 아니라, 몽골에서 사업을 하는 지인의 경험담을 전달합니다.

얘기 좀 해달라고 했더니, 아예 소설을 써놨더군요.

몽골에 난방기구를 수출하는 P사의

몽골 지부 담당 팀장 태무진이라는 친구입니다.

글 보면 아시겠지만 초원에서 여간 쓸쓸한 게 아닌가 봅니다.

잘 가려 보세요.


'그래?'


나는 궁금한 마음을 가지고 태무진 팀장의 메일을 읽어 나갔다.

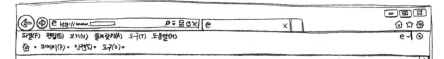

벌써 울란바토르 생활 5년째로 접어든다.

푸른 초원, 파란 하늘의 이미지와는 달리,

겨울이면 살을 에는 매서운 추위와 게르에서 때우는 석탄으로

온 도시가 매캐한 연기로 뒤덮인다.

잠깐의 외출로도 콧구멍이 새카맣게 변하기 일쑤다.


처음 몽골에 왔을 때도 한겨울이었다.

가족들이랑 같이 왔지만 아내와 아이들은 몽골의 혹독한 겨울에

몇 개월 못 버티고 한국으로 돌아갔다.

그런 내 홀아비 생활을 달래줄 친구는 술뿐이었다.

한국 교민, 한국에서 온 사업가, 몽골인 파트너, 그 대상과 성별, 연령

을 가리지 않고, 술자리를 가졌다. 비록 가끔 나를 의심의 눈초리로 바

라봤지만, 내 나름대로 현지화를 위한 전략이었다고 자평한다.

몽골은 예로부터 소, 야크, 말 등의 젖으로 만든 알코올성 음료를 많이

마셨다고 한다. 추운 초원 생활에 살아가기 위해서는 필수 음료였을 것

이다.

예부터 어른과 아이들 할 것 없이 이런 알코올성 음료에 단련이 되어

그런지, 몽골인 중 술을 잘 못하는 사람은 찾기 힘들다.


역사적으로도 13세기 몽골 침입으로 증류주인 '아르히'가 전파되어 우

리나라의 소주가 시작되었다고 알려져 있다. 몽골인들 중에는 알코올

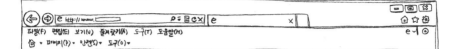

중독도 상당한데, 구소련 시절 값싼 보드카가 보급되며 심각한 사회문 제로 나타나게 되었다고 한다. 실제 추운 겨울에도 거리에 술에 취해 비틀거리는 몽골인들을 쉽게 발견할 수 있다.

사실 그중에 나도 종종 끼어 있다.

몽골로 오기 전 부터, 사업상 몽골인들과 만나면 서로 인사불성이 될 때 까지 술을 마신 적이 한두 번이 아니다. 몽골인들은 외부 사람, 특히 외 국인들에 대해서는 무척 관대한 편인데, 그래서 그런지 아주 맘 편하게 술자리를 갖게 된다. 마치 한국에서는 목욕탕이나 사우나에서 볼 거, 못 볼 거 다 보면 급속도로 친해지듯이 서로 고주망태가 된 모습을 봐야 진 정한 친구 관계가 형성된다고 보면 된다.

하지만 이런 분위기에 휩쓸려 몽골인들과 사업을 하게 되면 낭패를 보 기 십상인데, 개인적인 친분과 사업상의 신뢰관계는 별개의 문제다. 사 업관계에서는 신뢰가 무엇보다 중요함에도, 약속이나 계약관계가 쉽게 깨지는 경우도 종종 발생한다.


혹자는 유목민의 특성이라고 하는데, 만났던 사람을 언제 다시 볼지 기 약할 수 없기에, 타인과의 약속에 형식적인 부분이 내포되어 있다는 것 이다. 특히 돈 문제가 발생되면 문제는 더욱 심각하게 바뀐다.

몽골인들은 손님한테는 관대하나, 적이라고 생각하게 되면 매우 다혈 질로 바뀐다. 분명 귀책사유가 자신에게 있음에도 불구하고 관계가 틀 어지게 되면 막무가내로 나올 수도 있으니, 항상 그에 대비해야 한다.

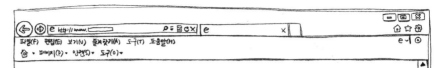

내가 몽골에 직접 오게 된 계기도, 현지 파트너와 술자리에서는 불알친구처럼 친한 관계가 형성되었음에도 불구하고 실제 업무에선 깔끔하게 이행되지 못하고, 수차례 관련 사고가 발생했기 때문이다. 추가 비용이 들더라도 한국인 현장책임자가 필요하다고 판단했다.

또 몽골에는 노동인력이 부족한 편으로 이직률도 높아 숙련된 전문인력을 찾기 어려운 점도 한 몫 한다.

혹자는 진짜 몽골의 모습은 울란바토르에 있지 않다고 한다. 적어도 인근 테를지 국립공원을 방문해 몽골의 드넓고 푸른 초원과 하늘, 맑은 강줄기를 봐야 진짜 몽골을 조금이나마 보았다고 말한다. 하지만 이런 풍광에 현혹되어 현실적인 부분을 간과해서는 안 된다. 몽골은 분명 잠재 가능성이 무궁한 국가가 맞지만 비즈니스나 사업을 하기에는 여러 가지 제약 요소가 많은 것이 사실이다. 어려운 점을 나열하자면 지면이 모자를 정도로 열악하다고 해도 좋을 듯하다.

…그놈이 계약 직전 내 뒤통수를 때린 것을 생각하면 지금도 보드카 세 병은 비울 수 있을 것 같다.

…아, 또 술 생각이 난다…

메일을 읽던 나는 태무진 팀장의 글에 배어 나오는 고독의 오라에 전염되는 듯했다.

"사장님, 이 분 너무 쓸쓸하신 것 같아요."

"그러게, 나도 울컥하더라구."

"근데 이거 추가로 물어볼 게 한두 개가 아닐 것 같은데요? 마지막에 '그놈'도 그렇구요."

"그래, 안 그래도 주 실장한테 연락처를 받아뒀어. 한번 연락해봐."

나는 사장이 건네준 연락처를 받아들고 몽골로 전화를 걸었다.

"안녕하세요. 하다 출판사의 반죽해 팀장이라고 합니다.
태무진 팀장님 되시죠?"

"아, 안녕십니까. 즉 신장님이 말한…"

"네, 맞아요. 선생님이 보내주신 몽골 원고 잘 봤습니다."

"제가 술 한잔 한 후에 쓴 거라,
다음 날 보고 얼마나 후회했는지 모릅니다.
정말 얼굴이 빨개지더군요."

"하하. 보드카를 하셨나요?"

"그렇죠. 그날이 또 거래처와 만나는 자리여서
죽다 살아왔습니다."

"아이고, 매번 그렇게 자주 드시면 어쩌려고 그러세요?
해장도 제대로 못하실 텐데."

"또 아픈 곳을 찌르시는군요.
여보~ 여보가 끓여주는 콩나물국이 먹고 싶다."

태무진 팀장이 장난을 치고는, 웃었다.

"그럼 그날은 또 고주망태 신을 연출하셨겠군요"

"하하. 저를 믿게 하려면 어쩔 수 없죠.
그래도 술을 먹을 때는 모두 친구 같아져서 막 어렵고
그렇진 않습니다. 일단 심성들은 순박한 편이니까요."

"그래도 보드카처럼 독한 술을 그렇게 많이 마시시고…"

"추운 나라에서 보드카는 훨씬 맛있어집니다.
그 시린 정도로 깨끗한 술을 들이키면 몸에 따뜻한 불이 켜지니
어찌 사랑하지 않을 수가 있겠습니까?"

"와~ 말씀에 보드카 사랑이 뚝뚝 묻어나시는데요?"

"그렇죠. 반 팀장님은 보드카를 즐기시나요?"

"아뇨, 저는 맥주나 막걸리파라서요."

"하하. 아마 보드카에 한 번 빠지면 헤어나올 수가 없을걸요?
다음 날 뒤끝도 없는 편이에요. 물론 500ml 한 병을 다 마시면
숙취가 있지만, 같은 양의 소주를 마실 때보다는 훨씬 깔끔하죠."


나는 속으로 생각했다.
'그래도 50도잖아요…'

"몽골 사람들은 대부분 보드카를 마시나요?"

"아뇨. 그런 건 아닙니다. 보드카는 러시아에서 건너온 술이에요. 몽골을 대표하는 술은 뭐니 해도 '마유주'입니다. 몽골 말로 '아이락'이라 부르는 말젖 술이죠."

"아, 글에 쓰셨던…"

"아뇨, 글에 쓴 아르히는 몽골식 소주를 말해요. 아이락을 끓여서 알코올을 받아 만든 거죠."

"아… 아이락은 맛이 어떤가요?"

"반 팀장님이 좋아하겠네요. 우리나라 막걸리와도 맛이 비슷하죠. 봄에 짠 말젖을 가죽 부대에 담고 만 번에서 2만 번가량을 저어 발효시킨 전통술입니다. 아이락을 만드는 것은 집안 여자들의 몫인데, 게르 문 옆에 매달아 둔 상태로 들어가고 나가며 수시로 저어줘요. 그러면 가죽에 담긴 술이 공기 중의 산소와 만나 발효가 되고 알코올이 만들어지죠. 알코올 도수가 3~5% 정도밖에 안 되는데다가 우리나라 막걸리처럼 영양분도 많아서 여름철엔 식사 대신 아이락으로 세 끼니를 대신하는 사람들도 있습니다. 처음엔 쉰 막걸리 냄새가 조금 역겹지만, 한 번 맛본 사람은 꼭 다시 찾게 되는 기묘한 술이죠."

"그런가요? 음, 한 번 맛보고 싶어지네요."

마유주
馬乳酒
Qumiz

나는 막걸리의 톡 쏘는 맛을 생각하며 입맛을 다셨다.

"특히 아이락은 유산균 덩어리여서 처음 마시는 사람은 설사를 할 수도 있지만, 조금만 길들여지면 장 청소에 더없이 좋은 약재예요. 남녀노소 가리지 않고 마시는 술이죠. 아이락을 마셔서는 취하지 않는 사람들은 그것을 증류해서 만든 몽골 소주 아르히를 마십니다. 과거에 우리 조상들이 막걸리를 끓여서 소주를 받아 마시던 것과 똑같은 방식이죠."

"근데, 취할 때까지 먹어야 예의라니, 아무리 비즈니스라지만 너무해요."

"몽골의 문화니까 어쩔 수 없죠. 무슨 악의가 있는 건 아닙니다. 만취하는 풍습은 칭기스칸 시대에서부터 내려와요. 다른 부족의 집을 방문한 자가 취한 척을 하고 있다가 주인을 살해하는 경우가 많았다고 해요. 그래서 안심하라는 표시로 만취하는 습관이 생겨난 거죠."

"오~ 그렇군요. 근데 몽골 사람들과의 비즈니스가 쉽지만은 않다고 하셨잖아요. 욕이 나올 정도로… 그렇게 쉽지 않은 건가요?"

나는 태무진 팀장의 메일 끝머리를 생각하며 물었다.

"하하. 제가 옛 생각이 나서 그만 메일에 실수를, 착수금까지 지불했는데 튀어버린 사건이… 흠흠, 하여튼 몽골인들은 확실히 돈 문제가 얽히면 무서워집니다. 평소엔 순박하게 웃고 있지만 예전 세계를 호령한 기마민족의 피를 무시해선 안 돼요. 그래도 몽골인들은 기본적으로 한국인에게 호의적인 편이에요. '솔롱고'라고 부르는 것만 봐도 그렇죠. 몽골어로 무지개라는 의미거든요. 과거 몽골이 고려를 침략했을 당시 색동옷을 입은 어여쁜 고려의 아낙네를 보고 그랬는지, 고려가 희망과 꿈으로 가득찬 풍요로운 나라라서 그리 명명한 것인지 정확히 알 수는 없지만 기분이 나쁘지는 않죠. 외관도 몽골인과 한국인들은 비슷하잖아요. 하지만 말했다시피 술친구가 되었다고 방심하고 있으면 안 됩니다."

"그럼 팀장님은 몽골에서의 비즈니스를 어떻게 평가하세요? 좋게 보시는 건가요?"

"흠… 네. 저는 적극 홍보하는 편입니다."

"왜요?"

"왜라… 매년 두 자리 숫자로 경제성장하는 나라, 커다란 땅덩어리와 풍부한 천연자원 등 여러 이유들을 들 수 있겠죠. 하지만 역시 제일 몽골에 끌리는 것은 기회의 땅이라는 점입니다. 불완전한 모습 속에 더 큰 기회가 숨어 있는 법이죠. 정류장을 막 떠나 속도를 내기 전 버스와 같다고나 할까…"

"하하."

마주 보고 같이 웃던 태무진 팀장은 천천히 웃음기를 지우고 한마디를 덧붙였다.

"그리고 '사람'이죠. 작년에 함께 일하던 과장님이 한국으로 들어가셨습니다. 5년 넘게 몽골에 계셨었죠. 그런데 과장님이 한국으로 돌아가는 날, 거래처 사람들이 연락도 없이 공항으로 찾아왔어요. 보드카와 은으로 만든 잔을 가지고 말이죠."

"이별을 아쉬워했나 보네요."

"그렇죠. 그렇게 모여서 보드카 한 잔, 한 잔씩을 은잔에 부어 돌렸습니다. '톡토이(Тоrтооё)'를 외치며 그렇게 한 잔을 마시고 또 머리에 거꾸로 잔을 부어 서로의 우정을 확인했죠. 그렇게 몇 회를 마시다 보니, 어떤 친구들은 위장으로 흘려보낸 술을 눈으로 내보내더라구요."

이별의 눈물이라, 비즈니스 세계에서 흔히 볼 수 없는 장면 같았다.

"그만큼 순수하고 진실한 친구들이죠. 가끔 사고도 많이 치긴 하지만요. 하하."

태무진 팀장이 몽골에 대한 애정이 가득 담긴 목소리로 웃었다.

"팀장님이 추천하실 만하네요."

"그렇죠? 몽골발 유라시아행 버스를 탑승할 비즈니스맨들이 많길 바랍니다. 아, 술 한 병은 옆에 끼고 타심이…"

"어머, 못 말리시네요. 정말."

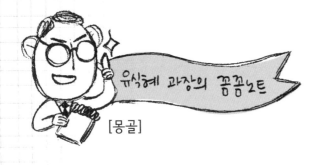

[몽골]

## 역사/문화적 특이사항 및 금기사항

국민 대다수가 라마교를 믿는 몽골인은 다른 종교에 대해 배타적인 성향이 강하다. 유목의 민족답게 지방에선 사람보다 가축의 안부를 먼저 묻는 것이 인사의 정석이다. 도시에선 러시아의 영향을 받아 서구식 인사가 주로 쓰인다. 우유를 엎지르거나 난로에 물을 붓는 행동은 금기이고, 날고기와 생선은 잘 먹지 않는다. 또 중국이나 러시아와 관련된 정치 이야기는 가급적 피하는 게 좋다. 술을 따르고 마실 땐 손목을 안쪽으로 꺾어야 한다. 화장실에 갈 때도 "밖에 매어 놓은 말 보러 갔다 오겠다"고 할 정도로 완곡한 표현을 사용한다.

그 외에 손가락으로 사람을 가리키지 말아야 한다. 우리나라 사람들은 무언가를 가리킬 때 검지를 사용하는데 이는 몽골에서는 대단히 실례되는 행동으로써, 상대방을 죽이겠다는 뜻이다. 따라서, 본인 모르게 이러한 행동을 했다면 즉시 사과를 하고 양해를 구하는 것이 좋다. 무언가를 가리킬 때는 손바닥을 펴서 가리킨다.

1. '게르'로 들어갈 땐 왼쪽으로!

몽골의 전통가옥 이름은 '게르'이다. 게르는 흙과 돌을 이용하지 않고 나무로 기둥과 틀을 세운 뒤, 압축된 양털과 천으로 덧씌운 천막집이다. 유목민족이다 보니 언제라도 훌쩍 짐을 싸서 이동하기 위해 이런 집을 지은 것이다. 게르의 중앙에는 몽골 사람들이 예로부터 신성하게 여기는 난로가 놓여 있다. 몽골 사람들은 이 난로를 손상시키는 행동을 죄악이라고 생각한다. 그래서 난로에 쓰레기를 버리거나 주변에 날카로운 물건을 놓는 행동 등은 금기사항이다. 게르에 들어갈 때 문지방을 밟거나 나무 기둥에 손을 대서도 안 된다. 또 문으로 들어갈 땐 반드시 왼쪽으로 들어가야 한다. 오른쪽은 주인이 머무는 공간이기 때문이다. 게르 안에서는 휘파람을 불어선 안 된다.

인사법

몽골은 도시와 지방의 인사법이 조금 다르다. 먼저 도시에 사는 사람들은 남녀 구별 없이 만나면 악수를 하고 가벼운 포옹을 한다. 그런 뒤 양쪽 뺨을 번갈아 맞대며 친근함을 표시한다. 이는 러시아 인사법의 영향으로 생겨난 행동이다. 러시아와 몽골은 국경이 붙어 있기 때문에 자연스럽게 영향을 받은 것이다.

시골에서는 인사말부터가 다르다. 시골 사람들은 만나면 먼저 가축의 안부를 묻고, 그 다음에 가족의 안부를 묻는다. 예를 들면 "댁의 양은 살도 토실토실 찌고, 새끼도 잘 낳고, 젖도 잘 나오지요? 집안 식구들도 모두 평안하십니까"라고 한다.

이런 긴 문안 인사를 한 뒤엔 좀 특이한 인사를 한다. 양팔을 'ㄴ'자로 내밀어 상대방의 양팔에 포개어 놓고, 허리를 살짝 굽혀 인사를 한다. 그런데 이때 주의할 점이 있다. 상대방의 나이에 따라 팔을 포개는 위치가 정해져 있다. 만약 상대방이 연장자면 그 사람의 팔이 위에 오게 하고, 나이가 어린 사람이 그 아래를 받쳐야 한다.

또한 몽골에선 친구 사이에도 색다른 풍습이 있다. 헤어질 때 서로의 허리끈을 교환해 가지는 것이다. 물론 이 허리끈은 다음에 다시 만날 때 돌려받는다. 그리고 몽골에선 노인이 어린아이에게 진근감을 표시하는 색다른 인사법이 있다. 바로 아이의 이마에 코를 대고 냄새를 맡듯 몇 번 킁킁거리는 것이다.

1. 사업주와 근로자 사이를 친밀하게 해주는 몽골어 10문장

- 안녕하세요? : 센 베노
- 고맙습니다 : 바야를라
- 괜찮아요 : 주게레
- **훌륭해요! 참 잘했어요(일을 잘했을 때) : 새앵벤**
- 좋아요(마음에 들 때) : 새앵새앵
- 어디 아파요? : 비이업더쯔배노
- 피곤해요? 피곤하지 않아요? : 야따르쯔배노?
- 좀 쉽시다 : 짜흥 아마리
- 천천히 : 오땅
- 빨리빨리 : 걀스걀스
- 위험해요 : 아욜테슈

## 2. 몽골인의 시간관념

몽골인들은 시간에 대한 관념이 별로 없다. 보통 30분 정도 늦는 것에 별로 미안해하지 않는다. 이는 급할 것이 없는 민족성에서 기인한 것이 아닌가 한다. 그렇다고 우리마저 그럴 수는 없으니 그들에게 무언가를 느낄 수 있도록 약속 시간을 정확히 지켜주는 것이 좋다.

## 복장

- 정장은 양복과 흰색 긴팔 와이셔츠에 넥타이이다.
- 명절 때는 몽골 전통 옷인 델을 입는 것도 괜찮다.
- 평상시 너무 어리거나 추잡하게 입지 아니한다.
- 명절 때(신찔, 차강사르) 방문 시 항상 모자를 착용한다. 이들은 명절 때 손님이 올 경우 주인이나 손님이나 모자를 쓰고 상대방을 맞는 것이 예의이다.
- 몽골인과 밖에서 만날 때는 절대로 반바지를 입지 않고 부득이한 경우에 츄리닝을 제외하고는 삼가는 것이 좋다.

만약 모자를 쓰고 있으면 게르에 들어갈 때 그대로 쓰고 있어도 무방하다. 인사를 할 때는 모자를 약간 들어 올리면 된다. 음식 선물 등 물건을 주고받을 때는 양손, 부득이할 경우 오른손을 사용한다. 소매는 내린다. 악수를 할 때는 아무리 추워도 장갑을 벗는다.

## 식사예절

게르 안에서 움직일 때는 시계 방향으로 이동한다. 음식이나 차는 조금씩 마시거나 뜯어 먹는다. 손바닥에 물건을 받을 때는 두 손을 모아 바닥을 위로 향하게 한다. 몽골인의 발을 밟았을 때는 상대방의 손을 잡고 사과한다. 바닥에 앉을 때 무릎을 꿇어도 된다. 초대받았을 때 작은 선물이나 적은 현금을 놓고 와도 양해된다.

## 관습 및 예절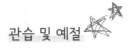

### 1. 기본 예절 및 Tip

몽골어에는 상황과 시간에 따라 다양한 형태의 인사말이 있다. 도시에 사는 사람들은 보통 "Sainbainuu?(센 베노?)"라고 인사하는데 이는 "잘 지내십니까?(How are you?)"라는 뜻이다. 이 경우 "네, 잘 지내요(Fine)"라는 뜻으로 "Sain(센)"이라고 대답한다. 관습상 부정적인 대답은 하지 않는다. 어떤 문제가 있을 시에는 대화를 시작하고 나서 말할 수 있다. 평화(Peace)라는 말은 종종 인사하거나 안부를 묻는 말로 쓰인다. 몽골어 의미론으로 볼 때 이 말은 "행복"과 동의어이다. 만약 어떤 사람이 아무 근심 없고 평화롭다면 결론적으로 행복한 것이다.

한 마을에서 일을 하고 있는 집주인이나 그 부인을 마주친 손님은 그들에게 특별한 인사말을 한다. 예들 들어, 소의 젖을 짜고 있는 여주인에게는 "댁의 양동이가 우유로 가득 넘쳐흐르길 바랍니다"라고 인사한다. 만약 부인이 양모를 두드려 펴고 있다면 "양모가 비단처럼 부드러워지길 바랍니다"라고 인사한다. 이런 축복해주는 말에 대한 대답은 언제나 똑같다. "당신도 그렇게 되길 바라요" 자기가 알고 지내는 연장자와 얘기할 때에는 예를 들어 'Dorj-guay'처럼 상대 연장자의 이름에 "guay"라는 존칭을 붙여야 한다. 나보다 나이가 많고 처음 보는 사람에게는 "Akh-aa(삼촌, 형)"라고 부른다. 가족관계에는 몽골인들의 관심이 반영되어 있는데, 예를 들면 "내 아내"와 "내 아이들의 아버지"라고 말한다. 반드시 그 사람의 나이와 위치에 따라 정확한 호칭을 써야 한다. 도시에서는 외국 사람이 다른 어느 나라와 마찬가지로 행동해도 괜찮지만, 시골에서는 그가 하는 행동 하나하나가 모든 관습과 전통에 어긋나게 된다. 그러나 외국 사람이 뭘 잘못한다고 해서 기분 나빠하지는 않는다. "모르는 사람은 벌하지 않는다"라는 몽골 속담이 있기 때문이다.

## 2. 손님맞이 및 방문

몽골에서는 게르(Ger)의 문을 노크하고 나서 "제가 들어가도 됩니까"라고 물어서는 안 된다. 게르에 접근한 손님은 설령 개가 없더라도 "개를 붙잡으세요(Nokhoi Khori!)"라고 크게 소리쳐야 한다. 사실상 이 말은 주인에게 손님이 왔음을 알리는 뜻이다. 집주인과 그 아내는 모자를 쓰고 게르에서 나온다. 유럽에서는 남자들이 서로 인사를 할 때 모자를 벗는 것이 정상이지만 몽골에서는 이런 경우 그대로 모자를 쓰고 있는 것이 예의이다. 집주인은 손님이 말에서 내려오는 것을 도와주고 손님을 게르 안으로 모신다.

맨 먼저, 남자들끼리 코담배가 담긴 병을 교환하는데 손님은 이 병이 없어도 상관없다. 먼저 주인의 코담배 병을 받아서 코담배를 좀 꺼내고 다시 돌려주는데 이때 병뚜껑을 꽉 닫아서 돌려주면 안 된다. 손님에게 어디서 왔는지, 무슨 일로 왔는지 직접적으로 물어보는 것은 별로 좋지 않다. 이것은 날씨나 가축 등등 전통적인 질문이 이어진 후에, 또는 대화하다 어떤 상황 중에 손님 자신이 직접 말하는 것이다.

여주인은 작은 사발에 차를 따라 양손으로 들거나, 왼쪽 팔로 오른쪽 팔꿈치를 받친 후 오른손을 이용해 손님에게 대접한다. 손님은 이와 같은 방식으로 그 사발을 받아야 한다. 팔목을 드러내는 것을 매우 무례하게 여기기 때문에 소맷자락을 내려서 받는 것이 아주 예의바른 행동이다.

여름에 방문한 손님에게는 차 대신 쿠미스(Koumiss, 발효시킨 마유주)를 대접하는데, 좀 더 친밀한 관계를 갖고 싶다면 보통 접시에 식사하고, 보통 찻잔에 쿠미스를 마시는 게 일반적 관습이다. 집주인은 차를 따라서 손님에게 건네는데, 손님이 차를 조금 마신 후 주인에게 잔을 돌려주면 주인은 다시 차를 따라서 다른 손님에게 건넨다. 주인은 모든 손님이 그 찻잔으로 차를 마신 후에야 차를 마실 수 있다.

몽골인들은 화로, 게르와 그 안에 있는 물건들에 대해 독특한 관념을 가지고 있기 때문에 화로에 물을 붓거나 쓰레기를 버리는 것, 불에 칼을 대는 것, 화로를 넘어가거나 우유를 엎지르는 것은 금기사항이다. 게르 안에서 휘파람을 불거나 기둥에 몸을 기대는 것은 흉조로 여겨진다.

## 몽골의 재미있는 습관

- 남의 발을 밟거나, 자신의 발을 밟히면 악수를 하고 헤어진다. 이것에는 금후의 싸움을 피하고, 당신의 적이 아니기 때문에 용서를 해달라고 하는 의미가 있다. 전혀 모르는 상대라면 아무렇지도 않게 팔에 접촉하든지, 눈으로 신호를 보내든 지, 혹은 구두로 사과한다.

- 사내아이가 3세·5세, 여자아이가 2세·4세가 되면 단발식을 거행한다. 친척이 모여 최초로 단발식을 거행하고, 아이와 마음이 가장 잘 맞는 사람이 머리를 잘 라주는데, 빡빡머리가 될 때까지 계속해서 자른다. 태어나서 단발식까지는 아 무도 머리에 접촉해서는 안 되는 관습이 있고, 깨끗한 검은 머리가 자라도록 2, 3회 까까머리로 자른다.

- 왼쪽 손에서 물건을 받거나, 왼쪽 손에서 물건을 건네주는 것은 예의에 어긋나 는 행동으로 받아들여진다. 사람들에게 물건을 받을 때는 양손으로 받는 것이 예의이다.

- 뼈가 있는 고기를 먹을 때는, 고기를 남기지 않고 뼈가 새하얗게 보일 때까지 먹 어야한다.

- 갓난아기를 귀여워할 때는, 예를 들어 "귀엽지 않아"처럼 반대로 말을 해야 한 다. 이것은 '마물은 귀여운 아이를 데리고 간다'고 전해지고 있으며, 액막이를 의미한다. 또, 실제로 귀여운 아이로 자라길 바라는 마음에서 비롯된 것으로 여 겨지고 있다.

- 결혼식에 지인을 우연히 만나게 되면 운이 나빠진다고 여긴다. 자신의 행복을 가져갈 수 있다고 생각하기 때문이다. 반대로, 장례식장에서 우연히 만나게 되 면 운이 좋다고 생각하게 되며, 돌아가신 분의 행운이나 선행이 살아 있는 사람 에게 되돌아온다고 이해하고 있다.

- 돌아가신 분의 이름은 불러서는 안 된다. 이것은, 돌아가신 분을 존경하고, 또 귀신이 되돌아오는 것을 막는 의미가 있다.

소갈량 과장의 잡학사전

"캬~ 이 정도는 돼야지~ 유 과장 몽골 가봤어?
이 몽골 속담 멋지지 않아?"

마시면 죽는다. 마시지 않아도 죽는다.

"글쎄… 난 몽골은 안 갈 거라서…"

# 酒馬故友

## 주마고우_동남아

술과 함께하니 어찌 벗이 되지 않을쏘냐

# 필리핀

소주 한 잔에 다져진 기반

늘어지는 오후 2시였다.

몸은 늘어졌고, 정신은 안드로메다로 날아갈 것 같았다. 갑자기 내 자리 파티션 너머로 사장이 얼굴을 내밀었다.

"반 팀장, 뭐해?!"

멍때리고 있던 나는 깜짝 놀라, 서둘러 보고 있던 원고를 소리 내어 넘기며 일하는 척을 했다.

"아… 네?! 무슨 일이세요?"

"아니, 그냥. 근데 올해 휴가는 어디 안 가?"

"글쎄요… 가고는 싶은데, 사람에 치일 생각에 잘 엄두가 안 나네요."

"왜, 여행 가는 거 좋아하잖아."

"네네. 그렇죠."

건성건성 대답하는 내게, 사장이 말했다.

"필리핀 어때? 내가 거기 아는 사람이 있어서 말이야. 숙소도 다 마련돼 있는데…"

"네네… 네?"

이제 4월이었다.

"아직 휴가도 멀었는데요."

나는 무언가 이상한 기분을 느끼며 사장을 쳐다봤다.

'왜 이러는 걸까… 뭔가 있을 것 같아.'

"후훗, 내가 반 팀장을 위해서 아주 글로벌한 '미리 휴가' 일정을 짜봤어. 이름하야 '필리핀과 캄보디아를 양손에'야. 사람도 붐비지 않는 4월, 좋잖아!"

"네?!"

"큭큭, 주 실장이 제안을 하더라고. 술과 글로벌 비즈니스 관련 조사차 현지 방문. 소갈량 과장이 지금 캄보디아에 잠깐 들어가 있거든. 뭐 처리할 일이 생겼나봐. 그래서 캄보디아에서는 소 과장과 조인하면 돼."

"음? 그럼 출장을 다녀오란 말씀이세요? 제 휴가로?"

금세 내 눈이 얇아졌다. 머릿속에 '휴가는 bye bye'란 제목이 지나갔다. 내 반응에도 사장은 태연했다.

"왜 싫어? 나 같으면 바로 가겠네. 비수기에다, 표 주고, 숙박도 해결해 주는데. 정 대리, 혹시 생각 있어?"

사장은 옆 자리의 정 대리에게 물었다.

아니, 몇 달간 저자 미팅에, 자료 조사한 게 얼만데, 저 말은

'정 대리, 니가 이 책 맡을래?'란 소리 아닌가.

나는 곧바로 두 손 들고 투항했다.

"좋아요, 좋아요. 갑니다. 가요."

"어멋! 그렇지? 탁월한 선택이야."

사장은 의기양양한 웃음을 띠고 자리를 떠났다.

'저 악마… 흑.'

'그래, 나쁠 건 없겠지. 맞아.
중간에 나만의 자유 시간을 왕창 가질 테니!'

출장

마닐라 니노이 아끼노 국제공항.

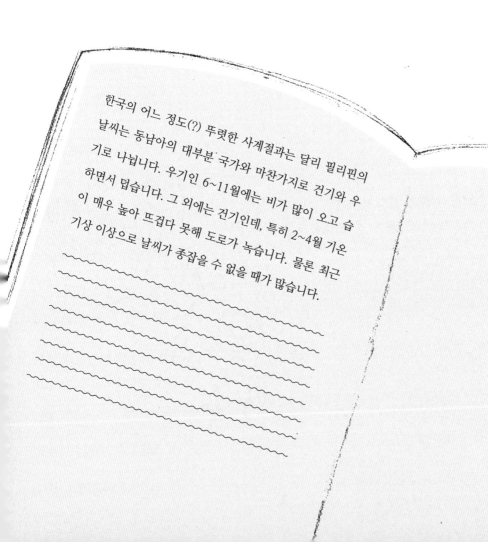

한국의 어느 정도(?) 뚜렷한 사계절과는 달리 필리핀의 날씨는 동남아의 대부분 국가와 마찬가지로 건기와 우기로 나뉩니다. 우기인 6~11월에는 비가 많이 오고 습하면서 덥습니다. 그 외에는 건기인데, 특히 2~4월 기온이 매우 높아 뜨겁다 못해 도로가 녹습니다. 물론 최근 기상 이상으로 날씨가 종잡을 수 없을 때가 많습니다.

나는 여행안내 책자를 덮었다.

그리고 스마트폰 날씨 어플에 해가 그려져 있는 것을 보고 다시 고개를 들어 비가 폭포수처럼 떨어지는 하늘을 쳐다보았다.

'4월은 건기라며…'

비가 오니 습기 때문에 몸이 더 끈적이는 것 같았다. 비행기와 공항을 이어주는 불과 수 미터의 통로를 걷는 사이 등에 땀이 흥건히 배었다.

얼른 공항택시를 잡아 말라떼(Malate) 부근에 위치한 호텔로 향했다. 빨리 짐을 풀고 우선은, 자고 싶었다. 사장이 끊어준 비행기 표는 밤 11시 도착이었다.

'크흑, 내일 아침부터 일정 시작이라더니, 기어이 이때 도착하게 하는 심보는 뭐람.'

숙소에 도착한 나는 씻자마자 침대로 쓰러졌다.

'음… 맥주 한 잔… 먹고… 싶…'

그리고는 여행안내 책자를 펼친 채 잠이 들었다.

'띠리리리.'

전화벨 소리에 깜짝 놀라 잠이 깼다. 호텔 로비에서 나를 찾는 사람이 있다고 했다. 시계를 보니 오전 5시였다.

'안내해줄 사람이 있다더니, 벌써 온 건가?'

나는 부스스한 머리를 질끈 묶고, 간신히 눈곱만 뗀 채 가방을 둘러 메고 방을 나섰다.

호텔 로비에서 한 여자가 나를 기다리고 있었다. 그녀는 자신을 국제무역발전협회의 필리핀 주재원이라고 했다.

"안녕하세요. 송똑똑이라고 합니다."

"안녕하세요. 반죽해입니다. 출판사에서 왔어요."

"네, 이야기는 다 들었어요. 필리핀 현지의 우리나라 기업을 방문하고 싶으시다고요."

"네, 이거 참 새벽부터 죄송해요. 이렇게 일찍 오실지 모르고 세상 모르고 자고 있었네요."

"아니에요. 마닐라는 차량 정체가 심해서 조금 일찍 움직이는 게 좋거든요. 어쩔 수 없이 이른 아침부터 방문했어요. 피곤하실 텐데 제가 더 죄송하죠. 자, 어찌됐든 출발하실까요?"

송똑똑은 밝고 활달한 성격 같았다. 민소매에 카고 바지, 짧은 커트 머리에서도 그런 면이 물씬 풍겼다.

우리는 마닐라 외곽의 카비테(Cavite)로 향했다. 새벽 5시가 갓 넘었는데 벌써 길거리, 정류소 등지에 현지인들의 분주한 모습이 보였다. 누가 필리핀 사람들을 게으르다고 말했나.

마닐라를 벗어나 국도를 1시간 정도 달리면 카비테 지역에 도착하는데, 복잡한 마닐라와는 달리 시골 분위기의 카비테는 예전부터 한국 섬유공장이 많이 진출했던 지역이라고 한다. 80년대 필리핀은 대미 수출기지였던 터라, 수많은 한국 기업들이 진출했었다. 현재는 예전만큼은 아니지만 그 명맥을 이어가는 기업들이 아직도 남아 있다고 했다. 방문할 곳은 S 의류회사로 스웨터를 주로 취급하는 회사였다.

공장에 도착하니 한국인 사장과 현지 공장장이 우리를 반갑게 맞이했다.

"안녕하세요. 김대통이라고 합니다. 송 대리님께 연락 받았습니다. 취재차 나오셨다고요. 먼저 공장장과 함께 공장을 둘러보시죠. 점심 때 식사나 같이 하시면서 이야기를 나누면 좋겠네요."

"네, 협조 감사드립니다."

김대통 사장은 몸집이 크고, 눈, 코, 입도 큼지막해 얼굴에서부터 후한 인심이 묻어나 보였다.

우리는 공장장 알렌의 안내에 따라 회사 곳곳을 둘러봤다. 송똑똑은 내게 이 공장은 사장과 직원들의 관계가 좋은 편이라고 말해줬다. 해외에 회사를 차리면 현지 직원들과의 협동과 조화가 아주 중요한 요소다.

2시간가량 공장을 돌아보고 나니 온몸에 땀이 줄줄 흘렀다. 게다가 배도 엄청 고파왔다. 때마침 김대통 사장이 함께 점심을 먹으러 가자고 했다.

"일반 현지 노동자들은 간단한 도시락이나 공장 옆 작은 노점 등에서 끼니를 때웁니다. 식사는 밥(아남미)에 반찬 한 개, 참 간단하게 먹죠. 이렇게 소식을 하니 뚱뚱한 사람들이 별로 없어요. 하지만 필리핀 사람들의 평균수명은 짧은 편입니다. 40대만 되면 확 늙어 보이죠. 이들과 달리 한국 사람들은 점심을 잘 먹어야 일할 힘이 나요. 안 그렇습니까?"

김 사장이 한쪽 눈을 찡긋하며 말했다.

사장과 공장장 알렌, 현지 직원 몇 명과 함께 차로 30분을 달려 필리핀 전통식당인 '불랄로(도가니탕)' 집으로 갔다.

"여기가 제 단골집입니다."

나무로 지어진 허름한 가게였지만 내부는 꽤 넓었다. 큰 공터에 나무 테이블을 가져다 놓고 지붕을 씌운 듯한 느낌이었다. 찌는 듯이 더운 날씨인데, 뜨거운 불랄로 국물을 들이키니 속이 시원했다.

김 사장은 맛있게 먹는 나를 보고는 웃으며 말했다.

"이거 이럴 때는 소주를 한 잔 해야 하는데, 아쉽네요. 저는 이곳에 들르면 늘 처음 필리핀 사업을 시작했던 당시가 떠오릅니다."

"무슨 사연이 있으신가요?"

나는 도가니를 뜯다 말고 물었다. 무언가 촉이 왔다.

"많은 사업가들이 필리핀에는 제대로 되는 것도 없지만 안 되는 것도 없다는 말을 합니다. 저 역시 처음에는 뭔가 손에 잡힐 듯 말 듯하면서도 안 잡히는 기분이었죠. 문득 '현지 직원들과 마음을 열고 합심만 해도 좀 더 쉽게 갈 수 있지 않을까'라는 생각이 들었습니다. 그래서 생각한 것이 한국식 술자리였습니다. 사실 필리핀 사람들은 공적인 관계에서는 친목 차원의 가벼운 맥주 한 잔도 드뭅니다. 하지만 '필리핀 사람들이 술을 많이 마시는 편은 아니지만, 즐겁게 마신다', '술은 만국 공통어다'라는 생각에 시도해 보기로 했죠.

해외에서 비즈니스를 할 때 상대 국가를 이해하고 존중하는 것은 매우 중요합니다. 특히 노동집약적인 제조 산업의 경우 현지화가 중요하죠. 어떤 나라는 문화적인 색채가 너무 강해 한국식의 사고방식과 기준을 따르기 어려워 힘들어 하고, 어떤 나라는 새로운 것에 대해 별 거부감 없이 쉽게 받아들이는 곳도 있습니다. 개인적으로 필리핀은 후자라고 생각합니다."

모두 김 사장의 이야기에 점점 빠져들었다.

66

불랄로는 물론 한국 갈비탕이나
곰탕과 같은 맛은 아니지만
술 한 잔 하면서 먹기에는 최고의 안주지요.
그래서 공장장부터 해서 직원들을 데리고
이 식당을 찾았습니다. 그리고는
한국에서 가져온 팩소주를 한 잔씩 따라줬지요.
미지근한 팩소수에다 맥주잔에 마시지만,
모두 두 손으로 받더군요.
그리고는 능숙하게 한국말로 '건배'를 외치고
잔을 부딪친 후 쭉 들이켰습니다.
'캬' 하는 소리도 내는 것이 한국 드라마 영향이
없진 않았던 것 같습니다. 하하.
제가 그 자리에서 지금의 성장까지를 봤다고 하면
너무 과장일까요? 소주 맛에 얼큰히 취해
직원들과 함께 어깨동무를 하고 노래를 부르던
기억이 나네요.

'맞아, 사장과 직원들이 서로에 마음을 여는 것보다 더 큰 성공 열쇠는 없겠지.'

나는 속으로 생각했다.

"공장장인 알렌도 이제는 틈만 나면 자기가 먼저 술 먹으러 가자고 팔을 끌 정도니까요. 실제로 알렌은 저에게 전수받은 '주도'를 마치 한국 사람처럼 다른 필리핀 사람들에게 가르쳐 줍니다."

김 사장과 알렌은 친구를 바라보듯이 마주 보고 미소 지었다.

"물론 한국식의 비즈니스 술자리가 항상 옳은 건 아닙니다. 그리고 어떤 특정한 형식에 매여 있을 필요도 없습니다. 다만, 사업관계가 있는 사람들끼리 친목과 비즈니스를 동시에 하며 자리를 함께하는 것, 무엇보다 즐겁게 하는 것이 핵심인 것 같습니다. 필리핀 사람들은 삶의 만족도가 높아 항상 즐겁게 삽니다. 고급 위스키든지, 싸구려 럼이든지, 맥주든지 중요하지 않습니다. 술은 단지 도구일 뿐, 도구에 따라 맞춰서 놀면 되지요."

김 사장의 말에서 여유가 느껴졌다.

"제 경험에 비추어 볼 때 필리핀에서 사업을 하는 경우 거래처와의 술자리보다는 직장 동료나 내부 직원 간 결속을 다지는 회식 분위기의 술자리가 더 중요한 것 같습니다. 특히 종업원이 많은 공장이나 현장을 관리해야 하는 분이라면 더더욱, 무더운 날 땀 흘린 직원들에게 시원한 맥주에 가벼운 안주를 한 번 쏘는 게 더 나을 겁니다. 직원들과의 돈독한 관계 형성이 성공의 최대 비결이니까요."

"음, 사장님의 말씀을 들으니 해외 사업을 볼 때, 수익적인 면에만 집중했던 점을 반성하게 되네요. 아주 중요한 말씀 같습니다."

알렌은 분위기를 보더니 어느새 맥주를 꺼내와 한 잔씩 권했다. 사장과 건배를 권했다. 우리는 모두 웃으며 잔을 부딪쳤다.

"위하여!!!"

그날의 일정을 마치고 송똑똑과 함께 다시 말라떼로 돌아가는 길에 많은 이야기를 나눴다.

"김 사장님 회사를 둘러보며 느낀 게 아주 많아요. 술과 글로벌 비즈니스의 관계에 있어서도 새롭게 바라볼 수 있는 시간이었어요."

"잘됐네요. 저도 김 사장님을 아주 좋아합니다. 평소에 김 사장님이 하시는 말씀 중에 기억나는 게 있어요. 주해 씨는 '감사합니다', '안녕' 이런 거 말고, 필리핀 사람들이 가장 많이 아는 한국말이 뭐 같아요?"

"빨리, 빨리?"

"맞아요. 필리핀 사람들은 한국 사람들이 급하고 성격이 불같다고 알고 있어요. 특히 봉제업계에서는 더 그렇죠. 항상 친절하고 공손한 필리핀 사람들의 겉만 보고 함부로 대하는 한국 사람들이 많아요. 하지만 이들이 화나면 정말 무섭죠. 그래서 김 사장님도 늘 말씀하시곤 했어요. '남의 나라에서 우리는 어디까지나 손님, 좀 더 나아가면 친구' 정도로 생각해야 한다고요. 아직 '손님'으로 대접해줄 때 알아서들 잘하라고 말이에요."

하하, 뼈가 있는 말이네요.

[필리핀]

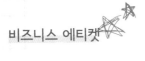

## 1. 복장

양복 바지에 와이셔츠, 넥타이가 정장으로 통용된다. 정장 상의는 입지 않아도 무방하나 건물 내에서는 에어컨이 강하게 가동되므로 상담 장소에서 종일 상담하는 경우 상의를 준비하는 것이 좋다. 남성의 경우, 필리핀 전통의상인 바롱(Barong)을 입고 현지 바이어와의 상담에 응한다면 편안하면서도 상대방에게 친밀감을 줄 수 있다.

필리핀 남성 전통의상 바롱(Barong)

## 2. 인사

영어 인사도 괜찮지만, 친밀감 형성을 위하여 따갈로그(현지어)를 일부러도 사용하는 것이 좋으며 단기간에 언어 습득이 쉽지 않은 현실적인 어려움을 감안해 볼 때 간단한 인사 정도를 익히면 무난하다. 상담자의 나이가 많거나 여성인 경우 상담자가 악수를 청하기 전까지 기다려야 한다. 친한 여성들끼리는 서로 가벼운 포옹을 하며 양볼에 가볍게 입을 맞추는 인사를 하기도 한다.

필리핀 전통에는 웃어른을 공경하는 의미로, 아랫사람이 웃어른의 손등을 자신의 이마에 갖다 대는 제스처를 하는데, 마노뽀(Mano Po)라고 부른다. 이는 비즈니스 미팅 시 직급이 높은 상대에게 하는 인사로는 적합하지 않으나, 주로 할머니, 할아버지, 또는 나이가 많은 사람에게 하는 친근하고도 정중한 인사법이다.

### 필리핀어 기본 회화

| 영어 | 따갈로그 | 발음 |
|---|---|---|
| Good Morning | Magandang Umaga | 마간당우마가 |
| Good Afternoon | Magandang Hapon | 마간당하뽄 |
| Good Evening | Magandang Gabi | 마간당가비 |
| How are you? | Kumusta po kayo? | 꾸무스타뽀까요 |
| I am fine | Mabuti po naman | 마부띠뽀나만 |
| Thank you | Salamat po | 살라맛뽀 |
| How much is it? | Magkano po ba ito? | 마까노뽀바이또 |

| 영어 | 따갈로그 | 발음 |
|---|---|---|
| What is your name? | Anong pangalan mo(niyo) | 아농빵알란모(뇨)?<br>('뇨'를 사용하면 존댓말이 됨) |
| It is delicious | Ito ay masarap po | 이또아이마사랍뽀 |
| Take care | Ingat po kayo | 잉앗뽀까요 |
| Did you have a meal? | Kumain na pobakayo? | 꾸마인나뽀바까요 |
| Would you exchange (something) please? | Paki palit po | 빠키빨릿뽀 |
| Straight | Deretso | 데레초 |
| Right | Kanan | 까난 |
| Left | Kaliwa | 깔리와 |
| Yes | Opo | 오뽀 |
| No | Hindi po | 힌디뽀 |

대화 시 문장 끝에 Po(뽀)를 붙이면 정중한 표현이 된다. 필리핀어뿐만 아니라 영어로 대화할 시에도 끝에 Po(뽀)를 붙여 정중한 표현을 사용하면 현지인들과 더욱 친근감 있게 대화할 수 있다. 예를 들어, 감사하다는 표현을 할 경우 Thank you 또는 Salamat po(살라맛뽀) 대신 Thank youpo(땡큐뽀)라고 하는 경우가 많다. 현지인, 특히 비즈니스 관계에 있는 상대에게 소개 또는 인사를 건넬 때에는 Mister (Mr.) 또는 Mrs.나 Miss(Ms.)와 함께 성을 부르는 것이 좋다.

예를 들어, 상대 남성의 이름이 John Pangilinan일 경우, Mr.

Pangilinan(미스터 팡일리난)라고 부르는 것이 좋다. 상대 여성이 미혼인지 기혼인지 모를 때에는 일단 Miss(Ms.)라고 부르고 상대가 Mrs.라고 불러 달라 요청하지 않으면 기혼 여부에 상관없이 Miss라는 호칭을 사용해도 좋다. 상대 여성의 이름이 Jane Aquino일 경우, 우선 Ms. Aquino(미스 아키노)라고 부르는 것이 좋다.

필리핀인들은 사회적 지위에 예민하기 때문에 상대가 의사 또는 변호사 등의 경우 공식적인 호칭을 사용하도록 유의해야 한다. 예를 들면 Doctor Aquino(아키노 의사), Attorney Rodriguez(로 드리게즈 변호사), Secretary de Ocampo(데오캄포 장관) 등의 호칭을 사용해야 한다. 상대가 Nickname(별칭) 또는 First name(이름)으로 불러도 좋다고 하기 전까지는 이름 대신 성을 부르거나 정중한 호칭인 Sir 또는 Mr.나 Ma'am을 사용하도록 유의해야 한다.

## 3. 선물

두터운 유대관계가 형성되기 전에 고가의 선물을 주는 것은 거래에 악영향을 미칠 수 있으니 저렴한 한국의 전통차 혹은 기념품 등을 선물하는 것이 바람직하다. 특히 한국 인삼에 대한 인식이 상당히 좋다.

또한 연말에는 크리스마스용 선물을 주요 거래처 또는 관계자에게 선물하는 것이 관례화되어 있다. 해외나 지방을 다녀온 뒤에는 가족과 주위 사람들에게 Pasalubong(파살루봉, 기념품이라는 의미)을 주는 것이 관례인데, 주로 방문한 지역의 특산물을 선물한다.

생일과 같은 특별한 날 파티에 초청되어 직접 선물을 건넬 경우, 쇼핑백에 선물을 전달하는 것보다 포장을 해서 내용물을 알 수 없게 전달하는 것이 좋다. 선물을 받은 사람은 파티가 다 끝난 후 개인적으로 선물을 열어보는 것이 좋으며 이는 필리핀은 빈부격차가 심하므로 개인의 사정에 따라 크고 작은 선물을 건네는데, 이때 다른 사람들의 선물과 비교되어 선물을 준 사람을 무안하게 만들 수 있다고 생각하기 때문이다.

## 4. 약속

필리핀에서는 미팅 약속을 미팅 한 달 전에 잡기도 한다. 그러므로 미팅 2~3일 전에 미리 전화해 미팅 일정을 다시 한 번 상기시키는 것이 좋다.

필리핀 수도 마닐라는 교통체증이 심한 지역으로 이동 시 소요 시간을 예측하기 힘들다. 실제로 필리핀 현지인들 사이에는 'Filipino Time'이라는 농담을 주고받을 정도로 약속 시간에 30분 정도 늦는 것이 습관화되어 있다. 그러나 최근 비즈니스인들은 약속 시간 엄수의 중요성을 알기 때문에 부득이한 사정(교통체증 포함)이 있지 않은 이상 약속 시간을 잘 지킨다. 그러므로 거래처 또는 관계자와 미팅 약속이 있을 때에는 약속 시간에 맞춰 약속 장소에 도착하되, 상대방이 늦더라도 심하게 화를 내면 필리핀 현지 사정을 이해하지 못하는 것으로 오해받을 수 있으니 주의해야 한다. 교통체증은 주중 특히 월요일과 금요일에 가장 심하기 때문에 화, 수, 목요일 중 약속을 잡는 것이 좋다.

필리핀의 근무 시간은 보통 오전 8~9시에서 오후 5~6시이며 늦게 출근하거나 점심시간에 자리를 오래 비운다거나 특히 높은 직책일수록 일찍 퇴근하는 경우가 잦으므로 출근 시간, 점심시간, 퇴근 시간 한두 시간 전후로 여유를 두고 약속 시간을 정하는 것이 좋다.

## 5. 문화적 금기사항

카톨릭 국가로서 특별히 터부시되는 사항은 없으나, 언성을 높이는 것은 매우 모욕적인 일로 간주되므로 주의해야 한다.

특히 한국인들이 다소 급한 성격이라는 점에서, 상대방에게 언성을 높일만한 사안이 있더라도 화를 내는 등의 반응은 현지인들로 하여금 매우 모욕적이며 자존심에 상처를 주는 행위이므로 조심해야 한다. 또한, 손가락이나 손으로 탁자를 두드리는 것은 여성에 대한 모욕의 의미가 될 수 있다.

직원이 잘못을 했더라도 다른 사람들이 있는 공개석상에서 야단을 치면 모욕을 받는다고 생각하므로 반드시 다른 사람들이 없는 곳으로 불러 잘못을 지적해야 한다. 필리핀 사람들은 자존심이 매우 강하므로 종업원이든 누구든 무시하는 태도를 보이지 않는 것이 좋다.

최근 몇 년간 한국인 방문객들이 현지인들을 노골적으로 무시하거나 모욕적으로 대하는 사건들이 현지 언론에도 계속 보도된 바 있어 현지인들의 감정을 상하게 하지 않도록 주의가 필요하다.

특히, 유흥가에서 마치 한국에서처럼 과격하게 행동하면 신변에 위협을 느낀 상대방이나 경비원들이 권총을 발사할 수도 있고 현지법에 의해 엄격하게 다스려지게 되므로 자신의 신변 안전을 위해서도 무리한 행동을 하지 않는 것이 좋다.

남부 민다나오섬의 회교권에서는 회교율법에 의한 금기사항이 있으나 다른 지역은 특별히 터부시되는 사항은 없다.

## 6. 바이어 상담/계약 체결 시 유의할 점

필리핀의 수입은 대략 50% 정도가 대리점을 통해 수입되고 있으며 에이전트나 유통업체들은 독점권을 요구하는 경우가 많다. 이 경우에 독점권을 취득한다는 것은 해당 상품이 필리핀에 진출하는 창구를 하나로 만든다는 의미이며, 통상 대리점은 해당 브랜드만을 취급하는 것이 아니고 여러 가지의 상품 또는 경쟁 브랜드를 동시에 취급하는 사례가 많다. (다품종 소량) 유통업체들은 재고의 보유를 극히 꺼려 소량 반복 구매를 하므로 신속한 배송이 중요하다.

가구나 컴퓨터, 복사기 등을 구입하기 위해 가구점이나 사무용 기기 판매점을 접촉해 보면 재고가 없는 경우가 많다, 재고가 있더라도 곧바로 예약금을 내고 예약을 하지 않으면 곧 다른 사람에게 판매가 되어 새로 수입품이나 제작품이 들어올 때까지 두세 달을 기다려야 하는 경우가 흔하다.

필리핀의 경우 통상 4월(부활절), 12월(크리스마스, 연말 모임)에는 수입 상담이 거의 이루어지지 않고 의사결정권을 지닌 기업주들이 해외 휴가를 즐기기 때문에 상담이 어려운 편이다.

중화학공업제품이나 산업용 제품 등의 경우 수입상들은 높은 품질의 제품을 낮은 가격에 구매하기를 희망하여 전반적으로 가격이 중요한 구매조건이 된다. 현지 상거래의 대부분을 장악하고 있는 화교계 상인들은 해외거래선 구축 시 중국, 대만, 홍콩 등 중국계와의 거래를 선호한다는 점도 유의해야 한다.

"반 팀장, 제가 재밌는 얘기 좀 해볼까요?
골프와 술, 페이스북과 술의 공통점을 아시나요?"
"글쎄요."


| 골프와 술의 공통점 |

· 쉽게 정복이 되지 않는다.
· 동반자의 인간성을 적나라하게 알게 된다.
· 인생의 축소판이며 거기서 희로애락을 양껏 맛볼 수 있다.
· 따블(배판), 따따블(폭탄) 외치다가 낭패 보는 경우가 있다.
· 시간 가는 줄 모른다.
· 돈 아까운 줄 모르고 쓴다(택시 타는 건 아까워할지라도).
· 자주하면 실력이 느는 것을 문득 깨닫게 된다.
· 불러주는 자리에 자주 빠지면 왕따당한다.
· 지나치면 가정이나 회사가 깨진다.
· 새벽 달을 자주 본다.
· 다시는 안 한다고 결심을 하고서도 또 한다.
· 시작은 있지만 끝이 없다.
· 시간 가는 줄 모르고 중독성이 강하다.

- 부부가 같이하면 금술이 좋아진다.
- 자기도 모르게 본색을 드러내는 사람이 많다.
- 순서를 많이 따진다.
- 정도가 지나치면 남의 눈살을 찌푸리게 만들기도 한다.
- 좋은 친구와 같이 하면 기쁨이 두 배다.
- 못하면 바보 취급, 너무 잘해도 이상한 취급.
- 너무 자주 하면 배우자의 미움을 산다.
- 샷을 연발한다(원샷, 굿샷).

| 페이스북과 술의 공통점 |
- 한 번 빠지면 시간 가는 줄 모른다.
- 가끔 성격 나오게 만든다.
- 너무 자기 고집만 피우면 왕따당한다.
- 의지할수록 자꾸 빠져든다.
- 너무 빠지면 그만큼 힘들다.
- 한 번 취하면 어느새 실실 웃고 있다.
- 분위기 좋은데 싸우려고 드는 사람이 있다.
- 자랑할 때 뻥이 들어간다.
- 같은 제품을 이용하더라도 성격은 각각 다르다.
- 좌파와 우파가 있으나 중도파가 비교적 환영 받는다.
- 가끔 조절하기 어렵다.
- 초보와 경험자의 차이가 분명히 있다.
- 이성에게 들이대는 사람들이 많다.
- 배우자와 함께하면 자유는 제약되지만 후환은 줄일 수 있다.

• 사용하기에 따라 독이 되기도 하고 약이 되기도 한다.

"어머, 뭘 이렇게나 많이… 못말려요. 정말."
"술에 대한 제 애정과 비례한다고나 할까요? 하하하."

# 캄보디아

짠깐모이

"아, 정말 연속해서 끝없이 덥구나."

필리핀을 지나 캄보디아에 도착한 나는 탄식하듯이 중얼거렸다. 캄보디아의 수도 프놈펜의 4월은 찌는 듯한 더위가 절정을 이룬다고 한다. 11월부터 시작된 건기는 4월까지 이어지는데, 우기가 시작되는 5월이 되기 전의 4월은 그전 몇 달간 비한 방울 내리지 않아, 더위를 식혀줄 그 어떠한 곳도 없다. 나는 심호흡을 하고 캄보디아 씨엠립공항의 출구를 나섰다. 저만치에서 소갈량 과장이 손을 흔들었다. 까무잡잡한 그의 얼굴색이 그새 더 짙어져 있었다.

"섬섬하니."

"네?! 아니, 제가 뭐 실수라도…"

"'안녕하세요'란 캄보디아어에요. 하하. 잊어버리진 않겠죠?"

소 과장은 내게서 짐을 받아 차 트렁크에 실었다.

"제 친구 썸낭의 집에 머물 겁니다. 아주 유쾌하고 성격 좋은 친구예요. 반 팀장도 좋아할 거예요."

썸낭은 소 과장이 캄보디아에 주재할 당시 많은 도움을 줬던 현지인이라고 했다. 썸낭도 캄보이아에서 사업을 하는 터라, 소 과장이 그에게서 많은 조언과 정보를 받은 듯했다.

"외국에서 지내 보면 사람 한 명의 힘이 얼마나 큰지 실감하게 됩니다. 썸낭이 없었다면, 초기에 적응하기 정말 힘들었을 겁니다. 그에게는 별다른 가치가 없는 정보라도 제게는 필수적인 것들이었으니까요. 시장 가는 법, 맛있는 음식, 믿을 만한 기업의 제품 등등… 아는 사람의 추천만큼 확실한 것은 없는 법이죠."

소 과장은 차창을 열고 불어오는 후덥지근한 바람을 쐬며 기분 좋은 듯 웃었다. 캄보디아에 4~5년 주재했었다고 하더니, 현지인 같은 자연스런 분위기가 났다.

일렁이는 도로 위를 보니 밖이 얼마나 뜨거운지를 알 수 있을 것 같았다. 소 과장은 캄보디아에는 이렇게 더위가 절정을 이루는 4월, 도저히 정상적인 비즈니스 활동을 할 수 없을 때 일주일가량의 설날 휴무가 있다고 했다.

"살아 보니 알겠더군요. 아마 옛날부터 땅 뜨겁고, 곡식 뜨겁고, 사람도 뜨거우니 좀 쉬어 가자고 만들었을 거예요. 실제 국가 공휴일은 설날 기준 3일뿐이지만, 공무원이나 상인들을 보면 사실상 일주일간 업무를 올 스톱하죠. 봉제공장 노동자들은 수백 킬로 떨어진 고향까지 털털거리는 버스와 오토바이로 먼 길을 떠나야 하기에 일주일은 쉬어야 해요. 모든 비즈니스가 휴식에 들어가는 설날이 다가오면 안 그래도 날은 더워 나태해지는데, 긴 휴무에 대한 설렘으로 손에 일이 잡히지 않아요."

"근데 소 과장님은 이 연휴 기간에 캄보디아에 왜 오신 거예요?"

"내일 마침 재미있는 모임이 있거든요."

소 과장 말에 따르면 설날을 앞두고 캄보디아 고위 관료로부터 연락이 왔다고 한다. 그간 국제무역발전협회 측에서 항상 식사를 사주며 네트워크를 만들어 가고 있었는데, 그에 대한 답례로 자신들의 민족 명절을 맞아 한국 측에 식사를 대접하고 싶다고 전한 것이다. 그 바람에 주요 책임자를 맡아 왔던 소 과장이 캄보디아로 날아온 것이다.

"규모가 조금 되니, 반 팀장도 같이 가면 좋을 것 같아 이렇게 초대했습니다. 직접 보면 현지 분위기를 더 잘 알 수 있죠. 휴가라고 듣기도 해서요."

"..."

나는 사장을 떠올렸다. 소 과장의 출장 얘기를 듣자마자 계획한 일이리라.

썸낭의 집은 현지에서도 고급 주택가에 속하는 동네에 자리하고 있었다. 서양식의 아담한 2층집 현관에는 맑고 큰 눈을 가진 인상 좋은 남자가 나와 서 있었다.

"섭섭하이."

나는 소 과장에게 배운 캄보디아 인사를 했다.

썸낭이 밝은 미소로 화답했다.

그날 저녁, 나는 썸낭의 아내가 해주는 멋진 현지식 요리에 시원한 맥주, 그리고 화기애애한 분위기 속에서 긴장했던 몸과 마음을 풀 수 있었다.

"맥주가 이렇게 맛있는 술인지, 이번에 필리핀과 캄보디아에 와서야 제대로 안 것 같아요."

내 말에 소 과장을 비롯한 썸낭 부부가 큰 소리로 웃었다. 어느 정도 대화가 무르익을 무렵, 우리의 주제는 캄보디아의 슬픈 역사로 넘어가 있었다.

20세기 최악의 사건 중 하나인 '킬링필드(Killing Fields)'에 대해서였다. 킬링필드는 1975~1979년, 4년 동안 폴 포트(Pol Pot)의 급진 공산주의 정권 크메르루주(Khmer Rouge)가 노동자와 농민을 위한 사회를 건설한다는 미명 아래 죄 없는 양민 200만 명을 학살한 20세기 최악의 사건 중 하나였다.

"아직까지 우리 국민들의 마음에는 상처가 남아 있어요. 그래서 상대를 진심으로 믿기까지 오랜 시간이 걸리죠."

"조금은 이해할 수 있을 것 같아요. 한국도 6·25를 겪으며 많은 사람들이 이념 대립으로 희생당했어요. 지금도 북한에 대해서 '빨갱이'라며 증오에 가득 찬 사람이 많아요."

캄보디아와 한국의 슬프지만 공통된 점이었다. 묘한 동질감과 공감 속에서 캄보디아의 밤이 깊어 갔다.

다음 날,

소 과장과 나는 캄보디아 정부에서 건설 중인 메콩강의 신항구로 향했다. 항구에는 벌써 국제무역발전협의회 사람들이 나와 있었는데, 공식적인 의전 행사는 아니라고 해도 정부 측 인사의 초청이었기에, 모두들 예의를 차려 입고 있었다. 나 역시 아침부터 수선을 떨며 썸낭의 부인의 옷을 빌려 입고 나온 길이었다. 정장이라고는 해도 더운 나라라 그런지 품이 넓이 통풍은 잘되었다. 캄보디아 현지 관계자들은 신항구가 지어지고 있는 모습도 보여주고(자랑하고), 관심 있는 투자자들이 있으면 신항만 부지에 투자도 가능하다는 점을 홍보하고 싶었던 모양이다.

공사 중이라 나무 한 그루 없이 밀어버려, 그늘 없는 허허벌판에 40도에 달하는 한낮의 땡볕. 차 문을 열고 내리는 순간부터 목이 턱하니 막히는 더위가 밀려왔다. 그때 한쪽에서 여러 명의 여인이 꽃목걸이를 들고 기다리고 있다가, 차례로 목에 걸어 줬다. 나는 얼떨떨한 기분으로 소 과장을 따라 현장 사무실로 들어갔다.

항만공사 사장부터 임원들 10여 명이 도열해서 회의실에 앉아 있고, PT도 준비하고 있었다. 본인들 성과에 대해 발표도 하고, 서로 의견도 주고받으며 화기애애한 이야기를 나누었지만, 남북회담 분위기의 대담장 테이블 세팅에서는 주고받는 말들이란 게 그렇듯 공적인 말들뿐이다. 게다가 뭐 알아들을 수가 있어야지. 나는 점점 지겨워졌다. 12시가 가까이 되니 슬슬 배도 고파왔다.

'도대체 이런 미팅은 언제 끝난단 말인가…'

다행히 밖에서 비서가 들어와 항만공사 사장의 귀에 속삭이자 사장은 우리 일행에게 장관님께서 곧 도착할 예정이니 이제 식사 장소로 옮기자고 제안했다.

'이런 공사판에 과연 식당이 있을까.'

소 과장에게 물으니 의미심장한 미소를 지으며 손가락으로 길의 너머를 가르켰다.

"메콩강 위에 있죠."

현장 사무실에서 배까지 가는 길은 난코스였다. 다들 재킷 탈의, 넥타이 탈의로 한결 자유로운 복장으로 변신했다. 하지만 구두 탈의는 할 수 없는 상황이 아닌가, 다행히 건조한 탓에 흙길은 질퍽이지 않았지만, 구두는 벌써 뿌연 먼지를 뒤집어써서 원래는 검은색 구두였다고 말하지 않으면 본 색깔을 모를 정도였다. 태양은 또 얼마나 뜨거운지, 정말 살이 익을 것 같았다. 정오의, 말로만 듣던 남중고도는 거의 90도에 가까워 그림자가 거의 보이지 않았다. 왜 이런 건기에 우산을 들고 다니는지 확실히 알 것 같았다. 우리 측 VIP와 캄보디아 측 VIP

에게는 누가 옆에 붙어서 이런저런 설명을 해주며 우산을 함께 받쳐 주는 것이 보였다. 물론 나에게는 없다.

'우산 좀 빌려올 걸…'

몇몇 캄보디아인은 재빨리 본인들 모자를 꺼내 쓰고 있었다. 그것도 모르고 그냥 온 나는 땀을 뻘뻘 흘리며 걸어갔다.

'내 얼굴 다 타면 사장님 탓이야!! 흑.'

200m 내외인 길이 2㎞처럼 느껴진다.

배에 올라타니 처음 차에서 내리고 나서 봤던 그 전통의상의 아가씨들이 미리 배에 승선해 있었다. 멀리까지 온다고 고생 많았다는 듯 땀을 닦을 수 있게, 차가운 물수건을 은쟁반에 받쳐 하나씩 건네준다. 레몬즙을 살짝 뿌렸는지, 상큼한 향기가 후덥지근하고 끈적끈적한 기분을 상쾌하게 바꿔줬다. 여기에 얼음이 띄워진 시원한 과일 주스까지 한 잔씩 받아들었다. 캄보디아는 얼음 유통이 비위생적이니 가급적 먹지 말라는 가이드북의 충고는 저 멀리 날려버리고, 정말 달콤하게 들이켰다.

'아, 달콤해~'

얼마 뒤 장관 일행이 승선하고 한 명씩 악수를 하며 인사를 나누니, 배가 자연스럽게 출발했다.

물결과 함께 바람이 잔잔히 불어온다. 배가 가만히 있을 때는 날씨도 더운 이곳에서 무슨 점심일까 했는데, 막상 움직이기 시작하니 꽤 시원한 바람이 불어와 상쾌한 기분이 들었다. 흙탕물 색깔의 메콩강 물은, 맑고 투명한 강물 위 청량한 느낌과는 거리가 멀었지만 한편으론 뭔가 느리면서 편안한, 안빈낙도의 분위기가 느껴졌다.

음식이 세팅되기 전, 간단한 견과류와 함께 앙코르(Angkor) 맥주가 들어왔다.

"어? 어제 마신 맥주네요?!"

"국민 맥주죠. 앙코르는 캄보디아 국산 맥주로 소비량 1위를 달리는 대표적인 음료수(?)라고 할 수 있어요."

소 과장이 말했다.

장관의 환영 멘트에 이어서 건배가 이어졌다.

"짠깐모이!"

캄보디아어로 건배라는 뜻이었다. 그 누구도 원샷을 하라고 강요하진 않았지만, 더위에 지친 내 몸이 한 방울도 남기지 말고 목으로 넘겨 달라고 아우성치는 것만 같았다.

짠깐모이 ~

**"카~"**

앙코르 맥주의 고소한 맛이 눈물 나게 감동스러웠다. 어떤 시인이 '나는 그대를 보고 있어도 그대가 그립다'라고 했던가! 맥주를 들이키면서도 다음 진이 그리워지는 순간이다.

"이거 정말 맛있어요."

나는 앞에 놓인 안주를 집어 먹으며 소 과장에게 말했다.

메콩강 민물 점보 새우 요리로 단순히 새우를 숯불에 구워 그 위에 라임을 뿌린 것뿐인데, 정말 맛있었다. 소금, 후추, 조미료를 섞은 가루에 라임을 쭈욱 짜서 걸쭉하게 버무린 소스에 찍어 먹으면 더 끝내줬다.

그때 장관 옆에 따라온 보좌관이 술을 몇 병씩 꺼내기 시작했다. 발렌타인 등의 수입 양주였다. 귀한 손님이 왔는데, 간단히 맥주만 할 수 있겠냐며, 오늘을 위해서 장관께서 특별히 서재에서 들고 오셨다고 서두를 잡았다. 재미있는 점은 현장에 들고 온 양주 해외 면세점의 비닐 테이프가 뜯기지 않는 채라는 거였다. 시중에 가짜 양주들이 난무하는지라 이렇게 'Singapore Duty Free', 'Incheon Duty Free'와 같은 로고로 밀봉된 테이프는 오리지널을 보장하는 강력한 증거라고 한다.

점심부터 주고받은 한두 잔 술로 알딸딸한 게 기분은 점점 좋아지기 시작하고, "양국 간 우호 증진을 위해"라는 격식 차리던 딱딱함은 무뎌지며 분위기가 무르익었다.

"캄보디아인들은 억지로 술을 권하고, 잔을 무조건 비울 것을 강요하는 그런 문화는 아니에요. 한국에서는 서로 어색하고 서먹서먹한 관계를 없애기 위해 처음 보는 사람끼리도 폭탄주를 권하며 빨리 친구가 되려고 하는데, 이런 공식적인 모임에서, 또 서로의 정신이 완전히 멀쩡할 때 술을 강요하는 법은 없어요."

소 과장이 옆에서 설명해줬다.

한 잔씩 주거니 받거니 하다 보니 어느덧 모든 참가자는 적당히 취기가 올라오고, 노래와 춤이 더해졌다.

"여기 사람들은 음주가무를 즐겨요. 헤비 드링커(Heavy Drinker)는 아니지만, 적당한 음주와 함께 마을 전체 주민, 남녀노소 모두가 큰 스피커를 통해서 들려오는 뽕짝풍의 노래에 맞추어 집단 안무를 하는 모습을 흔히 볼 수 있죠."

나도 자연스레 군중무에 흘러들었는데, 의외로 리듬에 몸을 맡기기만 하면 되었다. 외국에 온 데다 배 위에서 어디 갈 데도 없자, 오히려 맘 편히 즐길 수 있었던 점도 한 몫 했다.

하나둘씩 강강술래 같은 형태를 잡고 돌면서, 리듬에 맞춰 손가락과 손목을 이리저리 천천히 흔들었다. 더운 나라에 맞게 몸은 느리게 움직이지만, 손가락과 손목은 노래 반주에 맞게 함께 흥얼거리고 있기에 생각 외로 효과적인 춤이었다.

춤을 추자 또 맥주가 당겼다. 그렇게 다시 앉아 이야기도 나누고, 또 기분 내키면 춤도 추고 이렇게 시간은 흘러 메콩강을 거슬러 프놈펜 항구에 거의 다다르고 있었다. 오후 6시에 이르니 메콩강에 석양이 밀려오기 시작하면서 술기운과 함께 몽환적인 기분도 함께 밀려왔다.

"어때요?"

소 과장이 물었다.

"그냥 옆집 아저씨, 동네 친구, 삼촌들이 모여 술 한잔 한 것 같은데요?"

6시간 동안 함께 배에 올라타 술을 먹었지만 아직까지 죽지 않고 건재한 것은 술을 강요하는 문화가 아닌 것도 있지만, 적당한 춤으로 술을 끊어주면서 해독을 시키고 강바람에 힐링도 되어서였으리라.

배가 드디어 항구에 도착했다. 술 마신 시간이 하도 길어 한밤중이어야 할 것 같은데 아직까지 해는 지지 않았으니 참으로 묘한 기분이었다. 장관과 관계자들은 항구에 내려 항만청 장실로 함께 올라가 커피를 한 잔 마시고 헤어진다고 했다. 술 마시고 흥청망청 배 위에서 하나가 되었지만 육지에 내려서는 분위기를 정리하며 해단식을 한 것이다.

도착하면 으레 한국에서 있었던 문화처럼 치킨과 맥주는 아니라도 어떠한 형태의 2차가 있으려니 생각했지만, 전혀 그렇지 않았다. 가족적인 캄보디아 사람들은 모두 퇴근 후 부인이 기다리는 집으로 칼같이 귀가하는 것이 보통이다.

소 과장 말에 따르면 캄보디아 공무원들에게 접대할 때는 점심시간과 저녁 식사 시간은 가급적 피하는 게 좋다고 한다.

안 그러면 밉상이 된다는 것이다.

잠시 후 모든 일정을 마친 소 과장이 돌아왔다.

"아까 배 위에서 보니, 친한 분이 꽤 많으시던데요?"

"어디를 가나 다르지 않겠죠. 인간적으로 친해지면 작은 조언, 정보를 얻기가 쉬워요. 저도 그렇게 알게 된 인맥을 통해서 체류 내내 많은 도움을 받았죠. 한번은 이런 일도 있었어요. 제가 관리를 돕던 기업이 있었는데, 서류가 완벽히 갖추어진 정상적인 물건인데 세관에 막혀 도대체 풀리지 않는 겁니다. 골머리를 싸고 있을 때 술자리에서 함께 춤을 춘 적이 있던 분에게 연락을 했었죠. 그러자 그가 걱정 말라며 곧 처리될 거라고 하는 거예요. 정말이었습니다. 물론 서류와 절차상에 문제가 없어서 빨리 처리될 수 있었던 거지만 타지인 외국에서의 이런 경험은 내게 스쳐 지나가는 사람 한 명도 소홀히 해선 안 되겠다는 교훈을 줬죠."

"비즈니스는 서류만이 아니라는 말씀이죠?"

"하하. 네. 형식적인 미팅으로는 해결되지 못했던 일들이 일사천리로 뚫릴 때 다른 한국분이 '무슨 빽이 있길래 이렇게 빨리 해결되냐'고 물었던 적이 있어요. 그런데 제가 무슨 빽이 있겠습니까? 그냥 술과 웃음이 친구를 만들어줬다고 둘러댔지요. 거짓말은 아니니까요."

소 과장이 말은 그렇게 했지만, 나는 그와 함께 다니면서 작은 것도 배려하는 모습, 캄보디아 사람들에게 진솔하고 솔직하게, 하지만 예의바르게 행동하는 모습을 보면서 많은 것을 느꼈다.

"자, 캄보디아인들은 집으로 돌아갔지만, 우리는 어디 들러 2차라도 할까요? 시원한 맥주가 또 생각나네요."

"좋죠!"

유식혜 과장의 꼼꼼노트

[캄보디아]

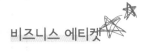

비즈니스 에티켓

1. 캄보디아 인사법

캄보디아 거래선을 만날 때 가급적 전통적인 인사법으로 답례한다면 부드러운 분위기를 이끌어 낼 수 있다. 전통적인 인사법은 불교식으로 양손을 합장하여 얼굴 쪽으로 당겨 모은 채로 머리를 숙이는 방식이다. 이 인사 방법은 처음 만날 때, 혹은 작별 인사를 하는 데 쓰이는 방법인데, 인사에 익숙해지면 따뜻하게 화답을 받을 수 있다. 현재는 서구문물의 영향으로 남성 사이에서는 악수가 점차 보편화되고 있으나, 전통적인 합장을 하면 아주 좋아한다. 또 대부분의 여성들은 위의 인사 방법을 여전히 사용하고 있다. 악수는 보통 동성 간에 하며, 이성 간 악수를 할 때는 여성이 먼저 손을 내밀 때까지 기다린다. 만약에 손을 내밀지 않는다면 정중하게 인사를 하면 된다. 한국산 담배나 인삼차에 대한 관심이 많아 초대를 받거나 사무실로 방문할 경우 소량을 준비해 가는 것도 좋은 인상을 심어줄 수 있는 방법이다.
시간관념이 다소 부족한 편이므로 조금은 인내심을 갖고 대할 필요가 있다.

식사 초대 시 가끔씩 야생동물 요리가 나오는 경우가 있는데 조금은 시식을 해보거나 정중하게 사양해도 무방하다.

## 2. 명함

캄보디아인을 처음 만날 때는 그리고 한국과 유사하게 두 손으로 공손하게 명함을 나눠 주는 것이 기본 예의다. 명함을 받을 경우, 바로 주머니에 넣지 않고 찬찬히 읽어보고 지갑에 넣음으로써 상대방에게 존중의 표시를 보여주는 것이 좋다. 캄보디아인의 이름은 한국과 같이 성이 먼저 나오고 이름이 뒤에 따른다. 따라서 이름을 부를 때에는 성보다는 이름을 부르거나, 이름과 성을 함께 부르는 것이 적합하다. 예를 들어 캄보디아 총리 훈센(Hun Sen)의 경우, Mr. Hun Sen이나 Mr. Sen이라고 불러야 한다.

## 3. 언어 구사

캄보디아 신세대들은 고등학교와 대학교에서 영어교육을 받으며, 다양한 미디어를 통해서 자유롭게 영어를 접하는 편이다. 그러나 체계적으로 교육을 받지 않아 실제 구사 능력은 미흡한 것이 사실이다. 그러므로 영어를 현지인보다 잘한다고 해서, 무시하는 태도는 피해야 한다. 통역을 대동할 경우에도, 시선은 현지인에게 맞추어 바로 이야기하는 것이 좋다.

## 4. 복장

캄보디아는 연간 고온의 날씨이기 때문에 비즈니스 복장 선택에 관대한 편이다. 비즈니스 복장은 얇은 반팔 셔츠에 정장 바지를 입거나 여자는 블라우스를 입는 것을 추천한다.

## 5. 사업 미팅 및 비즈니스 협상

미팅룸에 들어갈 때는 가장 연장자가 먼저 입장한다. 캄보디아인에게
침묵하는 것은 상대방의 의견에 동의하지 않을 때 사용되는 방법이며,
또 협상을 격렬하게 하는 것은 바람직하지 않다. 예의 있게 상대방의
제안을 듣고 이에 따라서 상대방에게 본인의 조건을 설명해야 한다.
비즈니스 파트너십에서 인간관계 형성은 아주 중요하다고 할 수 있다.
사적으로나 공적으로나 좋은 관계를 만들어 놓아야 지속적인 비즈니
스 관계를 이어나갈 수 있다

캄보디아에서 첫 미팅은 "상대방이 어떤 사람인지 알아가는 시간"이
다. 대부분의 계약 과정은 수많은 미팅과 조건 변경이 일어날 뿐만 아
니라 본인의 비즈니스에 관한 열정과 예의를 캄보디아인들이 평가한
다는 것을 명심해야 한다. 캄보디아인들은 친절하며 가끔 상대방이
무슨 말을 했는지 모를 때에도 웃으면서 이해하는 동작을 취할 때가
있다. 오해를 피하기 위해서는 문제를 명확하게 하고 크메르어를 구
사하는 동료를 대동할 필요가 있다.

지역 사업, 혹은 정부기관과 함께 비즈니스를 할 경우에는 이중 언어
(한국어, 캄보디아어)로 계약서, 명함, 서비스 매뉴얼을 작성할 필요가
있으며, 미팅 전에 캄보디아어로 관련 자료를 번역해 나간다면 서로
명확하게 비즈니스 미팅에 임할 수 있다.

# 베트남

주안상의 추억 속으로 I

오늘도 역시나 충무로의 쭈꾸미집이었다. 이 가게는 쭈꾸미 맛은 참 기가 막혔는데, 이모들이 통명하기로 유명했다.

"정말 맛집은 원래 손님이 눈치 보는 법인데, 그런 의미에서 여기는 정말 맛집입니다."

주 실장이 이모들 눈지를 보며 판을 갈이 달라 했다.

"휴가는 어땠나요?"

그가 물었다.

"뭐, 좋았어요. 일도 할 수 있었고요."

나는 사장 눈치를 슬쩍 보며 말했다.

"아니, 일을 얼마나 했다고 그래~ 맥주에 취해서 나한테 전화 한 다음 '캄보디아에서 살 거예요!'라고 말한 게 누구더라?!"

사장이 손사레를 치며 말했다.

"에… 뭐, 맥주는 정말로 맛있었어요. 정말 제 인생에서 맥주를 가장 많이 먹은 것 같아요. 그러다 보니… 실수도 좀 하고 말이에요."

"그곳의 날씨는 맥주를 정말로 사랑하게 하죠."

주 실장이 내 실수담에 크게 웃으며 말했다.

"그러고 보니 주 실장님 예전에 이쪽에서 몇 년 계셨다고 하지 않았어요? 베트남이라고 하셨나요?"

사장이 물었다.

"베트남과 태국입니다. 합쳐서 7년가량 있었죠."

"어떠셨어요?"

내가 물었다.

"음, 우선 베트남과 한국은 정말 비슷해요. 유교, 한자 문화권, 중국의 오랜 핍박 등 여러모로 우리나라와 비슷한 것이 많아요. 술문화도 예외는 아닙니다. 제가 중국, 아프리카, 중남미 등 여러 나라를 다니면서 본 사람들 중에 베트남 사람만큼 한국인과 닮은 사람은 보지 못했을 정도니까요. 게다가 베트남 사람들도 정말 술을 좋아합니다. 술 먹고 노래 부르는 것도 좋아하고 하여튼 흥이 많은 사람들이죠."

"역시 맥주를 가장 많이 먹겠죠?"

"그렇죠. 가끔 술 마시는 모습을 보면 맥주로 목욕을 할 작정인지, 몇 짝이나 옆에 쌓아 놓고 있는 것을 자주 볼 수 있어요."

"흠~ 반 팀장도 캄보디아에서 며칠 더 있었으면 맥주에서 헤엄을 쳤을 거야. 그치?"

사장이 또 내 쪽으로 보며 말했다. '이거 또 한 일 년 가겠구나' 싶었다.

"그 외에 베트남 전통주도 있고, 서양 위스키도 마시지만 그래도 가격이 저렴한 맥주를 가장 즐겨 마시죠. 프랑스 식민지 시절에 맥주 제조 기술을 배운 이후 맥주 애호가들도 만만치 않게 많죠. 333, 하오니, 사이공, 후다 같은 베트남 국산 맥주와 하이네켄, 타이거, 산미구엘 같은 수입 맥주도 흔히 볼 수 있어요."

"흐음. 주 실장님이 베트남에 계실 땐 어땠나요? 적응은 잘하셨어요?"

내가 쭈꾸미를 뒤집으며 물었다. 맛에 민감한 주 실장이 내 손놀림에 집중하고 있어 은근 긴장되었다.

"반 팀장, 여기 이건 다 익은 것 같은데. 그 옆에 것도… 아, 뭐, 닥치면 다 삽니다. 조금 지내다 보면 점점 복장도 베트남인들처럼 바뀌고요. 한국식처럼 정장에 넥타이, 구두까지 갖춰 입는 건 열대지방의 삶에 맞지 않거든요. 저도 어느 순간부터인가 주위 베트남 사람들처럼 헐렁하고 허름한 티셔츠에 반바지 그리고 조리 샌들을 신고 동네를 다니고 있더군요. 얼굴도 점점 까무잡잡해지고, 베트남 사람들이 내가 외국인인지 눈치 채지 못하는 경우까지 있었다니까요."

"어? 그럼 지금은 많이 하얘지신 거네요?"

"그럼요, 그게 벌써 10년도 전의 일이니까요. 소 과장도 얼굴
색 돌아오려면 10년은 걸릴 겁니다. 하하."

"그럼, 베트남 친구도 많으셨겠어요."

"그럼요. 반, 비엘, 호앙… 아, 갑자기 그리워지네요. 그 친구들과 오토바이를 타고 호수로 나가 자주 맥주를 마셨었어요. 하노이는 호수의 도시죠. 도시 곳곳에 있는 호수는 좋은 놀이터이자, 식당, 휴식처예요."

"한 맥주 하셨겠네요. 호숫가에서의 맥주 파티라, 멋있는데요? 맞다, 베트남 사람들은 술 마실 때마다 '못짬편짬(Mot Tram Phan Tram, 100%라는 뜻)'을 외치죠?"

사장이 말했다. 그녀는 대부분 나라의 건배사를 하나씩은 꿰고 있었다. 역시 베트남도 예외는 아니었다.

"맞습니다. 역시 도 사장이네요. '못짬편짬' 정말 이골나게 외쳤습니다. 우리나라 술자리는 회사 회식이나, 동창회 모임 같은 콘텐츠에 한정되어 있는데, 베트남은 승진, 이직, 이사, 자식 시험 합격, 결혼 등 일상생활에 조금이라도 특별한 일들이 생기면 친한 사람들을 집에 불러 모아 술판을 벌입니다. 작은 일도 같이 축하하고 기뻐하는 거죠. 그러니 정말 술 먹을 일이 많습니다. 그래도 저 같은 이방인에게는 이렇게 자주 있는 소소한 술자리에서 생긴 인연이 도움이 많이 되죠."

"어머, 내가 가면 정말 성공할 것 같아요. 반 팀장 우리 베트남에 진출할까?"

못 짬 펀 짬
Mot Tram Phon Tram

술자리가 많다는 주 실장의 말에 사장이 반색을 하며 말했다.

"음…"

나는 그 말을 섣불리 농담으로 넘어갈 수 없었다.

'정말 성공할 수 있을 것 같아…'

[베트남]

## 역사/문화적 특이사항 및 금기사항

1. 베트남전쟁 언급은 금물

베트남 사람들은 호치민(Ho Chi Minh)의 지도 아래 미국과의 전쟁에서 승리했다는 사실에 대단한 자부심을 가지고 있다. 우리나라 사람들 중 일부는 베트남 방문 시 과거 자신의 베트남전 참전 경력을 자랑삼아 이야기하곤 하는데 이는 절대로 해서는 안 될 행동이다. 북베트남에 의해 베트남이 통일된 이후 미국, 남베트남 편에 섰던 주요 인사들을 대상으로 강력한 재교육이 실시되었으며 현재까지도 베트남전쟁 당시 북베트남에 반하는 행동을 한 내·외국인에 대해서는 여러 가지 제재 조치가 존재한다(예를 들어 베트남전 참전 경력이 있는 외국인의 자녀들은 베트남 내 대학 입학이 불가능하다).

2. 중국과의 관계는 그리 좋지 않음을 명심

한국 사람들의 경우 막연히 베트남이 중국과 문화 면에서 상당히 유사하며 양국 관계 또한 친밀할 것이라 생각하는 경우가 있다. 물론 베트남의 경우 동남아시아에서 유일하게 유교 문화권에 속하는 바, 역사적으로 중국의 영향을 크게 받았음은 부인할 수 없는 사실이다. 그러나 같은 공산주의국가이긴 해도 베트남과 중국의 관계는 전통적으로 그리 좋다고 볼 수는 없다. 대략 우리나라 위만 조선부터 후삼국시대에 이르는 약 1,000년간 베트남은 중국의 지배를 받았으며 이 과정에서 많은 저항운동이 일어났다. 또한 베트남전쟁 이후에도 캄보디아 문제 등으로 인해 중국과 전쟁을 하는 등 역사적으로 두 국가는 그리 친밀하지 않음을 유의할 필요가 있다.

### 3. 호치민에 대한 비난은 금물

호치민은 베트남의 국부라 불러도 지나침이 없을 정도로 전 국민의 지지와 존경을 받고 있는 인물이다. 호치민은 고등학교 시절 프랑스의 식민지배에 저항하는 베트남 사람들을 도와주다가 학교를 그만둔 후 수십 년간 외국을 돌아다니며 독립운동을 펼쳤다. 이 과정에서 레닌의 제국주의론을 접하게 되고 공산주의를 통해 국제 공산주의 조직의 지원을 이끌어내어 베트남의 독립을 가능케 할 수 있을 것이라 생각하였다. 이후 프랑스와 전쟁에서 승리하여 베트남의 독립을 실질적으로 완성시켰으며, 이후 미국과 다시 전쟁을 했으나 결국 남북통일을 보지 못하고 사망하였다. 현재까지도 호치민은 진정한 공산주의자가 아니었다는 논란이 뜨거울 정도로 공산주의보다 베트남 민족의 독립을 최우선으로 생각했던 인물이다. 또한 그는 생전에 매우 검소하고 소탈한 성격이었다고 알려져 있으며 아이들을 무척 사랑했다고 한다. 이에 따라 베트남 사람들은 그를 부를 때 "아저씨"라는 표현을 써서 친근감을 표시하곤 한다. 그의 시신은 현재 하노이 바딘 광장에 특수 기술을 통해 영구보관 중이다.

## 4. 가난하지만 자존심이 센 민족

베트남은 2008년이 되어서야 1인당 국민소득이 1,000달러를 넘어서는 등 최빈국에서 벗어난 지가 오래되지 않은 국가다. 베트남 사람들 스스로도 현재 베트남이 그리 부유한 국가가 아니라는 사실을 잘 알고 있다. 그러나 그렇다고 해서 가난을 이유로 베트남 사람들을 깔보는 듯한 언행을 해서는 안 된다. 특히 한국 사람들의 경우 베트남인 기사, 청소부 등을 대할 때 마치 아랫사람을 대하듯 고압적인 태도를 보이는 것으로 악명이 높은 바, 특히 주의를 요한다. 역사적으로도 베트남은 중국(몽골), 프랑스, 미국 등 강대국들과의 전쟁에서 승리한 바 있으며 자신들의 저항의 역사를 매우 자랑스럽게 생각하는 자존심 센 민족임을 유의해야 할 것이다.

# 비즈니스 에티켓

## 1. 약속

일반적인 베트남인들의 경우에는 시간 약속을 지키지 않는 경우가 종종 있으나, 잠재적인 비즈니스 파트너라 할 수 있는 기업인, 고위 공무원들의 경우에는 시간 약속을 잘 지키는 편이다. 그러나 베트남인들을 상대함에 있어 문제가 되는 것은 시간 약속보다는 향후에 특정사항을 이행하겠다는 일반적인 약속이다. 베트남인들의 경우 NO라고 직접적으로 말하는 것이 예의에 어긋난다고 생각해, 우선은 YES라 대답하는 경우가 굉장히 많다(이는 일견 우리나라의 문화와도 비슷하다고 할 수 있다). 따라서 베트남인들의 YES를 100% 믿지 않는 편이 좋으며 중요한 사항은 가급적 문서화하는 것이 좋겠다.

## 2. 식사

베트남의 경우 타 동남아시아 국가와 달리 이슬람교도는 거의 없는 편이므로 음식에 대한 특별한 규제는 없다(대부분이 불교도이며 일부 천주교, 까오다이교-프랑스 식민지배 당시에 생긴 전통 신앙). 음식과 함께 맥주 등 술을 곁들여 즐겨 마시는 편인데 음주문화가 우리나라와 다소 다르니, 주의를 해야 한다. 우리나라의 경우 상대방이 본인의 잔을 다 비운 다음에 술을 따라주는 것이 예절에 부합하는 행동이라 생각하는 반면 베트남에서는 상대방이 술을 마실 때마다 술을 따라 주어 항상 상대방의 잔을 꽉찬 상태로 만들어 주는 것이 예절에 맞는 행동이다. 반면 상대방에게 술을 권하고 같이 마심으로써 우의를 다지는 것은 우리나라와 비슷한 점이다.

## 3. 선물

베트남인들의 경우 일반적으로 과시욕이 많아 소비성향이 매우 크다고 할 수 있다. 저조한 국민소득에 비해 명품 핸드백, 고가의 스마트폰 등을 가지고 다니는 경우가 상당히 많다. 따라서 선물의 경우에도 가급적 비싸고 고급스러운 것을 주는 것이 좋다. 특히 외국 유명브랜드에 대한 선호도가 매우 높으니, 비용에 구애받지 않을 수 있는 상황이라면 아주 고가의 선물을 하는 것도 비즈니스에 어느 정도 도움이 될 수 있다. 한국 홍삼제품이 매우 인기가 많으니, 홍삼제품을 선물한다면 무난한 선택이 될 것이다.

## 4. 인사

베트남의 인사말은 '신짜오'로서 만날 때나 헤어질 때, 아침/점심/저녁을 구분하지 않고 항상 사용할 수 있는 인사말이다. 따라서 아직 베트남어에 익숙하지 않다면 '신짜오'라고 인사하는 것이 가장 무난하며 올바른 선택이 될 것이다. 다만 베트남에는 존칭에 따른 경어법이 존재하니, 주의해야 한다. 사회적 지위, 연령에 따라 수십 가지의 존칭이 존재한다고 알려져 있다. 하지만 일반적으로 4-5개의 존칭이 주로 쓰인다(안 : 사회적 지위니 연령이 높은 남자, 찌 : 사회적 지위나 연령이 높은 여자, 엠 : 사회적 지위와 연령이 낮은 남자 또는 여자). 따라서 사회적 지위나 연령이 높은 사람에게 '엠'이라 부르는 것은 대단한 결례가 되니 주의해야 한다. 존칭 때문에 불필요한 오해를 불러일으키고 싶지 않다면 MR.000, MS 000과 같이 상대방의 이름을 직접 불러주는 것도 한 방법이다.

## 5. 복장

베트남의 경우에도 비즈니스맨들 사이에서는 양복이 보편화되어 있다고 할 수 있다. 다만 기후가 연중 무더운 호치민 등 남부 지역에서는 일상적인 업무 시 넥타이와 재킷을 입지 않고 있는 경우가 많다. 그러나 공식적인 행사에는 가급적 넥타이와 재킷을 입는 것이 예의에 어긋나지 않는다고 할 수 있다.

# 태국

주안상의 추억 속으로 II

"역시 사람 인연은 술이 많이 맺어준다니까요. 그럼, 술자리에서는 신경 써야 할 점이 없나요?"

내가 물었다.

"문화적인 차이점 때문에 주의할 점 같은 것이겠군요. 술이 아무리 마법 같은 힘을 가졌다고 해도 살아온 환경과 문화가 다르니 당연히 주의할 점이 많죠. 제가 편하게 얘기했지만 비즈니스적으로 만날 때는 여러 가지 준비와 조사를 해야 합니다. 해서는 안 될 말 같은 것도 있고, 우리에게는 아무렇지도 않은 행동이 실례가 되는 경우도 많으니까요! 흠… 주의할 점이라면 태국이 좀 더 얘기하기 쉽겠군요. 한국인과 태국인들의 생각하는 방식은 매우 다릅니다. 어떻게 보면 태국인은 일본인들과 비슷해요. 예를 들어 기분을 표현하는 것에 있어, 태국인과 일본인들은 감정을 숨기는 편이죠. 반면에 한국인들은 상대방에 자신의 기분을 쉽게 드러내는 편이에요. 이런 한국인들의 감정 표현법이 태국인들에겐 익숙지 않아요. 그래서 한국인들이 직접적으로 감정을 표현할 때 당황하기도 하죠."

"음, 그런 점은 정말 꼭 숙지하고 가야 할 것 같아요."

"비슷하게 태국인들의 음주문화는 한국인들에게 생소할 수 있습니다. 우선 태국인들은 독한 술을 선호하지 않습니다. 하지만 아이러니하게도 태국의 술은 대다수 독합니다. '싱하(Singha)', '창(Chang)' 등 국민 맥주조차도 한국보다는 알코올 도수가 1~2도가량 높고, 서민들이 즐겨 마시는 럼주 '상솜 (Sangsom)'은 무려 40도죠. 이외에도 대중적인 위스키 '메콩 (Mekhong)'은 35도, 브랜디 '리젠시(Regency)'는 32도로 서민들이 일상적으로 마시는 많은 술들의 알코올 도수가 높은 편에 속합니다."

생솜
40도

메콩
35도

리젠시
32도

"태국인들은 독한 술을 선호하지 않는 것 아니었나요?"

내 질문에 주 실장이 고개를 끄덕이며 말했다.

"맞아요. 그럼 이 높은 도수의 술을 어떻게 마시느냐. 술에 다량의 얼음과 음료를 섞어 마십니다. 맥주에도 얼음을 섞어 마실 만큼 희석시켜 마시는 걸 좋아해요. 또 술을 한 번에 들이키지 않고 천천히 마십니다. 원샷 문화가 발달된 한국과는 다른 점이죠. 태국인들에겐 첨잔도 가능합니다. 잔이 전부 비지 않아도 더 따를 수 있고, 오히려 그게 당연하다고 여기죠."

"호오~ 뭔가 차분한 느낌인데요?"

"우리들이 좋아하는 소주도 태국인들에겐 아주 강한 술입니다. 태국인들은 상솜 한 병에 얼음과 음료(주로 탄산)를 타서 하룻밤 내내 마실 만큼 알코올 도수가 낮은 술을 선호하니까요. 한국인들과는 아주 대조적인 술문화를 가지고 있는 셈이죠. 어떻게 보면 빠르고 강한 술문화를 즐기는 한국인에게 태국인들은 어려운 술 상대일 수 있습니다."

"저한텐 좋을 것 같아요. 하지만 두 분께는 조금 지루한 시간이 될 수도 있겠네요. 근데 너무 조심스러울 것 같아요. 조심성 많은 사람들에다, 도수가 낮은 술을 천천히 마시는 사람들과의 술자리라… 후우."

나는 조금 답답한 술자리를 떠올리며 말했다.

"그 정도는 아니에요. 그들의 기본적인 문화를 알고 존중하는 선에서, 자신을 솔직하게 표현하면 되죠. '중도' 말입니다, 중도. 하하. 어렵나요? 독한 술을 즐기지 않는 태국인이라도, 그들에게 소주를 소개할 기회가 아주 없는 것은 아니에요. 저도 그들을 한국 식당으로 초대해 맛있는 음식과 소주를 대접하고 한국의 음주문화를 소개한 적도 있습니다. 물론 아주 흥미롭고 즐거워했어요. 하지만 또 잊지 말아야 할 것이 있죠. 태국인들은 상대방에게 호의적으로 보이기 위해 자리를 갖는 내내 미소를 짓고 있을 만큼 공손해요. 제가 아는 일화 중에 이런 일도 있습니다. 한국인 주재원 K씨가 태국인 T씨와 술자리를 가질 때의 일이죠. T씨는 태국의 문화대로 상대에게 공손한 태도를 보이기 위해 계속 미소를 지었습니다. 그런데 한국 음주문화대로 빨리 마셔 일찍 취한 K씨는 T씨가 자신을 놀리고 있다 생각하고 벌컥 화를 내버렸어요. 한국인은 상대방이 자신을 보고 계속 웃는 사람을 보면 이따금 자신을 조롱하고 있다고 생각하거나, 자신에게 무언가를 바라서 그런다고 생각하는 경향이 있잖아요?! 특히 술을 마시면 그런 생각이 더욱 강해지기도 하고요. 그 뒤에 정말 난감한 상황이 벌어졌다는 건 다들 알 수 있겠죠? 태국인이 한국인에게 웃어줄 때, 그들의 순수한 호의를 오해하지 않도록 유의하는 게 좋습니다.”

“오, 정말 중요한 정보네요. 반 팀장, 잘 정리해 둬. 사람들은 다 비슷비슷한 거 같으면서도 이렇게 다른 면들이 있어서 재밌는 것 같아. 역시 세계는 재밌어.”

사장이 말에 주 실장이 덧붙였다.

“제가 한국에서 해외 무역에 대해 상담하면서 느끼는 것이 있어요. 한국의 사업가들이나 회사원들에게 왜 태국을 선호하지 않느냐 물으면 그들은 “태국은 일본의 장기 무역 상대국이 아닙니까?”라고 답하곤 합니다. ‘태국은 이미 일본과의 거래만으로 충분할 것이다.’ 이것이 한국 무역인들 다수의 의견

인 것 같아요. 태국 시장에 들어서면 일본 기업들과 경쟁을 해야 할 것이라는 생각이 먼저 드는 거죠. 사실 어느 정도는 어쩔 수 없는 부분이지만, 태국은 어느 국가에나 개방되어 있어요. 일본과 보다 친밀한 관계를 유지하는 것은 그저 그들과 먼저 거래를 텄기 때문입니다. 오래 거래를 한 만큼 서로의 문화적 차이를 극복할 수 시간이 많았겠죠. 그렇기에 서로에 대한 믿음이 생겼을 거고요. 일본이 태국의 주 거래국이긴 하지만, 이들의 관계를 의식하고 무역 거래를 주저하는 것은 우리가 진출할 수 있는 많은 사업 분야에 대한 손실입니다."

주 실장의 목소리에는 안타까움이 묻어 있었다.

"태국이 일본을 주 거래국으로 하기도 하지만, 별로 매력적이지 않아서일 수도 있지 않을까요?"

사장이 물었다.

주 실장이 고개를 좌우로 흔들었다.

"태국은 아시아에서 중국 다음으로 가장 큰 식료품 수출국 중 하나입니다. 또한 닭을 수출하는 데 있어선 세 번째, 참치 캔을 수출하는 데 있어선 첫 번째입니다. 태국이 참치 생산국이 아님에도 불구하고, 생산 능력이 좋아 원재료를 타지에서 수입해와 가공해 수출하고 있죠. 하지만 많은 사람들이 이 사실을 모릅니다."

"음, 그렇군요."

"한국에서 근무하는 동안 이러한 사실을 알리고 태국과의 무역을 촉진시키려 노력했지만 어려웠어요. 일부 대기업에겐 쓸데없는 힘을 쏟을 필요가 없는 산업도 많겠죠. 하지만 연어 캔 같은 경우, 태국이 캐나다에서 연어를 수입해와 가공을 한 뒤 한국의 대기업들과 협력해 한국으로 수출을 할 수 있을 거예요. 그리고 태국은 한국으로부터 만두 같은 식품을 수입할 수 있겠죠. 찾아보면 협력할 수 있는 분야가 많지만, 실상 우리는 그 협력점을 찾지 못하고 기회를 그저 흘려보내고 있어요."

주 실장의 진지한 대화에 사장과 나는 고개를 끄덕이며 경청

했다.

"20년 전만 하더라도 한국과 태국은 지금처럼 친한 관계가 아니었습니다. 정서적인 면으로만 하더라도 서로를 이해하지 못하는 부분이 많았고, 서로 협력할 수 있는 부분을 찾지 못한다는 점에서 통상 관계로나 일대일 관계로도 친해질 수 없었죠. 태국인들은 인성을 중요시하고 진실한 관계를 추구해요. 믿음과 진정성을 기반으로 한 친분관계를 맺기 위해선 서로에 대해 이해하고, 장기적 이익을 생각해 한 걸음 물러서서 협력을 하려는 자세가 도움이 될 수 있습니다. 최근 한류의 영향을 받고 서로에 대한 문화를 보다 가까이에서 접하고 느끼다보니 태국과 한국의 관계 격차가 많이 좁아졌습니다. 이러한 이해관계를 이룬 지금이야말로 통상 관계를 발전시켜야 할 시점이에요."

"…반 팀장, 잘 들었지?"

사장은 뭔가 진지해진 분위기를 타개해 보려고 하는지, 나한테 눈짓을 하며 말을 걸었다.

"그럼요. 언젠가 연어캔으로 에세이를 낼 수도 있으니까요."

내가 주먹을 꼭 쥐며 결의에 찬 눈빛으로 대꾸했다. 주 실장은 우리 말에 '아차' 하며 겸연쩍은 표정을 지었다.

"이거 내가 너무 갔나요?

"하하. 아뇨. 너무 좋은 얘기였어요. 책에 대해서 또 다른 방향이 보이는 걸요?! 이런 조언이야 말로 무역맨에게 꼭 필요하죠. 책에도 꼭 넣어주세요!"

사장이 말했다.

"주 실장님의 해외 무역에 대한 열정 너무 멋진 것 같아요!"

나 역시 거들었다.

"맞아요. 너무 멋지셨지만, 이쯤에서 건배 타이밍이라, 호호. 자, 건배!!"

사장이 웃으며 잔을 들었다. 우리 사장님의 건배에 대한 열정 역시 너무 진하다.

주실장의 해외무역 열정

유식혜 과장의 꼼꼼노트

[태국]

## 역사/문화적 특이사항 및 금기사항

### 1. 왕과 왕실에 대한 언급

태국은 법률로 왕과 왕실에 대한 불경죄는 엄벌로 다스리도록 규정하고 있다. 이는 외국인에게도 해당되는 것으로써 특히 인터넷 등에 왕에 대한 불경한 글이나 동영상 등을 인터넷에 올릴 경우 태국의 사이버 경찰에 의해 발견되어 처벌받을 가능성이 크다.

따라서 태국인들은 왕과 왕실에 대하여 마음속에 간직한 이야기를 절대 꺼내지 않으며 이와 관련하여 대화를 나누는 것에 대해서도 꺼려한다. 물론 왕에 대한 존경심을 가지고 그의 업적을 칭찬하는 대화는 가능하다. 그리고 태국의 영화관에서는 영화 상영 전에 국왕에 대한 찬가와 영상이 나오는데, 이 시간에는 모든 관객이 자리에서 일어나 국왕에 대한 존경심을 표해야 한다. 태국의 왕실은 국민들의 존경을 받고 있기 때문에 관광객들은 무심코 왕실을 모독하는 행동이나 말을 하지 않도록 조심해야 한다.

## 2. 종교에 대한 모독

태국은 불교국가로 일상생활에 불교가 아주 밀착되어 있으며, 불교행사 기간 중에는 금주를 하고 일반주점에서도 주류를 팔지 않으므로 술에 취한 행동을 할 경우 현지인과의 마찰 가능성이 있다. 모든 불상은 크든지 작든지, 오래된 것이든 새것이든 신성한 것이다. 따라서 누구든지 사진을 찍기 위해 불상에 올라가거나 불경스러운 행동을 해선 안된다. 만약 불상이나 사당을 만지면 이는 신성한 물건이 더럽혀진다고 믿기 때문에 이를 경계해야 한다. 승려들은 여성과 신체적 접촉이 금지되어 있으며 여성들도 승려가 지나갈 때 신체 접촉을 피하기 위해 길을 양보하는 것이 일반적인 관례이다. 또한 지나치게 노출이 심한 옷을 입고는 사원에 들어갈 수가 없으며 법당에 들어갈 때는 신발을 벗는 것이 일반적인 관례이다.

## 3. 신체에 대한 금기

태국은 머리는 하늘은 향하고 있기 때문에 신성한 부위이며 발은 땅을 딛고 있기 때문에 불결한 부위라는 인식을 가지고 있다. 따라서 사람의 머리를 만지는 행위에 대해서는 거부감을 가지고 있으며 발로 이것저것 가리키거나 문을 열고 닫는 행위는 대단한 결례이다. 발로 사람이나 물건을 가리키는 행동은 무례한 것으로 여겨진다. 필요 이상으로 상대방을 오래 쳐다보는 것도 무례한 행동으로 여겨진다. 때로는 싸움을 거는 행동으로 받아들여질 수도 있다. 태국인 집에 들어갈 때는 신발을 벗어야 한다. 또 문턱을 밟지 않도록 주의한다. 타인에게 물건을 건네줄 때 왼손은 사용하지 않는다(태국에서 왼손은 화장실에서 사용하는 손임).

## 4. 공공장소에서의 예의

태국인들은 공공장소에서 남녀가 노골적으로 애정을 표현하는 것에 대해서 거부감을 가지고 있다. 세대가 바뀜에 따라 정도는 약화되고 있으나 아직까지도 공공장소에서의 애정행위는 환영받지 못한다. 이와 같은 맥락으로 공공장소에서 여성이 옷을 벗은 사진이나 광고물은 게재를 못한다.

또 태국인들은 공공연한 장소에서 하찮은 입씨름을 하는 것을 좋아하지 않는다는 것도 기억할 필요가 있다. 태국인들은 그런 행동을 가장 몰상식한 행동이라고 생각하고 있기 때문이다. 태국인들은 체면을 중시하고 다툼을 회피하려는 경향이 강하다. 그렇기 때문에 큰소리를 지르거나 화를 내는 행위, 과장된 손짓 등은 태국인의 정서에 맞지 않으며 상대방의 존경심을 잃게 만든다. 태국에서 분쟁은 미소로 해결하며 상대방을 비방하는 것은 바람직스럽지 않다.

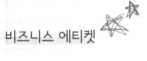

## 비즈니스 에티켓

### 1. 약속

태국인의 성격은 동남아 특유의 여유로움에 시간 개념이 다소 희박한 것으로 알려져 있으나 비즈니스에서는 정확한 일처리를 중요시하고 있음을 유념해야 한다. 특히 상담 시간은 철저하게 지키는 것을 예의로 알고 있으며, 교통혼잡 등으로 상담 시간에 도착하지 못할 경우 사전에 연락을 해 양해를 구하고 있다.

따라서 국내 업체가 상담 시간을 지키지 못할 경우를 대비하여 상담

장소 연락처 또는 태국 업체의 휴대폰 번호를 입수하는 것이 바람직하다. 또한 상담 약속은 상담일 최소 일주일 전에 서면으로 요청하는 것이 일반화되어 있다.

## 2. 식사

태국의 음식은 중국의 젓가락 문화, 인도의 커리, 포르투갈의 칠리가 혼합된 형태로 볼 수 있다. 쌀을 주식으로 하며 우리와 비슷하게 한꺼번에 차려 먹는 경우가 많다. 맵거나 짠 양념이나 소스를 사용해서 주로 만들기 때문에 대체로 음식이 자극적이다. 시각적인 요소를 중요시하며, 향기를 내고, 신맛, 톡 쏘는 맛이 복합되어 있다. 한편, 태국에서는 하루 세 끼 식사 중 저녁 식사를 중요시한다. 식사량은 적고, 과일, 과자, 떡 등 간식을 즐기는 편이다. 전통적으로 음식은 반상, 대나무나 원목으로 만든 마룻바닥에 차려놓고 둘러앉아 손으로 먹는다. 국물이 있는 국수는 숟가락과 젓가락을 사용하고, 튀긴 국수는 포크와 스푼을, 생선을 넣은 국수는 숟가락만 사용해서 먹는다. 밥 종류는 접시에 담아 숟가락과 포크를 사용하는 것이 일반적이나 숟가락 하나만으로 식사하는 사람들도 많다. 포크는 접시의 음식을 스푼으로 뜰 때 보조 역할을 하거나 스푼에 붙은 음식을 제거하기 위해 사용한다. 식사 때 스푼과 포크의 부딪치는 소리가 많이 들리는 편이다. 음식을 천천히 먹으며, 먹을 때 소리를 내지 않는다. 또한, 음식이 입 안에 있을 때는 말을 하지 않는다. 국이 있는 음식은 들이마시지 않고 숟가락으로 떠서 먹는다.

태국인들의 식사문화는 같이 나누어 먹는 것이다. 서로에게 간식을 잘 권하고 음식점에서 각자 음식을 시키기보다 여러 가지를 주문하고 같이 나누어 먹는 것이다. 이는 우리나라와 비슷하다고 볼 수 있다. 이러한 식사문화 때문에 태국인들은 함께 음식을 먹을 수 있는 BBQ, 수끼 음식점을 즐겨 찾는다.

## 3. 선물

관대함, 후함은 태국의 전통적인 가치 중 하나이다. 이러한 이유 때문에 태국 사람들 사이에 선물을 주고받는 일이 많다. 작게는 일상생활에서 케이크나 스낵을 주고받는 데서도 나타난다. 선물을 받았을 때, 그 자리에서 선물을 뜯어보거나, 선물의 가치에 대해 언급하는 것은 좋지 않다. 태국 사람들에게는 선물을 주고받은 그 자체가 의미 있고 고귀한 것이지, 내용물이 무엇이냐가 중요한 것이 아니기 때문이다. 외국인이 눈앞에서 그 선물의 포장을 뜯어버린다 해도 문화적 차이로 이해하고 넘어갈 수 있지만, 선물을 준 자체에 대한 고귀함은 희생되었다고 생각한다. 물론 어떠한 이유에서건 선물을 거절하거나 받은 선물을 되돌려주어서는 안 된다. 넉넉지 못한 사람이 값비싼 선물을 준 경우에도 마찬가지다.

한편 값비싼 선물을 받았다고 하여 부담을 느끼고 이에 상응하는 선물을 사서 보답하는 것도 좋은 것은 아니다. 비즈니스 대상이 남자라면, 그 사람이 술을 좋아하든 안 좋아하든 간에, 고급 술을 선물하면 좋아한다. 여자의 경우라면, 유명브랜드 향수, 문구류, 액세서리 등이 무난하다. 남녀 공통으로 한국산 인삼차 등도 좋은 선물이 될 수 있다.

## 4. 인사

태국 사람들은 서로 인사를 할 때 악수를 하는 것이 아니라, 기도하는 자세와 같이 양 손바닥을 합창한 자세로 목례를 한다. "WAI(와이)"라는 말로 인사를 하며 일반적으로 손아랫사람이 윗사람에게 먼저 하고 손윗사람은 같은 자세로 이에 응답한다. 태국에서는 '성'으로 타인을 호칭하는 대신 "KHUN:(Mr. 혹은 Ms/ Mrs.)"의 뜻을 앞에 넣어 이름을 부르므로 본인의 이름으로 불리었을 때 상대방을 무례하다고 생각할 필요는 없다.

## 5. 복장

태국의 비즈니스맨은 평상시 대부분 양복 상의를 착용하지 않는다. 냉방 에어컨이 되어 있는 실내에서는 반팔로는 좀 팔이 시린 느낌이기 때문에 주로 긴팔 와이셔츠에 넥타이 차림이다. 양복 상의는 인사 방문, 리셉션, 세미나 등 격식을 갖추어야 하는 경우에는 착용해야 한다.

우리나라 비즈니스맨들이 출장올 때 반팔 와이셔츠를 입고 오는 경우가 많은데, 반팔 와이셔츠보다는 긴팔 와이셔츠를 입고 비즈니스 상담에 임하는 것이 격식에 어울린다.

그 외, 평상복으로는 열대 다습한 기후에 맞게 면 종류의 가볍고 편안한 차림이 적당하다. 아침, 저녁으로 찬 기운이 도는 12월 말, 1월 초 기간이나 북쪽 산간 지방을 방문하는 경우에는 얇은 스웨터나 재킷을 가져가는 것도 좋다.

# 晝耕夜酒

주경야주_유럽

낮엔 일하고 밤엔 술과 함께 인생을 즐기세

"유럽은 정말 대략 난감이에요."

나는 사장과 회의를 하며 머리를 쥐어뜯었다.

"왜 그래?"

사장이 물었다.

"술이 비즈니스에 미치는 영향을 잘 모르겠어요."

"흐음, 그럴 때일수록 천천히 돌아가야지. 자, 그럼 다시 한 번 유럽에 대한 반 팀장의 생각을 말해봐. 전에 했던 중국이나 베트남 이런 쪽과는 많이 달라? 거기서도 관련이 없다면 없다고도 할 수 있었잖아."

"음, 그게 근데, 유럽권에서는 아예 이런 친분을 쌓는 자리가 훨씬 적고, 더 딱딱하다는 느낌이 들어요. 분리가 좀 더 분명하다는 거죠. 인터뷰를 해봐도 술자리에서 아시아 쪽은 인간적인 면에 좀 더 치중하는 반면 서양에서는 계약 조건이나 비즈니스 방식에 대해 조언하는 사람들이 많고요."

"그래? 아시아 쪽 사람들은 워낙에 가족적이고 함께 어울리는 문화가 발전했고 유럽 쪽은 개인주의적이고 이성을 중시하는 문화라 그런 거 아닌가? 내가 출판 일을 하면서 여러 사람들을 만나 봤잖아, 그리고 술 경력도 만만치 않고 말이야. 내 생각이지만, 술은 누구에게나 비슷해. 인간인지라 술자리에서 좀 더 가까워지고 풀어지는 건 다 비슷하단 말이야. 서양 사람들도 마찬가지일 거라 생각해. 다만 잘 드러나지 않을 뿐이지. 꼭 동양과 비슷할 필요는 없잖아. 그러니 그들이 쌓아둔 장애물을 잘 건너는 방법을 알려주면 되지."

"장애물이라면, 그 나라의 문화나 에티켓 말씀이세요?"

"맞아, 혹시 술자리를 통해 계약이 성사되거나 하는 에피소드만 기대한 거야? 비즈니스는 그렇게 녹록지 않다고. 술자리에서 상대방의 기분을 상하게 해 데미지 입는 것을 막는 것만으로도 큰 수확인 거야, 특히나 술과 비즈니스에 거리를 두고 있는 서양 사람들이라면 더더욱 말이지. 매너나 그들이 즐겨 마시는 술 등에 대해 안다는 것을 드러내는 것만으로도 좋은 인상은 줄 수 있을 거야. 나머지는 맛있는 술이 좀 더 도와줄 거고 말이야."

뭔가 막혔던 속이 확 뚫리는 기분이었다.

그래, '유럽은 유럽만의 방식'으로
찾아보자는 생각이 들었다.

"사장님…"

"음, 갑자기 와인 먹고 싶네. 이따 와인 먹으러 갈까?"

"…"

# 독일

로마 사람을 만나면 로마법으로 대하라

## "할로(hallo)?"

수화기 너머로 독일어 발음이 들려왔다.

"안녕하세요, 어제 이메일로 연락드렸던 하다 출판사의 반주 해입니다."

"아, 안녕하세요. 반갑습니다."

K전자 독일 주재원 우한스였다. 주 실장 지인의 추천이었는데, 독일에서 대학을 다녀 독일식 사고나 문화에 대해서 잘 알고 있다고 했다.

"독일 비즈니스와 술문화 이야기를 하고 싶다고 하셨죠?"

"네, 방해가 안 된다면 시간 좀 내주세요."

"하하. 제가 도움을 드릴 수 있다면야, 얼마든지 내드려야죠."

"네. 그래서 퇴근 시간쯤에 연락드렸어요. 퇴근은 하셨죠?"

"네, 집입니다. 근데 그쪽은 새벽일 텐데… 괜찮으십니까?"

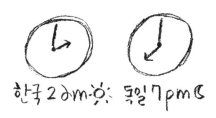

한국 2am 독일 7pm

시계 바늘은 새벽 2시를 가리키고 있었다. 독일은 지금 저녁 7시쯤이리라. 졸리지만 어쩔 수 없지.

"아니에요. 괜찮아요."

잠시 독일 생활에 대한 이런저런 말을 하다 곧 본론으로 넘어갔다.

"술과 비즈니스에 관한 책이라고 하셨죠."

"네, 술문화나 에티켓 등 뭐든 편하게 말씀해 주세요."

"흠, 먼저 독일은 공적인 관계에서 술자리가 아주 드뭅니다. 내부적으로도 많아야 일 년에 두세 번입니다. 세 번도 많은 느낌이 드네요. 영화 같은 데서 보면 회사 크리스마스 파티나 회사 창립기념일 파티에서 만나 다음 날 "악!"하며 같은 침대에서 눈뜨는 장면 같은 거 보셨죠? 그 두 날이 공적인 술자리의 대표 격이라서 그런 소재로 자주 쓰이는 거죠. 그 외에는 정말 술자리가 드물어요. 그래도 외국의 업체와 큰 계약이 걸려 있거나, 파트너십을 다지는 경우에는 술자리를 가지는 경우가 있기는 합니다."

"네, 뭐 비즈니스라는 게 늘 예측되는 자리만 있는 건 아니니까요. 그런 의미에서 독일의 술문화를 좀 알고 싶어요."

"흠, 독일 술문화를 이야기하려면 일단 맥주를 뺄 수 없겠죠. 독일인들은 본인들이 세계 맥주의 원조라고 항상 말을 하고

필스너 전용잔

다니죠. 대부분 사람들은 맥주의 원조를 체코의 필젠(Pilsen)으로 알고 있습니다. 독일인들도 이를 부정하진 않아요. 하지만 체코는 한때 독일 사람들이 살던 곳이라 필젠 맥주를 게르만인의 맥주로 여기는 거죠. 아이러니하게도 전 세계에서 가장 오래된 독일어 대학은 독일의 하이델베르크 대학도 아니고, 트리어 대학도 아닙니다. 바로 체코의 프라하 대학이죠. 필젠 맥주가 나왔으니 말인데, 체코하면 대부분의 사람들이 '프라하'를 떠올리지만 프라하만큼이나 유명한 것이 바로 '체코 맥주'입니다. 체코의 대표 맥주는 '필스너(Pilsner)'라는 이름을 가지고 있어요. 그 유서 깊은 필스너의 본고장이 바로 필젠이라는 세계 맥주의 도시죠. 체코 사람들은 필젠에서 생산된 원조 필스너 맥주의 명성을 보호하려고 오리지널(Original)을 뜻하는 우르켈을 더해 오늘날의 '필스너 우르켈(Pilsner Urquell)' 맥주 브랜드를 탄생시킨 겁니다."

"아, 그렇군요. 맥주하면 자연스레 유럽이 떠올라요. 텔레비전이나 영화를 보면 유럽 사람들은 시간에 구애 없이 맥주를 즐겨 마시는 것 같아요."

"유럽에서 와인이나 맥주를 주로 먹는 이유 중 하나는 깨끗한 물을 구하기 힘든 곳이기 때문이에요. 음료수 대용으로 나온 것이죠. 이런 문화다 보니 가끔 한국분들이 가지는 오해 중 하나가 독일 사람들을 상당한 알코올 애호가로 생각한다는 겁니다. 독일인들이 점심시간에 500CC 맥주 한 잔, 하우스와인 한 잔 등을 먹는 것은 음료 개념입니다. 분명 독일인이 술을 좋아하는 건 맞습니다만, 알코올 중독은 러시아나 한국인에 비해 분명히 적죠. 독일에서 술은 대화의 윤활유 역할을 하는 것이지, 우리나라처럼 '부어라 마셔라, 후래자 삼배'와 같은 사즉생(死卽生)의 개념은 없습니다. 독일 사람들은 술을 마시는 경우, 친구, 친척, 애인, 스포츠 동호회 등 이렇게 사적으로 친한 사람들과 같이 마시지, 일로 연결된 공적인 관계에서 술 마시는 경우는 거의 없습니다. 이런 문화다 보니 한국에서 온 법인장님과 독일인 현지 직원들 사이에 트러블이 간혹 생기곤 하죠. 한국 관리자 분들은 가족 같은 융합 문화를 강조하다 보니 회식 자리 같은 것을 자주 갖고 싶어 하고, 독일인은 회사가 나의 실제 가족과 융합되는 것을 막는다고 거부감을 드러내죠."

"음, 확실히 우리나라와는 마인드가 다르군요. 그럼 술 마실 곳도 많지 않겠네요? ”

“오피스 빌딩이 밀집된 번화가 비즈니스 지역에는 10시 이후에 하는 술집이 거의 없습니다. 10시 이후에 하는 곳은 독일인이 아닌 외국인들을 대상으로 한 술집으로 찾아가야 하는데, 그나마도 거의 찾기 힘들죠. 그렇다면 독일 사람들이 밤늦게까지 술을 안 먹나, 그건 아닙니다! 대다수가 거주지 동네에 몰려 있어요. 삼삼오오 친구, 애인, 친척, 동네 사람들이 모여서 집 주위에서 술을 마시고 이런 곳은 새벽까지 영업을 하고 있죠. 우리로 치면 강남역에 술집이 모인 것이 아니라, 광교나 용인 같은 주거지 안에 단골 술집이 몰려 있는 것과 같아요.”

“우리처럼 대리운전 문화는 별로 없겠네요.”

“네, 하지만 아예 없는 것은 아닙니다. 혹시 독일에 나왔다가 대리운전을 부를 분이 있을까 싶어, 말해야겠네요. 독일인들은 거의 대리를 부를 일이 없습니다. 집 주위에 있는 술집을 잡고 걸어가서 술을 마시니 음주운전 할 일이 없죠. 하지만 만약 부른다면, 강남-용인 간 대리운전비를 제주도 항공료만큼 내야 할 겁니다. 전날 술 먹고 대리운전으로 집에 간 사람은 “어제 지방 출장 갔다 왔습니다”하고 농담을 하죠. 왜냐하면 독일에서 대리운전과 유사한 시스템을 하기 위해서는 택시 두 대를 불러야 하거든요. 택시기사 한명은 내 차를 몰고, 그 뒤에 다른 택시가 뒤따라와서 내 차를 운전한 택시기사를 다시 원위치로 돌려보내는 역할을 하는 겁니다. 기본 택시비 역시 우리나라보다 5배 정도 비싼데, 운전기사를 두 명이나 쓰니 10배 정도 비싸지는 거죠. 그러니 웬만해서는 대리를 부를 일도 없습니다. 이런 상황이다 보니 제 주위에는 가끔 음주운전을 하시는 분들도 있죠."

"정말 비싸긴 하겠네요."

"하지만 조심해야 합니다. 독일이 자유분방한 편이라 음주운전 측정은 잘 안 하는데, 어쩌다 한 번 하다 걸리면 정말 큰일 납니다. 재미난 것은 독일 경찰들도 한국이나 중국계 동양인들이 술을 좋아한다는 것을 알고 있습니다. 그래서 중국, 한국계 같아 보이는 사람이 밤늦게 혼자 운전하는 것을 보면 뒤따라와서 음주 체크를 하곤 하죠. 저도 여러 번 당한 적이 있어요. 야근 후, 한 11시쯤 퇴근하는데, 길에서 내가 차에 올라타는 것을 경찰이 보고, 1㎞ 정도 따라와서 차를 세우고 음주 측정을 하는 겁니다. 퇴근 후 귀가 중인데 왜 이러냐고 따졌죠. 경찰은 내게 야간 파트타임으로 일하냐고 물어보더군요. 아침 8시에 출근해서 지금 퇴근한다고 말했더니 더 깜짝 놀라면서 어떻게 인간이 아침 8시에 출근해서 지금까지 회사에서 근무할 수 있냐며 손사래를 치고는 불쌍한 눈빛으로 보내더군요."

"독일인이 열심히 일한다고 알려져 있는데 우리 정도는 아닌가 보네요, 하하. 술자리는 보통 어떤가요?"

"음… 한국 사람들과 다르게 독일 사람들은 술을 마실 때 테이블에 앉아서 하는 좌식문화가 없습니다. 좌식문화는 아주 공식적인 회담 같은 거나 부부동반 만찬과 같은 것에 한정되어 있어요. 보통은 10~20분 서 있으며 누구랑 이야기하다가 자연스럽게 다른 사람과 또 이야기하는 펍(Pub, 선술집) 문화죠. 일반적으로 한국의 중년 비즈니스맨들은 이런 문화를 싫어 하는데, 독일인의 마음을 얻으려면, 이런 문화적 취향을 맞춰주면 좋습니다. 그리고 한국과 다르게 상대방에게 술을 따라주지 않죠. 각자 자기가 먹을 만큼만 알아서 먹습니다. 술을 좋아하면 본인이 알아서 여러 번 따라 먹고, 자기가 못 마시면 맥주 한 잔 가지고 4시간 동안 즐겨요. 한국식처럼 "왜 한 잔 더 해~"하면서 계속 권하면 무례하다고 생각할 수 있으니 주의해야 합니다."

"음, 한 잔 가지고 4시간이라니…"

"그건 다른 유럽권도 비슷합니다. 예를 들면 위스키의 본고장, 스코틀랜드가 있죠. 그곳의 동네 펍을 가면 한 잔의 위스키를 가지고 세월아 네월아 하는 모습을 흔히 봅니다. 맥주잔 대신에 위스키잔일 뿐인 거죠."

"스코틀랜드도요?"

"네. 스코틀랜드 사람들은 위스키를 스트레이트나 온 더 락 (On the Rock)으로 마시기는커녕 물을 부어 타 먹습니다. 위스키는 맛과 향을 느끼기 위해 마시는 술이기 때문에, 가장 그윽한 향을 입안 가득 퍼뜨리기 위해 냉수를 섞어 마시는 거라고 하죠. 그 한 잔을 가지고 한 모금씩 홀짝 거리면서 아주 오랜 시간을 보내요. 우리나라 사람들이 샷글래스(Shot glass)로 원샷을 연이어 하면서 순식간에 병을 비워버리는 광경을 보고 혀를 찰만 하지 않습니까? '그런 식으로 마시려면 데낄라(Tequila)나 마시지 그러느냐'는 조롱 섞인 충고까지 들을 정도죠."

"어머, 그래도 우리나라 덕분에 위스키가 많이 팔릴 거 아녜요!"

"맞아요. 은근히 고마워하죠. 어쨌든 위스키는 코로 마시는 술이기 때문에 향을 느끼면서 최소한 싱글 샷 한 잔으로 1시간 동안 마셔주어야만 '알코올 중독자' 대신 '술을 좀 아는 사람'이라는 소리를 들을 수 있습니다."

"참, 유럽 사람들은 느긋하군요. 맞다. 잉글랜드는 스코틀랜드와 달리 '먹고 죽자'는 식이라고 알고 있는데, 스코틀랜드와는 또 다르군요."

"하하. 맞아요. 잉글랜드는 조금 예외적이에요. 잉글랜드 젊은이들은 금요일 저녁 펍에서 만나 '먹고 죽자'라는 뜻의 'Binge Drinking'을 외치며 시간 가는 줄 모르고 마셔대거든요. 2차(23:30분 정도, 한국은 Pick time이겠지만)로 가까운 친구집으로 가서 맥주에 위스키를 번갈아가며 마시다가 누가 먼저 잠들었는지도 모르게 곯아떨어지곤 하죠. 뭐, 펍 문 닫는 시간이 11시 정도라 더 급하게 먹는 것도 있습니다."

"우리나라처럼 밤새 하는 술집은 별로 없군요."

"그죠. 어떻게 보면 애주가에게 한국은 천국입니다. 이런 먹고 죽자고 마시는 잉글랜드의 해장법이 뭔 줄 아십니까? 아주 느끼합니다. 비적비적 일어나 어젯밤 마셨던 펍으로 가서 잉글리쉬 블랙퍼스트(English Breakfast, 시리얼, 베이컨과 달걀 요리, 토스트, 차 등을 곁들인 영국식 아침 식사)로 해장을 하거든요."

"으, 술 먹고 빵과 베이컨이 넘어가나요?"

"우리에겐 버겁지만 잉글랜드 사람들은 나름대로 이유가 있더군요. 식빵이 알코올을 빨아들이고 소시지와 베이컨의 기름기로 장을 힐링해준다나요? 하하."

On the Rock

"잉글랜드에서의 음주는 가급적 피해야겠네요. 그건 그렇고, 독일은 그런 입식 술자리와, 천천히 먹는 문화 외에 또 어떤 술문화가 있나요?"

"음, 독일은 안주문화가 없습니다. 왠지 우리가 생각하기에는 독일에서 맥주를 마시면 독일 소시지나, 치킨과 함께 먹지 않을까 싶죠. 하지만 진짜는, 특히 맥주 마실 때는 안주가 없습니다. 있어 봐야 간단한 치즈, 땅콩 정도가 전부죠. 술은 술이고, 식사는 식사입니다. 우리처럼 식사를 하면서 다량의 소맥 폭탄을 돌리는 문화가 전혀 아닌 거죠. 저녁 식사를 하면

서는 반주로 한두 잔 정도 하고, 술은 바(Bar) 같은 곳에 가서 스탠딩으로 마셔요."

"아~ 혹시 초대받거나 하는 자리에서는 어떤가요?"

"서로 친해지면 집에 초청을 받기도 합니다. 이때 우리가 꼭 알아두면 좋은 것이 있습니다. 독일 가정에 초청을 받았으면 꼭 자기가 먹을 안주 하나, 혹은 나누어 먹을 수 있는 와인 같은 것을 가지고 가는 것이 예의입니다. 친한 사람을 초대할 때 호스트는 약간의 술과 음식을 준비하지만, 기본적으로 장소를 제공해준다는 개념이 강합니다. 따라서 공식적인 저녁 만찬을 초대하겠다는 말이 아니에요. '오늘 저녁에 분데스리가가 축구하는 데 우리 집에서 밥 먹으며 맥주 한잔 할래?' 라고 초대를 한다면 꼭 음식이나 술도 함께 동반해서 가세요! 만약 그렇게 안 하면 당일에는 웃으면서 와줘서 고맙다고 하겠지만 다음에는 알게 모르게 나를 따돌리고 있다는 것을 깨닫게 될 겁니다."

"하하. 꼭 명심해야겠네요. 혹시 한스 씨가 알고 있는 비즈니스 관련 술자리 에피소드 같은 건 없으세요?"

"흐음… 술 관련 실패 사례인데 괜찮을까요? 한국에서 오는 기업인들에게 꼭 알려주고 싶은 이야기이기도 하고요."

"그렇다면 더더욱 좋죠."

나는 물어보길 잘했다고 생각했다.

"제가 15년 정도 근무를 하면서 이런 경우를 한 열 번 정도는 본 것 같아서 다른 한국 기업 분들도 꼭 알아두었으면 합니다. 독일은 접대문화가 거의 없습니다. 접대라고 하면 점심 식사 정도죠. 나중에 정말 거래처와 가까워졌다고 하면 부부동반 저녁 식사 정도가 최고의 접대라고 보면 됩니다. 그러니 독일인이 저녁을 제안할 정도라면 정말 가까워진 거죠. 그런데 우리 기업 분들은 이런 걸 모르고 독일 파트너에게 저녁을 제안하는데, 독일 비즈니스맨들이 당연히 꺼려합니다. 실제 독일 사람이 한국에 출장 가서 가장 꺼려하는 것이 한국식 접대입니다."

"음, 그렇군요. 부담스럽게 여길 수 있겠네요."

"몇 해 전 제가 아는 독일 기업의 구매 담당 이사인 비어킨 씨가 한국으로 출장을 간 적이 있습니다. 그때 한국의 중견기업 수출 담당 이사가 한국식으로 극진한 대접을 했죠. 저녁 식사

후에는 비어킨 씨를 데리고 비싼 룸살롱에서 접대도 하고 말입니다. 그때 제가 한국 이사님께 분위기를 물어보니, 독일 친구가 아주 만족스러워하며 돌아갔다고 자랑을 하시더군요. 하지만 독일로 돌아온 비어킨 씨에게 들은 대답은 가히 충격이었습니다."

"도대체 뭐라고 하던가요?"

"대단히 비위생적이고 더러웠고, 기분이 너무너무 안 좋았다고요. 그가 나에게 말했죠. '한국의 잔 돌리기 문화는 너무 역겨웠어요. 어떻게 자기가 입을 댄 잔을 나에게 줄 수가 있죠? 한국문화라며 나에게 권하는데 차마 앞에서는 얼굴 찌푸릴 수 없어 받았지만 너무 혐오스러웠어요. 또 위스키만 먹지 왜 다른 것을 섞어서 먹는지 도대체 이해가 안 돼요!'라고요. 여기다가 더 나빴던 것은 '룸살롱에서 몇백만 원이나 나온 걸 알았어요. 이런 큰 비용을 단순히 술 먹는 데 써버리다니! 이 회사는 비용을 절감해서 좋은 가격으로 납품할 생각은 없는 것 같아요. 회사 돈을 이런 곳에서 쓰는 업체는 신뢰할 수 없어요. 앞으로는 거래를 못하겠어요!'라며 거래를 끊어버린 겁니다. 한국인인 나에게 이렇게까지 말할 정도면 자기네 회사나 지인에게 뭐라고 말했을지는 안 봐도 뻔하죠. 제 얼굴이 다 빨개지더라구요. 나중에 비어킨 씨를 접대했던 이사님께 넌지시 말해주니 본인은 일본 바이어와 독일 바이어가 완전히 다르다는 것을 미처 몰랐다고 하더군요. 일본 바이어의 경우 한국의 룸살롱 같은 곳에 가면 10명 중에 9명은 좋아할 수 있습니다. 그러나 독일은 우리식의 접대를 받으면 10명 중 9명은 싫어합니다. 아니 혐오하는 정도가 맞겠네요."

"이건 잘해보려다가 폭탄 터진 꼴이네요. 아예 안 하느니만 못한 결과잖아요."

"그렇죠. 한국에 방문한 구매 담당자라던지, 핵심 인사를 처음부터 내 편으로 만들고 싶은 욕심에 확실한 인상으로 친구를 만들자는 계획으로 갔다가는 엄청난 실패를 겪을 수 있습니다. 오히려 독일인의 윤리경영에 역풍을 맞을 수 있으니까요. 특히 룸살롱까지는 아니더라도, 잔 돌리기 같은 건 절대! 절대! 하면 안 됩니다. 앞에서는 웃으면서 좋아하는 것처럼 보이지만, 뒤로는 독이 된다는 걸 명심해야 하죠. 이 부분을 꼭 주의하라고 말하고 싶네요."

"와, 사실 룸살롱을 싫어할 남자 비즈니스맨은 없을 거라고 생각했어요. 독일인이 그런 면에서 그렇게 청렴할 줄은 몰랐네요."

"독일 사람들이 술과 섹스를 싫어한다는 말은 아닙니다. 실제로 독일의 나이트 라이프는 술을 마시든지 섹스를 하든지 딱 두 가지밖에 없어요. 그런데 둘을 같이 하는 경우도 거의 없죠. 잘 아시겠지만 독일은 공창(licensed prostitution)제도를 취하고 있습니다. 성문화에 대해서는 오히려 더 개방되어 있죠. 어찌 보면 한국에서는 불법이기 때문에 더 문란하다고도 볼 수 있습니다. 독일에서는 자기가 가고 싶으면 떳떳이 가는 거죠. 그런데 이런 곳에 가면 술이 전혀 없습니다. 술과 섹스를 함께 엮지 않는 거죠. 그래서인지 한국식 룸살롱 문화에 익숙한 몇몇 한국분들은 독일 술문화에 실망하시더군요."

"그렇군요."

"하지만 같은 유럽이라도 러시아, 이탈리아, 스페인은 또 틀립니다. 다 같지 않죠. 남유럽 쪽 라틴 계통 사람들은 어떤 면에서 한국과 비슷하더라고요. 그러나 게르만 계열은 전반적으로 독일인의 생각과 비슷합니다. 네덜란드, 덴마크, 노르웨이, 스웨덴 같은 서유럽, 북유럽 쪽 국가는 비슷한 문화 성향을 가지고 있으니 바이어와 만날 때 참고하면 좋을 겁니다. 독일을 포함한 서유럽에서는 처음 신뢰와 일로 승부를 보아야 해요. 독일에도 학연, 혈연, 지연은 있습니다. 그러나 우리에 비하면 10분의 1 수준이죠. 술로서 처음부터 친구가 되려는 전략보다, 신뢰할 만하고, 적극적이라는 믿음의 코드로 인간관계를 만드는 것이 중요한 것 같습니다."

"정말 중요한 내용이네요. 혹시 그 외에 술 마실 때 알아두면 좋을 팁이 뭐 더 없을까요?"

"독일인과 술을 마실 때는 반드시 눈을 쳐다봐야 합니다. 한국분들은 상대가 높다고 생각하면 눈을 잘 쳐다보지 않는 경향이 있는데, 눈을 쳐다보지 않으면 나에 대해서 악감정을 가지고 있다던가, 기분이 안 좋은 걸로 오해를 받을 수 있어요. 아이컨택(eye contact)이 중요하죠. 그리고 건배 시 잔의 높이도 똑같이 하세요. 잔 높이를 평등하게 두고, 진실한 눈빛으로 함께 눈을 맞추고 술 마시는 게 이곳의 예의니까요. 또, 더치페이(Dutch pay)는 범게르만 인종의 동일한 문화입니다. 자기가 먹은 술값은 자기가 내는 문화지, 누군가 내 대신 술값

을 내면 부담스러워합니다. 만약 내가 한잔 쏘겠다하고 돈을 내면 이상하게 보는 문화인 거죠. '이 친구는 나에게 어떤 짐을 지우려고 이러지?' 하는 역반응을 부를 수 있어요. 만약 술을 사고 싶다면 왜 사는지를 상대방에게 잘 이해시켜야 합니다. 예를 들어, '오늘 평상시와 다르게 너무 수고해줬다', '한국에서는 친구가 먼 나라에서 오면 대접하는 문화다' 등 술을 사는 이유를 정확히 상대방이 알 수 있게 해줘야 오해가 없습니다. 실제로 독일인이 바에서 술 마시는 걸 보면, 맥주잔 받침에 본인이 몇 잔째 먹고 있는지 연필로 적는 모습을 볼 수 있어요. 영수증이 따로 있는 게 아니라 각자 밖에 나갈 때 자기 잔 받침에 자기가 적어 놓은 숫자를 보며 나는 몇 잔 먹었어요! 하고 각자 돈을 내고 나가죠."

"호오, 그렇군요."

"식사도 마찬가지입니다. 사전에 초대한다는 이야기를 하면 괜찮지만, 이런 초대 이야기 없이 '그냥 같이 식사 한 번 하자' 이런 것은 초대가 아니라 각자 계산하는 경우죠. 또 독일인들은 위스키든지, 맥주든지 각자 개인 취향에 따라 마십니다. 우리처럼 술집에서 양주를 시켰다고 다들 그 양주를 나눠 먹는 분위기가 아니죠. 요즘 독일 젊은 친구들은 '알콜팝스'라는 걸 즐겨 먹습니다."

"알콜팝스요?"

"알콜팝스는 탄산음료와 위스키를 섞어 놓은 술입니다. 회사에서 상사가 부서 회식한다고 양주를 시켰어도, 젊은 신입사원이 알콜팝스를 시켜 자기는 따로 먹는다고 해서 아무도 비난하는 문화가 아닌 거죠."

"역시, '나는 소중해' 문화군요. 한편 부러운 점도 있네요. 어머, 이거 너무 시간을 뺐은 건 아닌지 모르겠네요. 벌써 시간이 이렇게… 한국에 들어오실 때 꼭 연락 주세요. 맛있는 밥 한 끼 대접하겠습니다! 이건 오늘 너무 소중한 이야기를 해주신 답례로 제가 사는 겁니다. 오해마세요. 하하."

"좋죠. 꼭 연락드리겠습니다."

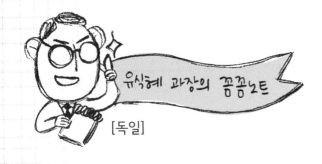

[독일]

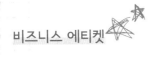

## 비즈니스 에티켓

### 1. 복장

독일에서는 바이어와의 첫 만남이나 계약서 작성 시에는 정장 차림이 꼭 필요하다. 안면이 있는 사이인 경우 편안한 평상복 차림도 상관없으며, 공장 방문 일정이 있거나, 전문 사무직이 아닌 공장 관련 실무에 투입되는 사람들과 상담을 하는 경우 완벽한 정장 차림보다는 노타이 등 세미 정장이 더 적합하다.

### 2. 인사

공식적인 만남에서 일반적으로 인사는 남녀를 불문하고 악수도 한다. 악수를 할 때, 다른 손을 호주머니에 넣고 있어서는 안 되며, 서로 시선을 마주치며 몇 초간 꽉 잡는다. 직책이 높은 사람부터 낮은 순으로 악수하는데, 독일의 악수는 간결하고 확신에 찬 모습을 보여주는 것이 포인트다. 약한 악수는 자신감이 없다고 생각해 첫인상에 악영향을 미칠 수 있다. 한국처럼 두 손으로 악수를 하거나 악수할 때 고개를 숙여서 인사하거나 하는 것은 예의에 맞는 행동이 아니다. 또한 승

강기에 들어가게 되면, 이미 타고 있는 사람에게 가볍게 인사하는 것도 예의이며, 문 입구, 엘리베이터나 화장실 등 좁은 공간에서 만나게 되는 사람들과도 "Hallo(할로)" 내지 "Guten Tag(구텐 탁)"이라고 말하며 가볍게 인사를 나눈다. 다시 떠날 때는 "Tschuess(취스)" "Ciao(차오)" 또는 "Auf Wiedersehen(아우브 비더젠)"이라고 작별 인사를 한다. 모르는 사람의 인사에 응대를 하지 않는 것은 상대를 무시하는 것으로 받아들여진다. 독일에는 인사할 때 동양처럼 고개를 숙이지 않는다. 아울러 식사했냐, 어디 가냐 등의 한국식 인사는 자제하는 것이 좋다.

독일에서는 상대방이 허락하지 않은 경우, 이름을 부르지 않고, 성 앞에 Herr(Mr.) 또는 Frau(Miss, Ms, Mrs.)를 붙이는 것이 예의이며, 직함이나 학위가 있는 경우에는 Herr, Frau 뒤에 직함이나 Dr. 등의 학위 칭호를 넣어 부른다. 또한 사소한 일에도 고맙다는 말(Danke, 당케)을 하는 것이 관례이며, 가볍게 부딪치거나 할 경우 꼭 "Entschuldigung(엔슐디궁)"이라는 말을 통해 미안하다고 하는 것이 정상이다. 또 가만 있을 경우 상대방이 무례하다고 생각할 가능성이 높다. 아울러 상대방이 고맙다거나 미안하다는 말을 했으면 "Bitte(비터, 영어의 'You are welcome'과 비슷한 뜻)"로 화답하는 것이 예의에 맞다.

아울러 독일어로 미팅을 진행할 경우에는 상당히 친하지 않을 경우에는 존칭어("Sie")를 사용해야 하며, 한국어 "너"에 해당되는 명칭인 "du"는 될수록 사용하지 않는 것이 좋다. 요즘 젊은 독일인들 사이에서는 상대방의 나이가 많게 보이지 않는 경우, 처음 보는 사람에게도 du를 사용하는 경우가 있고, 설사 상대 비즈니스 파트너가 그렇다

하더라도 말을 트자고 정식적으로 제안하기 전에는 존칭어를 쓰는 것이 안전하다

## 3. 선물

독일에서는 비즈니스와 관련해 선물을 주고받는 것이 널리 보편화되어 있지 않으나, 부담이 없는 선물을 사전에 준비해 전달하는 것도 나쁘지 않다. 그러나 값비싼 선물은 오히려 역효과를 가져올 수 있으므로 주의할 필요가 있다. 독일 기업 임직원은 10유로 이상의 선물을 받거나 식사 대접을 받을 경우 상사나 내부 '감사국(compliance department)'에 보고해야 하는 경우가 대부분이라 선물이 오히려 상대방을 곤란하게 할 수 있다는 것을 인식해야 한다. 선물을 할 때는 선물 받는 사람과의 관계에 적합한 선물을 골라야 하며, 상대방이 남성, 여성, 직장 상사, 지인인지 잘 구별해야 한다.

독일인은 이국적인 선물에 관심이 많으므로 고가의 선물보다는 한국적인 맛을 풍기는 전통 제품이 바람직하다. 10유로 이내의 한국차, 전통 무늬 기념품, 태극무늬 부채, 열쇠고리, 장식품 등은 부담이 없으면서도, 특색 있는 좋은 선물이 될 수 있다. 선물을 미리 준비하지 못해 현지에서 구입하고자 할 경우에는 10유로 이하인 레드 와인 한 병 정도가 적당하다. 특히 특정 지역에서 재배된 포도주나 와인 전문점에서 산 제품이면 언제나 환영을 받는다. 그러나 50달러 이상의 선물, 특히 양주나 고급 선물 등은 뇌물의 성격으로 오해받을 수 있기 때문에 피하는 것이 좋다. 또한 독일 기업이 아닌 공무원과의 미팅 시에는 각별히 주의할 필요가 있다. 공무원은 원칙적으로 선물을 받을 수 없게 되어 있어 약 20유로 이상의 선물을 받게 되면 경고를 받게 된다. 따라

서 감사의 표시로 준 선물이 뇌물로 받아들여져 다시 되돌려 줄 수 있으므로 유의할 필요가 있다.

선물은 가급적 사람들이 보는 앞에서 푸는 것이 예의로 받아들여지는데, 선물을 주는 사람이 선물 받는 이가 자신의 선물에 만족하는지 확인하고 싶어 하기 때문이다. 선물이 설사 마음에 들지 않더라도, 기쁜 표정으로 고마움의 인사를 표하는 것이 바람직하다. 또한 선물을 주는 시기도 중요하다. 사적인 관계에서 주는 선물과는 다르게 협상이나 방문의 마지막 단계에 전달하는 것이 바람직하다.

## 4. 약속/비즈니스 미팅

독일인은 약속을 매우 중요시한다. 물론 경우에 따라 예외가 있을 수 있으나, 협의된 사항에 대해 번복하지 않고 회의 및 상담 약속도 소중히 생각하고 지킨다. 따라서 약속을 번복하지 않기 위해 단순한 미팅이나 시간 약속 전에 신중하게 검토하는 것이 보통이며, 미팅 신청을 할 경우 확답이 오기까지는 대부분 3~7일 걸린다. 약속을 잡을 경우, 특별한 경우가 아닌 한 가능한 시간을 미리 조정하여 큰 변동이 없도록 해야 한다. 피치 못할 사정이 있어 약속을 변경할 경우에는 미리 충분한 이유를 설명하고 양해를 구해야 한다. 특히 마지막 순간에 약속을 취소하는 행위는 매우 무례한 행위로 간주되며, 이 경우에 비즈니스 관계가 깨질 수도 있다. 또한 독일 바이어와의 약속은 반드시 최소 2주~1개월 전에 메일 등 서면으로 해야 한다. 최근에는 이메일로 시간 약속을 잡는 경우가 빈번하지만, 스팸으로 처리되거나 못 받는 경우가 있으므로, 응답이 없을 경우 반드시 전화로 수신여부를 확인해야 한다.

독일은 한국처럼 일괄적으로 9~18시 근무를 하지 않는다. 탄력근무를 하는 직원이 많아서 8시 전에 출근하여 오후 2~3시에 퇴근하는 직원들도 상당히 많다. 즉 오후 4시 이후 약속은 성사되기 어려울 수도 있다. 아울러 7~8월, 연말·연초, 부활절 및 방학 시즌에는 상대방이 없을 가능성이 높으므로 이 기간은 될 수 있도록 피하는 것이 유리하다. 일반적으로 어느 문화권이건 사적인 만남보다는 업무상의 만남에서 보다 더 정확한 시간개념이 요구된다. 개인적인 만남에서는 때와 장소에 따라 10~15분 정도 늦는 것이 허용되나, 15분 이상을 넘지 않는 것이 좋다. 그러나 비즈니스 미팅의 경우, 일정 규모 이상의 기업에서는 대체로 안내데스크에 등록을 해야 담당자와의 미팅이 가능하므로, 약속 시간 15분 전에 미리 도착하는 것이 좋다. 소규모 업체일 경우에는 약속 시간보다 몇 분 전에 도착해서 밖에서 잠시 기다렸다가 정시에 들어가는 것이 좋다. 혹시라도 늦을 일이 생기면 약속 시간 전에 꼭 연락을 해 양해를 구하고, 피치 못할 사정이 있었다는 완벽한 변명을 준비해야 한다.

아울러 독일에는 비서의 권한이 막강하며, 비서를 설득하지 못하면 사장이나 부사장과의 미팅이 거의 불가능하기 때문에 비서를 함부로 대하다가는 불이익을 볼 가능성이 높다.


독일 비즈니스 파트너와 미팅을 할 때 유의할 사항은 다음과 같다.

- 세부사항에 대한 지식이 상당한 편이지만, 자신의 담당 분야를 벗어나면 잘 모르는 편이다.
- 중간 간부 이상이면 대부분 석사, 박사 학위 소유자이며, 논리적인 사고방식으로 의사결정을 한다. 따라서 본인이 틀렸다는 것을 논리

적으로 납득시키지 못하면 웬만해선 양보하지 않는다.

- 대부분 미팅 전에 철저히 준비를 해와서 미팅 시간 내에 협의를 마치려고 한다. 대부분 미팅 어젠다를 참가자에게 송부하는 경우가 많다. 독일 비즈니스맨에게 미팅의 목적은 결론과 결과를 얻으려는 것이지 토론을 하는 것이 아니다.

- 따라서 Small talk의 비중은 매우 적은 편이며, 업무 미팅 시에는 업무 협의만 하고 매듭을 지으려는 성향이 강하고, 개인적인 사항은 거의 밝히지 않는다.

- 독일인들은 직접적이고 진솔하며, 원하는 바가 있으면 정확하게 이야기한다. 한국식 '눈치' 또는 두루뭉술하게 이야기하는 방법은 잘 통하지 않는다. 반대로 독일인들은 생각하는 대로 말하기 때문에 일본처럼 파트너의 실제 의도 등을 고민할 필요는 없다.

- 상대방을 설득하고 싶다면 감성에 호소하기보다는 객관적인 수치, 그래프, 표 등 데이터를 준비하는 것이 더 효과적이다. 독일인들은 논리적, 분석적 사고방식을 갖고 있기 때문이다.

- 독일 바이어들은 물론 가격을 중요시하지만, 대부분 품질을 훨씬 더 중요시한다. A/S 개런티, 신속하고 질 높은 수리 등이 독일 바이어들이 특히 중요하게 여기는 분야다. 이에는 납품을 제때 했는지도 포함되어 있다. 반대로 독일 바이어들은 대체로 지불과 계약상 약속 사항을 제때 지키는 편이다.

- 독일인들은 신체적 접촉을 꺼려하는 편이니 악수 외 접촉은 자제하기 바란다. 어깨를 가볍게 치는 등 친근감을 표시하는 행위도 이에 포함된다.

- 외국인이라도 독일어가 유창하지 않다면 큰 배려를 받을 수 없다.

차라리 처음부터 영어로 대화하거나 둘 다 힘들면 유능한 통역을 활용하는 것이 비즈니스 성사에 긍정적인 역할을 할 수 있다.

• 독일인들은 자사 제품이나 서비스를 제공하며 칭찬을 기대하진 않는다. 불평이 없으면 상대방이 만족하는 것으로 여긴다. 즉 반대로 말하면 제품이나 서비스에 불만이 있으면 즉각 말로 표현해야 한다.

약속 시간에 늦게 될 때는 상대방에게 오해를 살 수 있으므로 미리 전화로 연락을 하는 것이 바람직하다. 약속 시간에 늦는 것은 상대방에 대한 예의에 어긋나기도 하나, 국내 업체의 이미지 및 신뢰도를 떨어뜨릴 수 있으므로 길을 잘 모르거나 장거리 이동의 경우 시간을 넉넉히 계산해서 움직이도록 한다. 불가피한 상황에서는 '차가 막혔다'는 변명이 가장 잘 통한다.

## 5. 식사

독일인들은 식사 예절을 상당히 중요시한다. 식사 매너는 기본이라고 생각하며, 비즈니스와 관련된 상황에서는 특히 음식을 쩝쩝거린다거나, 후루룩거리며 마시는 습관은 상대방에게 크게 불쾌감을 줄 수 있다. 그러나 날씨가 음산하여 감기가 빈번한 나라인 만큼 식탁에서 코를 푸는 행위는 예절에서 벗어나지 않는다. 또한 술이나 물을 따를 때, 잔에 닿지 않도록 해야 하며, 음식이나 술 등을 권할 때에도 한 번 권해서 'No'라는 대답을 들었다면, 더 이상 강요해서는 안 된다. 아울러 한국처럼 상대방 잔을 대신 채워주는 행위는 예의에 어긋나는 행위인데, 이는 독일인은 술을 대신 따라주면 자신을 어린애나 금치산자 취급하는 것으로 여기기 때문이다.

식사 시간에 식사만 주로 하는 한국과는 달리 적절한 대화를 나누며, 즐겁게 식사를 하는 데 익숙해 있다. 식사 중에는 휴가 계획, 날씨, 스포츠(특히 축구), 취미, 관심사 등 가벼운 주제에 관해 대화를 나눌 것을 추천하며, 지나치게 개인 사생활 관련 질문을 하는 것은 금물이다 (아래 참조). 단 입에 음식을 넣고는 이야기하지 않으므로 주의할 필요가 있다. 이 외에도 식사 시 양손을 식탁 위에 놓고 식사를 하고, 식사하는 속도를 일행에 맞추는 것이 좋다. 독일인들은 식사할 때는 소리를 내지 않으며 조용하게 음식을 먹는다. 또 뜨거운 음료를 후루룩 마시는 것에 거부감을 느낀다. 아울러 식사 후 트림을 하는 것은 금기이며, 식사 자세도 딱딱한 의자에 등을 곧게 붙이는 것이 보통이다.

비즈니스로 식사를 할 경우 주최자에게 모든 결정권을 주는 것이 바람직하다. 이는 와인에서부터 식사 메뉴, 대화 주제 등 모든 면에서 그렇다. 음식을 먹기 전 "구텐 아페티트(맛있게 드세요)"라고 하는 게 좋으며 건배 시에는 "프로스트(Prost)!" 또는 "춤 볼(zum Wohl)"이라고 함께 외친다. 이때 건배하는 상대와 눈을 맞춘다.

독일에는 이탈리아식, 중국식, 터키식, 그리스식 등 다국적 식당 문화가 널리 보편화되어 있다. 이국적인 문화나 이색 음식에 대한 관심 또한 높아 일식이나, 태국식, 인도식, 베트남식 등 아시아 식당을 찾는 독일인도 꽤 많은 편이다. 대부분 독일 비즈니스맨은 한국 음식을 잘 먹는 편이나, 한국 음식을 선택할 경우, 대체로 불고기나 잡채 등 아주 맵고 짠 음식보다는 일반 대중이 선호하는 무난한 음식을 권하는 것이 좋다. 한국이 개고기를 먹는다는 것을 인지하는 독일인들도 많으며, 대부분 이를 혐오하고 있어서, 개고기 관련 논의는 하지 말거나 할 경우 먹은 적이 없다고 잡아떼는 것이 바람직하다. 또한 독일인

중에는 채식주의자가 많기 때문에, 식당을 정하기 전에 미리 확인하는 것도 필요하며, 좋은 식당을 추천해 달라고 묻는 것도 좋은 방법이다. 아울러 웨이터 등 식당 종사자에게 무례한 행동을 하거나 기본 에티켓을 지키지 않을 경우 독일 파트너에게 천박한 사람이라는 인상을 줄 수 있다.

독일인들은 좀처럼 비즈니스 파트너를 집에 초청하지 않는다. 만약 초청한다면 이미 상당한 친밀감이 형성되었다는 것을 의미한다. 이럴 경우 꽃, 초콜릿 등 무난한 선물을 가져가는 것이 예의이다. 여기서 장미는 구애용, 흰 국화는 장례용으로 쓰이기 때문에 피하는 것이 좋다. 아울러 접시에 많은 음식을 남기면 초대자에 대한 예의가 아님으로 주의해야 한다.


## 역사 문화적 금기사항

### 1. 역사적 금기사항

독일은 역사적으로 세계대전을 두 번이나 치른 나라로 '나치'나 '히틀러'와 같은 지나간 과거 역사를 '과거 극복'의 차원에서 올바로 인식하고, 이에 대해 비판적으로 바라볼 수 있는 시각을 기르는 교육이 오래 전부터 행해지고 있다.

이에 따라 독일에서 나치의 상징 표시는 여전히 터부의 대상이며, 법적으로도 사용이 금지되어 있다. 이런 까닭에 한국을 방문하는 독일인은 한국 사찰이나, 곳곳에 보이는 역술원 광고 표지판을 보고 기겁을 하기도 하는데, 이는 불교의 상징인 만자 무늬가 나치 표시의 역방향으로 매우 유사해 착각을 일으킬 수 있기 때문이다.

따라서 독일인과의 대화 시 독일인이 민감하게 반응할 수 있는 독일 과거사나 정치 문제에 대한 언급은 가급적 피하는 것이 좋다. 특히 나치를 지지하거나 옹호하는 발언은 삼가야 하며, 이럴 경우 정신병자 취급을 받을 수도 있다.

## 2. 문화적 터부

어느 문화권이나 공통적으로 적용되는 금기사항들이 있다. 욕이나 개인의 과거, 장애, 질병, 죽음, 종교에 대한 비판 등과 같은 터부는 독일뿐만 아니라 보편적으로 적용되는 터부라 할 수 있다. 독일의 경우, 종교적 관습이 매우 엄격한 문화권에 비해서는 금기시하는 문화적인 관습이 많지는 않은 편이나, 이에 벗어나는 행동을 할 경우 상대에게 불쾌감을 줄 수 있으므로 미리 주의할 필요가 있다. 한국과 비교해서 차이를 보이는 독일의 터부에는 강도에 따라 중지를 위로 세우기, 검지로 머리 윗부분 옆쪽을 톡톡 치기, 손바닥을 얼굴 앞에 두고 흔들기 등, 상대방에게 모욕감을 주는 터부와, 코가 막힌 경우 들이 마시거나, 개인 신상에 대한 질문, 과도한 감정 표현 등, 불쾌감을 줄 수 있는 가벼운 터부가 있다. 이에 따라, 독일인은 코를 푸는 것이 콧물을 들이키는 것보다 더 낫다고 생각하고, 지나친 감정 표현은 자제하는 경향이 있으며, 재채기를 할 때도 반드시 가리고 한다거나, 식사시간이나 저녁 20시 이후 및 휴일에는 전기 청소기나 피아노 치기 등 소음을 유발할 수 있는 일을 자제한다. 한국인들의 습관 중에 슬리퍼 등 신발을 끄는 습관 역시 독일인에게 부정적으로 비칠 수 있으며, 꽃을 선물할 경우에도, 붉은 장미는 사랑하는 사람에게만 해야 하는 관습이 있다. 특히 비즈니스 상황에서 각별한 주의가 필요한 것은 음주 매너로, 만취한 모습을 상대에게 보이는 것을 큰 실례로 생각하며, 만약 이를 목격할 경우, 자기 절제를 못하는 사람으로 무시하는 경향을 보인다.

아울러 독일은 종교적, 정치적, 인종적, 성별적 관용(tolerance)을 매우 중요시 여기는 나라이며, 따라서 이를 어기는 타 종교, 정치 성향 등을 비하하는 행위는 삼가는 것이 좋다. 특히 대부분 독일인이 기독교인이지만, 무교도 많고, 교회를 매주 가는 기녹교인이 거의 없기 때문에 이슬람 등 타 종교에 대해서 부정적인 발언을 하는 것을 이해 못하는 독일인이 많다.

## 3. 개인 사생활에 대한 질문은 자제

독일인과 대화를 나눌 때 돈이나, 나이, 결혼 여부, 병, 체중(특히 살이 쪘다는 등), 신장 등 개인적인 신상이나 사생활에 관한 질문은 금물이다. 이는 물론 한국과의 문화적인 차이에 따른 것으로, 특히 초면에 이러한 질문은 큰 실례이다. 한국에서는 초면부터 나이를 묻는 경향이 있는데, 이러한 행동은 독일에서는 큰 결례로 여겨지며, 실제로 수년간 같은 부서에서 근무한 직원들끼리도 나이를 모르는 경우가 많다. 아울러 임금 또는 수입에 관련한 질문도 절대 금기사항에 포함된다. 독일인은 매우 친한 친구일 정도에게만 본인의 수입을 공개하며, 그조차 않는 경우도 많다. 상당히 거래가 진전된 관계에도 독일 파트너가 직접 개인 사생활을 언급하기 전까지는 질문을 자제하는 것을 추천한다. 독일은 공과 사를 철저히 구분하는 국가이다. 비즈니스 상담 시에도 개인적인 질문이나 농담을 자제하는 것이 좋다. 이 외에도 정치적인 핫이슈나 종교 등의 문제도 민감한 주제이므로 가능한 한 피하는 것이 바람직하다.

워낙 사생활을 중요시하기 때문에 독일인들은 업무적인 통화를 업무 외 시간에 하는 것을 매우 싫어한다. 특히 오후 10시 이후에는 될수록 통화를 삼가도록 한다.


## 4. 손짓-몸짓의 의미

한국과 독일의 문화와 관습은 큰 차이가 있으므로, 생각지도 못한 오해의 상황이 발생할 수 있다. 특히 보디랭귀지로 표현되는 사소한 제스처도 상호 간에 부정적으로 받아들여지는 경우가 많다.

예를 들면, 손짓으로 오라는 표시를 한국식으로 하게 되면, 독일에서는 가라는 의미로 받아들여지고, 독일식으로 이쪽으로 오라는 표현은 한국과는 반대로 손바닥을 위로 해서 손짓한다. 이런 동작은 한국인에게 다소 불쾌감을 일으키게 할 수 있으나, 이에 대해 기분 나빠할 필요는 없다.

또한 한국인들은 흔히 혼자 골똘히 생각할 때 검지를 관자놀이 부분에 대는 제스처를 취하는 경우가 있다. 그러나 독일에서는 검지로 머리 윗부분 옆쪽을 톡톡 치며 가리키는 행동은 '멍청하다' 내지 '너 제정신이냐'는 뜻으로 무례한 행동으로 받아들여진다.

또한 반드시 분명한 삿대질이 아니어도 손가락으로 사람을 가리키는 것도 무례한 행동으로 간주되므로, 사람을 가리킬 때에는 반드시 손을 펴서 손바닥을 위로 가게 한다.

제스처는 개개인마다 상당히 다르게 받아들여지나, 대화할 때의 성급한 제스처나 큰 동작은 절제되지 못하고, 지나치게 부끄럼을 타며, 불안하고 과장되게 보일 수 있다. 따라서 말할 때는 차분하고 온화하게 하는 것이 좋으며, 지나친 손동작은 피하는 것이 좋다. 또한 다른 사람과의 대화 중에 수시로 머리카락을 만진다거나 코나 턱수염을 만지작거리는 행동은 상대방에게 불쾌감을 줄 수 있으며, 웃을 때 손을 가리는 행동 역시 부정적인 인상을 줄 수 있다. 특히 한국 여성들이 대화 도중 상대에게 손을 대거나 살짝 치는 행동은 상대에 따라 차이가 있을 수 있으나, 상대를 당황시키거나 불쾌하게 만들 수 있다.

일반적으로 허리 아래에서 이루어지는 모든 손짓은 부정적인 의미로 받아들여지므로, 손을 호주머니나 등 뒤로 가게 하면 예의에 어긋날 수 있다. 악수를 할 때에도 다른 한 손을 호주머니에 넣고 하는 일은 없도록 한다. 팔짱을 끼는 행동은 상황에 따라 다르게 해석될 수도 있으나, 대화 중에는 상대에게 무관심하거나 지루하다는 인상을 줄 수 있으므로 피하는 것이 좋다.

# 스웨덴

러검(Lagom)!

"아, 피곤해."

"왜 그래, 잠 못 잤어?"

'졸리다'라고 써 있는 내 얼굴을 보며 사장이 물었다.

나는 사장에게 우한스와 독일에 대한 인터뷰를 진행한 것을 간단히 얘기해줬다.

"흐음, 그래. 역시 우리랑 많이 다르네."

"네, 그래서 어제 통화가 끝나고 스웨덴 자료를 좀 살펴봤어요. 제가 인터뷰한 내용 중에 스웨덴 바이어와 아주 즐거운 시간을 보냈다고 한 에피소드가 있었거든요."

"그래? 뭔가 이상해서 봤다는 거지?"

"네, 같은 게르만 문화권이기도 하고 독일과 비슷한 사고방식을 가졌다면 뭔가 달랐을 수도 있을 것 같아서요."

"음, 얘기 좀 해줘."

"N물산에 다니셨던 분이 해준 얘기였는데요, 이제는 WTO에 가입하면서 쿼터제도라는 게 없어졌지만, 이전에는 수출하려면 이 쿼터(Quota)라는 게 필수적이었데요. 이분이 유럽수출과에 일하실 때 스웨덴을 맡으셨던 거죠. 우연히 중소업체에서 반납한 쿼터를 조금 확보하긴 했는데 바이어가 하나도 없었던 거예요. 여기저기 수소문해서 스웨덴 바이어 한 명이 한국에 온다는 소식을 접수하고는 만반의 준비 태세를 하신 거죠. 억지로 떼를 써서 일단 회사를 방문하게 만들고, 다른 약속 있다는 걸 우겨서 저녁 식사 접대까지 간 거예요."

"와, 그분 열정이 대단하네, 잘 받아주지 않았을 텐데. 엄청 물고 늘어졌나 봐."

"네, 그 바이어는 귀찮아하면서도 마지못해 따라왔대요. 북구 쪽 사람들은 기본적으로 선량하고, 착한 심성이라 거절을 잘 못했나 보더라구요. 그래서 있는 아양, 없는 재주 피워 가면서 강남 갈비집에서 저녁을 먹이고, 소주 한 잔 안 먹던 바이어를 룸살롱까지 끌고 간 거예요."

"어머, 그런 걸 아주 싫어한다고 했잖아."

"이분도 미주, 유럽계 바이어들이 우리 스타일의 술문화를 좋아하지 않는다는 걸 모르진 않았더라구요. 하지만 거래 업체도 아니고, 어떻게든 잡아보려고 하다 보니 그렇게까지 하신 거죠."

"아이고~"

사장이 혀를 찼다.

"갖가지 폭탄주를 만드셨죠, 뭐. 회오리주, 골프주, 분수주,

충성주까지… 그러자 이 스웨덴 바이어도 한두 잔 하더니, 그 육중한 몸으로 테이블 위에 올라가 스웨덴 노래까지 부르더라는 거죠. "스콜!"을 외치며 직접 폭탄주까지 제조했대요."

"그럼, 일이 잘 된 거야?"

"그렇게 생각하셨겠죠. 다음 날 아침 일찍 바이어가 묵고 있는 호텔에 가보니, 언제 술을 먹었냐는 것처럼 깔끔하게 차리고 스케줄을 기다리고 있더래요. 이거 되레 자기가 당한 건 아닌가 싶었다는 거죠. 하지만 어쨌든 그 후 이 바이어와 물량을 조금씩 트게 됐대요."

"결과는 좋네."

"네. 그런데, 제가 생각하기에는 이분이 약간 착각을 한 게 아닌가 싶어요."

"우한스 씨 말 때문에?"

"그런 사고방식의 차이도 있고요, 스웨덴의 술문화 때문에요. 스웨덴에서는 술을 마실 때 누군가 일어나서 건배 제의를 하며, 덕담 한 마디 한 후 다 같이 노래를 부른대요."

"그래?"

"네. 노래가사집도 있던데요? 몇 페이지 어떤 노래를 부르자! 하며 다 같이 노래를 부르고 Skål(스콜, Cheers)!을 외치며 술

을 마신다는 거죠!"

"하하. 바이킹의 습성이 남아 있는 건가."

"맞아요. 이런 술노래(snapsvisor)는 바이킹 시절부터 불렀다고 해요. 노래를 부르다가 테이블을 쿵쿵 치고, 동작과 율동을 함께 하기도 한다는데, 그 스웨덴 바이어가 그랬던 거죠. 우리나라 술문화에 젖어서 한 행동이 아니라, 스웨덴의 풍습이었던 거예요."

"하하. 어떻게든 거래를 터보려고 노력하는 모습에 마음을 열었던 것일 수 있겠네."

"그렇죠. 어떻게 보면 굉장히 안 좋은 인상을 줬을 수도 있는데, 그분의 열정에 넘어가 준 것 같아요. 스웨덴의 술문화 개념은 '러검(Lagom)'으로 알 수 있어요. 러검이라는 말의 뜻은 '적당히, 뭐든지 욕심 부리지 않고, 지나치지도 모자라지도 않게, 너가 옳다고 여기는 정도로'예요. '술 줄까?' 하면 '러검으로'라고 대꾸하는 식이죠."

"오, 멋진데?!"

"그쵸? 이 러검은 일상생활 어디에서나 쓰여요. 느긋하고 여유로운 삶을 지향하는 스웨덴 사람들의 정신을 잘 드러내는 말 같아요. 술자리에서뿐만 아니라 비즈니스 관계에서도 너무 성급하게 다가가면 안 될 것 같아요."

"맞아, 이들과 비즈니스를 할 때는 차분히 일을 진행하는 것이 가장 빠른 길일 지도 모르겠네."

정말 그랬다. 확실히 문화 차이가 더 큰 유럽과의 비즈니스에서는 더 유의할 점이 많을 것 같았다.

유식혜 과장의 꼼꼼노트

[스웨덴]

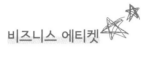

비즈니스 에티켓

일반적으로 통용되는 비즈니스 에티켓이면 충분하다. 신용과 진실을 우대하며, 약속한 것은 꼭 지키도록 노력한다. 하지만, 인간관계에 있어서 동양식 가치관에 따른 노소 간, 남녀 간의 차이는 없다. 노인이라고 해서 젊은층이 특별히 우대하거나 어려워하는 일은 거의 없다. 남존여비 사상은 없으며 오히려 여성들이 더 왕성한 활동력을 보이는 경우도 많다.

스웨덴 대기업이나 기관 방문 시에는 리셉션에서 상담할 상대방 이름을 알려주고 방문자 인적 사항을 설치된 컴퓨터에 스스로 입력해 출입증을 발급받고 나서 상대방을 기다리는 것이 일반적이다. 손님이라도 커피나 음료는 각자가 커피머신이나 주방에서 원하는 음료를 선택하여 회의 테이블로 가져가는 것이 일반적인 관례이다.

1. 비즈니스 언어

스웨덴인의 공식 언어는 스웨덴어로 전체 인구의 90% 이상이 스웨덴어를 모국어로 사용하고 있다. 하지만, 전체 인구의 약 76%가 영어를 구사하며, 비즈니스를 하는 사람들은 거의 모두가 영어를 능숙하게 사용하기 때문에 비즈니스 언어로써 영어를 사용하는 데에는 아무런 문제가 없다.

## 2. 복장
스웨덴 사람들은 복장에 크게 구애받지 않는다. 그러나 공식 석상과 같은 중요한 자리는 정장 차림이 요구되며, 일반적인 상담 때에도 가급적 정장 차림이 좋으나 불가피할 경우는 아주 예의에 어긋나지 않은 차림이면 된다.

## 3. 약속
스웨덴은 인건비가 비싸기 때문에 기업들은 가능한 인력을 절감하려 한다. 따라서 구성원 각각이 매우 바쁘며, 특히 회사 고위층의 경우 더욱 그러하다 따라서 상담 약속을 위해서는 최소한 2주 전에 접촉하는 것이 좋다. 일단 상담 약속이 잡히면 상담 약속을 어기는 경우는 많지 않으나, 2~3일 전에 다시 한 번 확인하는 것이 좋다. 스웨덴 사람들은 대체적으로 약속을 잘 지키는 만큼 상대방의 시간엄수 여부도 중요하게 생각하기 때문에 불가피하게 상담 약속을 지키지 못할 경우는 반드시 사전에 양해를 구해야 한다.

## 4. 인사
인사는 보통 서양식으로 하면 된다. 밝게 웃으며 인사말과 함께 악수를 하는 방식이다. 그 외 친한 이성 사이의 경우, 포옹을 하거나 볼을 부딪치며 반가움을 표시하기도 한다.

## 5. 문화적 금기사항

스웨덴에서는 일반적인 서구 국가와 마찬가지로 특별한 금기사항은 없지만 다음과 같은 사항은 주의해야 할 것이다.

먼저, 여자 상담자에게 남녀차별적인 언동이나 스웨덴이 성에 '개방적인 나라'라는 식의 표현은 하지 말아야 한다. 그리고 스웨덴이 사회복지정책을 시행하면서 전반적인 제도나 분위기가 사회주의 색채를 띠고 있는 것은 사실이나 대부분의 사람들이 공산주의와 가깝다는 표현에 대해서는 상당한 거부감을 가지고 있다.

소갈량 과장의 잡학사전

"소 과장님, 유럽은 음주 관련 속담이 어떻게 돼요?"
"하하. 또 제가 나설 때가 됐군요."


| 독일 |

• 거울은 당신의 흐트러진 머리카락을 가르쳐준다. 술은 당신의 흐트
  러진 마음을 가르쳐준다. 술잔 앞에서는 마음을 여며라!
• 한 잔 걸치고 불을 끄면 여자는 모두 똑같다.
• 맥주는 건강의 근원이다.
• 맥주를 마시는 것은 좋은 식사를 하는 것과 같다.
• 사랑의 화살을 맞으면 맥주로 그 상처를 씻는 것이 좋다.
• 맥주가 만들어지는 것은 사람과 사람들이 마시지 않으면 안 되기 때
  문이다.


| 프랑스 |

• 여인과 돈과 술에는 즐거움과 독이 병존한다.
• 술이 없는 식탁은 애꾸눈 미녀다.
• 늙은 의사보다 늙은 술꾼이 더 많다.
• 술값이 비싸다고 탓하는 사람은 사고 싶어서 그런다.

- 술자리가 길어지면 수명이 짧아진다.

## | 이탈리아 |
- 진한 술은 맑은 물보다 좋다.
- 첫 잔은 갈증을 면하기 위하여, 둘째 잔은 영양을 위하여, 셋째 잔은 유쾌하기 위하여, 넷째 잔은 발광하기 위하여 마신다.
- 바커스(디오니소스, 술의 신)는 넵튠(포세이돈, 바다의 신)보다 훨씬 더 많은 사람들을 빠져 죽게 만들었다.

## | 터키 |
- 부자가 넘어지면 재난이라고 말하고 가난한 자가 넘어지면 술에 취했다고 한다.

## | 스페인 |
- 술통마다 제 향기가 있다.
- 친구하고 노름에서 이기면 그 돈으로 곧 술을 마셔버려라.

## | 노르웨이 |
- 인생은 짧다. 그러나 술잔을 비울 시간은 아직 충분하다.

# 오스트리아

Shall We Dance?

유 과장에게서 연락이 왔다.

"반 팀장, 오늘 한 번 모이시죠."

"하하. 좋죠. 또 무슨 일이 있나요?"

"아뇨. 겸사겸사입니다. 이번에 주 실장님이 오스트리아로 출장을 다녀오셨거든요. 무슨 수확이 있으신지, 말씀도 들어보고 중간 점검도 해보고요."

"아, 정말 기다리던 말이었어요. 당장 시간을 잡죠."

그렇게 해서 오랜만에 다섯이 모이는 자리가 마련됐다.

국제무역발전협회 근처의 한 작은 세꼬시집이었다.

"야아~ 이거 얼마만인가요?"

주 실장이 웃으며 말했다.

"그러게요. 그동안 뭐가 그리 바쁘셨어요?"

"하하, 그러게나 말입니다. 그래도 유 과장과 소 과장에게 그동안의 인터뷰와 조사 얘기는 꾸준히 들어왔습니다."

사장의 말에 주 실장이 미안한 표정을 지으며 잔을 들었다.

'챙!'

가볍게 울리는 잔 부딪치는 소리가 술자리의 정취를 더했다.

"오스트리아에 다녀오신 일은 어떠셨어요?"

"음, 유럽에 진출한 우리 기업들의 사업 루트를 좀 더 확장하려고 시장조사차 갔다 온 거였죠. 정보기술, 사무 자동화, 전자 및 전기 의료기기 등 우리나라에 유리한 사업들에 대한 오스트리아의 수요 정도를 체크해본 시간이었습니다."

"그럼 오스트리아 기업들도 좀 돌아보셨겠군요."

"네, 많이는 아니지만… 우리 기업들에 대한 관심이 높더군요."

"그나저나 주 실장님, 혹시 오스트리아에서 우리 프로젝트를 까먹으셨던 건 아니겠죠?"

사장이 눈빛을 날카롭게 빛내며 물었다.

"하하하. 설마 그럴 리가 있겠습니까? 그렇게 무섭게 쳐다보지 마시죠."

주 실장은 손사래를 치면서 웃었다.

"그럼, 좋은 말씀 좀 해주시죠. 요즘 유럽에서 건질 게 없어서 다들 고생입니다."

유 과장도 거들며 말했다.

"자자, 알았다고. 나도 이번에 오스트리아를 갔다 오면서 조금 생각난 게 있어서 이렇게 부른 거 아니겠나. 유 과장, 소 과장, 자네 둘도 오스트리아는 한 번씩 갔다 왔었지?"

"그렇죠. 저는 한 번 정도? 유 과장님은 유럽권을 좀 다니시는 편이니 더 들르셨을 것도 같네요."

소 과장이 말하자, 유 과장이 긍정의 의미로 고개를 끄덕였다.

"그렇지. 그럼 오스트리아의 술과 비즈니스에 대해서는 어떻게 생각하나? "

"흠, 오스트리아에서 비즈니스맨들과 사업을 위한 술자리를 갖는 건 드문일이죠. 우리나라 같은 술 모임보다는 축제나 명절, 사교모임에 초대를 받거나 드물게 집에 초청을 받는 경우가 대부분인 것 같은데요."

유 과장이 약간 생각한 뒤 말했다.

"그렇다면 조금 장기적인 관점에서 바라보는 게 좋겠네요."

나는 '오스트리아는 별 소득이 없겠군'이라는 생각을 하며 말했다.

"맞아요. 성급하게 술자리를 통해 친분을 두텁게 하려는 것은 오히려 거부감을 줄 수 있습니다. 하지만 아까 유 과장 말에서 뭐 들어오는 것 없었나요?"

"아, 축제? 명절? 사교모임요?"

"하하. 다 맞습니다. 대표적으로 사교모임이죠. 사교모임 중에서도 오늘 내가 말하고 싶은 간 바로 무도회예요."

"어머, 이거 또 영화 생각나는데요? 그 있잖아, 머리 위에 이런저런 장식 덕지덕지 달고 넓은 치마 입고 후훗. 재밌겠다."

사장은 베르사이유의 장미 같은 것을 생각했는지 들떠서 말했다.

"네, 요즘도 비슷해요. 오스트리아의 사교문화 중 빼놓을 수 없는 게 바로 무도회죠. 많은 유럽 문화와 역사를 논할 때 무도회를 빼놓지 않고 말하긴 하지만 과거의 무도회 문화가 현대인의 일상에 아직까지 뿌리 깊게 남아 있는 곳이 바로 오스트리아입니다."

"호오. 그런가요?"

"네. 지금도 오스트리아 전역에서 매년 천 회 이상의 무도회가 열리고 있죠."

"음, 유명인들만을 위한 화려한 잔치는 아니겠군요."

사장은 흥미로운지 관심을 많이 보였다.

"맞아요. 일반 대중들에게도 무도회는 생활의 일부예요. 우리에게도 잘 알려져 있는 무도회로 '비엔나 오페라 무도회(비너 오페른발 : Wiener Opernball)'가 있죠. 매년 세계 각국의 유명인사들이 초청되는데, 2013년에는 UN 반기문 총장이 참석하기도 했습니다."

"오호, 인맥을 쌓을 수 있는 장이기도 하겠네요."

"맞아요. 오스트리아인들은 '오스트리아의 모든 비즈니스 관계는 무도회에서 이루어진다'라고 말하곤 하죠."

"그럼 사교댄스는 기본으로 해야 겠군요."

"왈츠라니, 저한테는 오히려 쌈바가 맞을 것 같습니다.

유 과장은 곤혹스러운 표정으로, 소 과장은 장난을 치며 말했다. 둘 다 무도회에서 추는 사교댄스와는 거리가 멀어 보였다.

"하하. 맞아. 기본 중의 기본이지. 오스트리아에서는 학생 때부터 교과 시간에 댄스를 배워. 정규교육을 받은 오스트리아 인이라면 누구나 기본적인 사교댄스 정도는 소화가 가능하지. 그렇다면 여기서 문제는 바로 글로벌 비즈니스맨들이야. 그리고 특히 오스트리아와 비즈니스 관계를 맺고 싶어 하는."

"그분들도 이런 문화에 적응을 해야겠군요."

"그렇지. 그래서 따로 댄스교습소에 다니거나 개인 교습을 받는 사람도 많아."

Shall we dance

"정말 그런가요?"

내가 물었다.

"그럼요. 진지하게 오스트리아를 공략하려 한다면 노력해야 할 부분이죠. 이번에 출장갔을 때도 우리 사업가 몇 분을 만났습니다. 어느 IT 관련 기업에서 파견 나온 분이 있었는데, 나이가 50은 되셨을 겁니다. 그러니 당연히 사교문화가 불편할 수밖에 없죠. 무도회에 초대를 받으면 이런저런 핑계로 참석을 꺼리기도 하고, 참석하더라도 그야말로 꿔다 놓은 보릿자루가 따로 없다며 푸념을 많이 늘어 놓으시더라구요."

우리네 아버지들의 모습을 생각하면 자연스레 그분이 어떤 마음일지 이해가 갔다. 모르면 몰라도 '이 지옥 같은 시간이 언제 끝날건가' 하며 애꿎은 와인만 홀짝거렸을 것이다. 여기에 '누가 나에게 춤을 권하지 않을까?' 싶어 시선은 바닥에 꽂고 있었겠지.

"아, 정말 눈에 선해요."

"그렇죠. 그런데 이렇게 곤혹스러워만 하는 단계를 넘어 춤을 배우러 다니시는 분도 있었습니다."

"아, 진짜 그런 분이 있었군요."

"응?! 반 팀장은 내 말을 안 믿은 건가요?"

"하하. 아뇨. 확실히 우리나라 정서상 무도회 춤 배우러 교습소를 다닌다는 게 잘 실감이 안 나서요. 실제로 있었다고 하니 놀라게 되네요."

내가 웃으며 말했다.

"맞아요. 하지만 이분에겐 현실이니까요. 그래서 배워야겠다는 필요성을 절감하신 겁니다."

"음, 그랬군요."

"무도회는 보통 새벽까지, 심지어는 다음 날 아침까지 계속 이어지기도 하거든요."

"으~"

유 과장이 짧은 신음소리를 냈다.

"결정적인 계기는 가까운 사람들과의 모임이었다고 하더군요. 오스트리아 지인의 생일파티에 초대받아서 갔던 거죠. 기껏해야 10명이 모인 파티였고. 여느 파티와 다르지 않게 스탠딩으로 준비한 음식과 와인, 맥주들. 손에는 각자의 와인잔을 들고 서로 인사를 나눴을 겁니다. 그리고 저녁 식사 후 몇 시간을 웃고 떠들었을 거고 말이에요."

"유럽 사람들의 저녁은 많이 길죠."

소 과장이 동의하듯이 말했다.

"그러다 보니 거의 자정이 다 되었고, 이때부터 파티 시작! 응접실에서 춤판이 벌어졌습니다. 너 나 할 것 없이 춤을 권하고, 또 권하는 춤을 아무도 거절하지 않는 분위기. 어느 정도 가까운 사이이기도 했으니 말이에요. 정말 즐겁고 흥겨운 분위기였을 겁니다. 이 사장님만 빼고."

"어머, 마음 아파라."

사장이 말했다.

"맞아요, 그래서 같이 있던 사람들에게 실례 같기도 하고, 더 이상은 안 되겠다 싶어서 교습소로 향한 겁니다."

"그런 사연이 있었군요."

"네. 굳이 우리 한국문화로 비교한다면 노래방에서 부를 수 있는 최신곡과 필살기를 두서너 곡 연마하는 것과 비슷한 거겠죠. 생각해보시죠, 우리가 친한 외국인을 초청해 노래방에 갔는데 그저 앉아 있기만 한다면, 초대한 우리가 괜히 미안해지지 않을까요? 대부분은 미안해서 다시는 그 친구를 초대하지 않을 겁니다."

"오스트리아에서 비즈니스를 하려면 이런 것들까지 생각해야 하는 군요."

"뭐, 다다익선인 거죠. 서로 사업 얘기만 하는 파트너보다는 그들과 함께 호흡하고 그들의 문화와 생각을 공유하는 사업 파트너가 더 끌리지 않겠어요?"

"그렇네요. 그럼 오스트리아 사람들의 술문화는 어떤가요?"

"우리나라처럼 헤비하게 먹지는 않지만 '즐긴다'라는 표현에서만큼은 뒤지지 않습니다. 날이 새도록 무도회를 하는 것만 봐도 알 수 있죠. 다들 처음에는 비즈니스 관계에서 오스트리아 사람들이 와인 한 잔 정도만 하고 술을 많이 권하거나 취하면 실례일 것이라 생각하는데, 그것은 선입견입니다. 여느 유럽 지역과 마찬가지로 오스트리아에서도 개개인의 다양성에 대하여 매우 관대하죠. 다시 말하면 오스트리아 사람들에게는 새벽까지 음주와 가무를 즐기는 것이 전혀 이상한 일이 아닌 거예요. 다만 우리나라에서처럼 모든 사람이(적어도 많은 사람들이) 2차, 3차까지 술을 마시거나 술을 강권하는 문화가 아닐 뿐인 거죠. 음주는 개인의 기호와 취향일 뿐이잖아요. 그러니 술자리가 적다고 그 사람들이 '음주문화를 즐기지 않는다'라고 하면 전혀 맞지 않아요."

"음, 그렇군요."

나는 수긍하며 대답했다.

"그럼 오스트리아에도 주도라든가 주의할 점이 있나요?"

"오스트리아에서 가장 중요한 주도는 건배 시 상대방의 눈을 쳐다보는 겁니다. 건배를 하는 사람이 주변에 있는 사람 하나하나 눈을 맞추며 '프로스트(Prost, 건강을 위해)'라고 하죠. 그렇다고 정겨운 술자리만을 생각해선 안 됩니다. 비즈니스 술자리라면 마음의 준비를 단단히 하는 것이 좋아요. 오스트리아 사람들은 매사에 분석적이고 거침없이 솔직하게 표현하는 편이거든요. 게다가 어떤 변화나 새로운 것에 대한 도입도 매우 소극적이고 방어적이죠."

"그렇다면 현지에서 사업을 하거나, 비즈니스를 할 때 어려움이 좀 있겠군요."

유 과장이 물었다.

"그렇지. 그러니 이들의 사교문화를 알고 있는 편이 유리한 거야."

"흠, 팁 좀 더 주세요."

사장이 말했다.

"하하. 내가 별로 말해줄 게 없어서 고민이었는데, 다행히 이번에 갔을 때 하나 건져왔습니다."

"어머, 잘됐네요. 어서 말씀해 주세요."

사장이 주 실장을 재촉했다.

"오스트리아 빈 기차역에서 재미있는 분을 만났죠. 멋진 노신사분이었습니다. 오스트리아 대학 교수인데, 부다페스트에서 열리는 학회를 다녀오는 길이라고 하더군요. 우연히 기차역의 작은 까페에서 이런저런 얘기를 하게 됐죠. 그중 술과 관련한 얘기를 했는데, 그분의 말이 인상 깊더군요."

'아~ 오늘 주 실장님이 해주는 얘기는 왜 이리 다 멋스럽게 들리는 걸까? 유럽에 대한 환상을 더해주는 것 같아.'

나는 속으로 생각했다.

"그 노교수가 말하더군요. '유럽뿐만 아니라 모든 국가 혹은 민족들 중 술 종류가 한 가지 이상 존재한다면, 그 술이 상징하는 각각의 사회적 의미가 있어요. 흔히 술 종류가 개개인의 기호에 따라 마셔서 존재한다고 생각하지만, 술은 마시는 사람이 속한 문화, 가치, 사회구조, 관습 등이 반영되면서 존재하는 것입니다. 예를 들면 우리가 잘 아는 샴페인은 축하하는 자리에서 즐기는 술이죠. 만약 누군가 나에게 샴페인 한 잔을 권한다면, 나는 분명히 무슨 좋은 일이 있는지 묻게 될 겁니다. 당신은 한국과 오스트리아의 술자리 문화가 다르다고 얘기했습니다. 당연한 얘기입니다. 하지만 내가 당신에게 얘기해주고 싶은 건, 술자리를 하느냐 마느냐 자체보다는 어떤 술자리를 하느냐에 대한 고민을 해보라는 점입니다' 라고 말이죠."

모두는 잠시 생각에 잠겼고, 주 실장은 이어서 말했다.

"그가 여기에 대해서 더 말을 하더군요. "아일랜드 사람에게는 기네스, 스코틀랜드 사람에게는 위스키, 멕시코인들에게는 데킬라가 있죠. 이 술들은 각 민족의 대표적인 술로 상대방에 대한 존중이나 긍정적인 메시지를 상징합니다. 상대방이 당신에게 어떤 술을 권하느냐에 따라 그 사람이 당신에 대해 어떤 생각을 하는지 나타납니다. 반대로 당신이 권하는 술은 당신이 그 사람을 어떻게 생각하는지가 담겨지겠죠"라고 말이에요. 저 나름대로는 술자리에 진정성을 담으라는 말로 해석했습니다. 술과 비즈니스를 연관 지을 때도 계산적인 생각만 한다면 낭패를 볼 수밖에 없을 겁니다."

주 실장이 웃으며 말했다.

한국식 술자리는 소주, 맥주, 양주 등 이 3~4가지의 술과 안

주거리에 따라 술자리를 마련하는 경우가 많다. 물론 중요한 비즈니스 술자리에서는 상대방의 기호에 따라 결정되기도 하지만 그 상대방도 크게 신경 쓰지 않고 술자리 자체에 의미를 두는 경우가 많다. 하지만 오스트리아나 유럽에서는 조금 더 디테일한 면을 고려했던 것이다.

"오스트리아 바이어의 집에 초대받았을 때 식후 권한 슈납스(Schnapps, 독일·오스트리아 전통주)가 어떤 의미였는지 되돌아보게 되더군요."

주 실장이 말했다.

그리고 내게는 이들과 함께 마신 소주 한잔이 무엇을 의미하는지 생각해 보게 된 날이 됐다.

"슈납스의 의미"

[오스트리아]

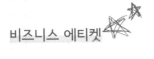

## 비즈니스 에티켓

처음 만나는 경우 자신을 먼저 소개할 필요가 있다. 악수하는 것은 인사 예절로 정착되어 있으므로 만날 때와 헤어질 때 반드시 악수를 청하는 것이 예의다. 여성 존중 예절이 정착되어 있으므로 어떤 장소에 들어가거나 나올 때는 언제나 여성에게 우선권이 있다. 악수를 할 때에도 여성과 먼저 하는 것이 일반적이다.

흔히 영화에서 동양인들이 고개를 숙여 인사하는 장면을 많이 보아왔기 때문에 동양인과 만났을 때 은근히 그런 인사를 기대하고 있다. 동양식으로 악수하면서 자연스럽게 고개를 숙이는 인사법은 오스트리아인들에게 호감을 줄 수 있다.

오스트리아에서는 아페리티프(Aperitif, 식사 전 식욕을 돋구기 위해 마시는 술)를 마시는 경우가 많으므로 식사 대접을 하는 경우에 아페리티프를 권해 보는 것이 좋다. 후식을 먹는 것도 일상화되어 있으므로 식사 후 커피를 시키기 전에 후식을 권해보는 것도 예의에 속한다.

## 1. 접촉 시 유의사항

거래 관계에 있어서는 오스트리아 측의 문의에 대해 가부 간의 정확한 답변을 신속히 하는 것이 서로 간에 신뢰를 구축하는 길이다. 거래타진의 경우 한국 측에서 거부 의사가 있는 경우 정확한 답변을 기피해 빈축을 사는 경우가 많다.

대만이나 홍콩 등의 경쟁국에서는 신속하게 정확한 가부 의사를 전달해 큰 호응을 얻고 있음을 주지해야 한다. 관공서 직원들은 외국인 육체 근로자들에 대해 고자세를 취하는 경우가 대부분이다. 그러니 관공서를 방문할 때는 반드시 넥타이와 정장을 갖추어, 외국인노동자로 오인당하는 일이 없도록 하는 것이 좋다.

## 2. 상담 요령

상술한 대화요령을 바탕으로 일단은 Small Talk를 진행한 뒤 시작한다. 가격 문제는 어느 정도 타협이 가능하니 언제나 약간의 여분을 두고 협상을 시작하되 터무니없이 많이 깎아주면 의심을 하게 되므로 가능하면 현지 경쟁 가격을 고려해 협상에 들어가야 한다. 먼저 거래가격에 대해 조사를 한 후 기존의 거래가격 선에서 상담을 시작해 기존의 거래가격보다 약간 저렴하게 최종 오퍼를 하게 되면 가격 면에서는 만족하게 된다.

대부분이 동양인에 대해서 "사귀기 힘들지만 일단 사귀고 나면 의리가 강한 사람들"이라는 막연한 선입관을 가지고 있다. 이러한 심리를 이용하기 위해 일부러 인사도 동양식으로 차렷 자세로 머리를 굽혀하는 등 동양적 냄새를 풍기는 것도 신뢰감을 일으키는 한 방법이다. 또한 오스트리아인들은 게르만 민족 중에 북부 독일인과 비교해 인정이 많은 편이므로 이런 점을 고려하여 상담 작전을 짜는 것이 좋다.

## 1) Small Talk

직접적으로 본론에 들어가기보다는 약간의 스몰 토크로 대화의 분위기를 조성하는 것이 좋다. 부담 없는 화제로는 가족 사항이나 취미, 스포츠 등이 알맞다. 오스트리아인들은 가족사진을 지갑에 넣고 다니는 습관이 있으므로 현지인과 대화 시 가족사진을 보여주는 것도 신뢰감을 일으키는 방법 중의 하나다.

## 2) 오스트리아인들이 좋아하는 이야기 주제

대부분의 오스트리아인들은 1차 세계대전 이후 오스트리아가 소국으로 전락한 데 대해 매우 가슴 아프게 생각하고 있으며 특히 독일이 경제대국으로 성장한 것에 대해 콤플렉스를 가지고 있다. 이러한 콤플렉스를 해소시켜 주면서 그들로부터 환심을 살 수 있는 방법은 오스트리아를 "문화적 대국"이라고 인정해주는 것이다.

예를 들어 음악, 학문 등에서 오스트리아가 낳은 업적(항목 역사 부문 참조)을 이야기하며, 오스트리아를 "문화 대국"이라고 칭한다면 오스트리아 사람들은 매우 기뻐할 것이다 . 또한 축구 , 테니스 등 운동 경기도 좋아하며, 많은 사람들이 오스트리아 황정에 대한 향수를 가지고 있으므로 한-오스트리아 외교 관계가 1892년 조선조 고종 황제와 오스트리아의 프란츠 요셉 황제 사이에 성립되었다는 이야기도 친근감을 자아낼 수 있는 방법 중의 하나다.

음양 이론이나 불교의 선 등 동양 철학 및 동양 종교에 호기심이 많으므로 이러한 주제로도 친근감을 유발시킬 수 있다. 근자에 들어 침술,

지압, 한의학 등이 많이 소개되면서 화학적 약재가 아닌 자연산 약재를 이용한 치료법에 관심이 높아지고 있으니 그러한 주제로 이야기를 이끌어 나가는 것도 매우 좋다.


## 현지인들이 좋아하는 한국산 선물

특별한 관계가 아니라면 간단한 선물로 족하다. 그러나 동양인들의 선물 예절은 오스트리아와 큰 차이가 있다고 믿고 있는 사람이 많으므로 사업상 필요하다고 판단되는 경우 큰 선물을 해도 상관없다.


### 1. 간단한 선물
한국을 상징하는 장식이 달린 열쇠고리가 가장 무난하며, 공산품으로서는 한국산 실크 넥타이나 여성용 실크 머플러를 좋아한다.


### 2. 큰 선물
전반적으로 수공예 제품은 모두 좋으며, 특히 한국 특유의 도자기 제품은 매우 큰 선물로 친다.


### 3. 주의
인삼주를 제외한 인삼 관련 제품은 피하는 것이 좋다. 오스트리아인에게 인삼은 그냥 보약이 아니라 단순한 정력제로만 인식되어 있어, 첫 선물인 경우 오해를 살 소지가 있기 때문이다.
또한 인삼의 주성분의 하나인 사포닌 맛이 매우 생소하기 때문에 인삼차 등의 선물은 피하는 것이 좋다. 인삼 제품 중에서는 인삼주가 가장 무난하다.

## 문화적 금기사항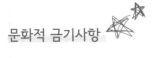

### 1. 식탁에서의 금기

수프나 국물, 국수를 후루룩 소리 내어 먹는 것은 절대 금기다. 오스트리아 예절에는 식탁에서 트림을 하는 것도 절대적인 금기사항이므로, 식후에 트림이 나오는 경우 손으로 입을 막고 될 수 있는 한 소리가 나지 않도록 하며, 곧 미안하다고 말하는 것이 좋다. 또한 오스트리아 인들은 입에서 마늘 냄새가 나는 것을 매우 싫어하므로 상담 전에 식사를 한 경우에는 양치질을 하고 상담에 응하는 것이 좋다.

### 2. 흡연 시 예절

미국에 비하면 흡연에 대해 관대한 편이지만 흡연을 원할 경우 상대방에게 양해를 구하는 것이 좋다. 상대편이 식사가 끝나지 않은 경우에는 담배를 피우지 않는 것이 예의이므로 반드시 상대방이 식사가 끝날 때까지 기다려야 한다.

### 3. 음주 관련 예절

일반 식당이나 술집에서는 포도주, 위스키, 맥주 등을 잔으로 팔고 있으나, 식사 대접을 할 경우 포도주는 병으로 시키는 것이 예의다. 식사 때나 술자리에서 각자 주량에 따라 자신의 술만을 주문하거나 스스로 따라 마시는 것이 일반적이므로, 상대방의 잔이 빈 경우 가볍게 한 번 정도 권하는 정도로 족하다. 절대로 술을 강권해서는 안 된다.

자신의 잔이 빈 경우에는 상대방에 구애 받지 않고 술을 주문하거나 따라 마셔도 상관없다. 대부분 포도주나 맥주를 즐겨 마시며 위스키나 코냑 또는 브랜디 등 독주는 식후 소화를 위해 한 잔 정도 마시는 경우가 일반적이다. 식사에 곁들이는 반주는 포도주나 맥주 정도로만 하는 것이 좋다.

## 4. 외국인으로서 반드시 피해야 할 담화 주제

19세기 말 프로이센과 전쟁에 패배해 독일 지배권을 상실한 사건을 뼈아프게 생각하고 있으며 독일이 경제대국으로 성장한 반면 오스트리아는 1차 세계대전 후 소국으로 전락한 데 대해 약간 콤플렉스를 가지고 있으므로 독일에 대한 지나친 칭찬은 금하는 것이 좋다. 같은 소국이면서 독일어 문화권인 스위스에 대해서는 경쟁 심리를 가지고 있으므로 스위스에 대한 지나친 칭찬도 하지 않는 것이 좋다.

국민의 대부분이 가톨릭 신자이며 영미권의 개신교에 대해서는 유사 종교라는 편견을 갖고 있는 사람도 많으므로 한국에 많이 퍼져 있는 개신교 관련 주제는 피하는 것이 좋다. 종교를 물어올 경우 가톨릭이 아닌 여타 기독교 신자라면 간단히 개신교 신자라고만 밝히고 주제를 바꾸는 것이 좋다.

무교라고 하면 공산주의적 무신론자를 연상하는 경우가 다반사이므로 종교를 물으면 가급적 일정한 종교를 말해주는 것이 좋다. 잠재적인 종교적 갈등이 존재하는 유태교 및 유태인들에 대한 논의도 피하는 것이 좋다.

한편 불교, 유교, 도교 등 동양 종교나 사상이라면 그대로 밝히면서 다소 설명을 곁들여도 좋다. 동양 종교나 사상이라면 다른 문화권의 것으로 인정해 주면서 호기심을 갖는 반면 그리스도교는 문화적 우월감과 선입감을 가지고 대하기 때문이다.

# 와인 이야기

술독에 빠지다

유럽 지역 비즈니스에서 술은 아시아 지역에서의 접대 문화와는 분명히 차이가 있어.

하지만 비즈니스는 사람이 하는 것인데 음주와 전혀 무관하다는 할 수 없을 거야.

와인 산지라 하면 프랑스, 이탈리아, 스페인 등을 생각하지만 사실 유럽 어느 나라를 가더라도 그 나라의 대표적인 와인이 있고, 맥주도 마찬가지야.

어느 유럽인이라도 자기 나라의 와인과 맥주가 유럽을 대표한다는 자부심을 가지고 있다고 했어.

그렇다고 유럽에서 비즈니스 관계로 현지인과 술을 마실 일이 생길 때마다 그 나라의 유명 와인 산지와 와인, 맥주 브로이, 맥주 이름을 줄줄 외워둬야 할까? 물론 대화의 소재로는 이만한 것이 없을 거야.

　하지만 박식한 지식까지는 아니더라도

　　"○○와인이 유명하다고 들었어.", "오늘 저녁 와인은 ○○산으로 추천해주실 수 있습니까?" 정도의 멘트만으로도 상대방의 관심과 대화를 이끌어 내기 충분할 거야.

　　　아마도 이후로는 상대방의 일장 연설에 관심을 보이면서 고개만 끄덕이고 있어도 한두 시간은 쉽게 보낼 수 있겠지…

"반 팀장?"

유럽에 대한 이런저런 생각을 하던 중에 등 뒤에서 들리는 소리에 깜짝 놀라 나는 하마터면 소리를 지를 뻔했다. 유 과장이었다. 그 옆에 소 과장도 함께였다.

"무슨 생각을 그렇게 합니까?"

"아유, 깜짝이야. 저야, 자나 깨나 책 생각이죠. 요즘은 술 생각뿐이지만. 자, 어서 가시죠. 사장님이 기다리고 계실 거예요."

"그런데 도대체 어디 가는 겁니까?"

"사실 저도 잘 몰라요. 오전에 저희 사장님이 술 좀 조사하러 가자고 하셨거든요. 다짜고짜 주소만 알려주시고 끊으셨어요. 두 분도 연락 받으신 거죠? "

"네, 이거 또 도 사장님이 재미있는 자리를 마련하셨나 본데요. 일단 가보죠! "

소 과장이 흥미진진하다는 듯한 표정으로 말했다.

잠시 후, 우리가 도착한 곳은 서울 시외의 한 주택가에 위치한 집이었다. 꽤 큰 부지에 지어진 집이었다.

벨을 누르니 인터폰을 통해 사장의 목소리가 들렸다.

"아, 다들 왔어요? 어서 들어와 어서."

대문을 열고 들어서니 중소 규모의 정원과 어울리는 집이 보였다. 기둥 모양의 목재 집이었는데, 무엇을 본뜬 것도 같았다.

"이거, 오크통 아닌가요?"

소 과장이 말했다.

'응?'

다시 보니 정말 그랬다. 와이너리에서나 볼 것 같은 오크통 모양이었다. 밝은 갈색의 목재라서 바로 알아보진 못했는데, 확실했다.

"저희가 제대로 찾아왔나 보네요. 하하."

안으로 들어서니, 다시 한 번 놀라지 않을 수 없었다. 뻥 뚫린 공간에 무슨 옛날 연금술사의 방처럼 여러 가지 처음 보는 기구들이 놓여 있고, 벽면마다 다양한 장식품들이 진열되어 있었다.

"어, 왔어?"

한 쪽 구석에서 들린 도 사장의 목소리에 얼른 고개를 들려쳐다보니, 이건 무슨… 바닥에 돗자리를 펴 놓고 누군가와 술을 마시고 있는 것이 아닌가.

"사장님."

"아, 저 친구들인가?"

사장 맞은편에 앉은 사람이 말했다. 분명 술 때문에 풀렸을 눈동자와 벌건 코의 한 일흔쯤 되어 보이는 노인이었다.

"교수님, 이 친구들이에요. 오늘 교수님께 술에 대해 좀 여쭤보려고 불렀어요. 이리들 와. 이쪽은 한국에서 술에 관해서라면 따라올 자가 없는 분이셔. 술도가 선생님."

"반갑네, 술도가일세. 그리고 오해 말아. 이번에 내가 만든 와인 맛이 어떤가 시음해 본 걸세. 꼭 '대낮부터 술판 벌인 늙은이'를 쳐다보는 얼굴이구만. 얼굴 벌건 건 벌써 몇십 년 된 거야. 허허."

술도가가 말했다. 이어서 우리가 각자의 소개를 마치자 소 과장이 먼저 넉살 좋게 말했다.

"정말 대단한 곳이네요. 이 집의 모양도 오크통인 것을 보고 깜짝 놀랐습니다. 여기 내부도 마치 술 박물관 같네요."

"허허, 자네가 뭘 좀 볼 줄 아는구먼."

술도가는 일어서서 주위의 이런저런 기구들을 자랑하기 시작했다.

"이건 내가 프랑스에서 직접 가져온 브랜디 증류기야. 이게 몇 년이 된 건 줄 아나? 그리고 이건…"

끝없이 이어지는 자랑이었지만, 실제로 정말 진귀한 물건들이 많았다.

"선생님 본 지가 하도 오래돼서요. 그리고 술 관련 책도 작업 중이고. 책 찾아보는 것도 좋지만, 이렇게 직접 보고 듣고, 또 마시면서 배우는 것도 좋잖아요. 후훗. 요즘 이 친구들이 유럽 쪽을 조사하고 있는데, 와인 이야기 좀 해주세요."

사장이 자연스럽게 주제를 유도했다.

"그럴까, 요새야 뭐 다들 반 술박사들이 많아서 말이야. 오늘은 그냥 노인네 술주정이나 들으러 왔다고 생각하게나."

술도가가 웃으며 말했다. 그가 한쪽 벽에 걸린 그림을 가리키며 말했다.

"이 그림 보이나, 포도주를 담는 모습이야."

이집트 그림이었다. 포도를 따는 모습, 술을 만드는 모습, 보관하는 모습 등이 담겨 있었다.

"고고학자들은 B.C. 6000년경 인류가 최초로 포도주의 원료인 포도를 재배했다고 추정하지. B.C. 1300년경 이집트 람세스 왕 무덤에 포도주 제조 그림이 등장해.

그리스 신화에는 디오니소스가 포도 재배와 포도주 제조법을 전파했다고 하고, 로마 신화에서는 바커스가 술의 기원이라는 얘기가 전해지지. 하지만 불리는 이름만 다르지 동일 인물이야. 유럽으로 포도주가 퍼진 것은 이집트에 의해서였어. 하지만 최초로 포도주를 담그기 시작한 곳은 중앙아시아의 그루지아야. 맥주 같은 곡물 발효주 역시 중앙아시아에서부터 퍼졌지. 이곳에서 이집트로 그리고 유럽으로 전파된 거야. 자네는 와인이 얼마나 된 줄 아나?"

술도가가 내게 물었다.

"글쎄요? 한 천 년?"

"반 팀장도 참, 과일이 언제부터 있었는데 천 년입니까. 와인은 1만 년, 맥주는 5천 년으로 알고 있습니다."

유 과장이 나를 보며 한심하다는 듯이 말했다.

'그래, 나 못났다.'

"맞아, 와인이 훨씬 오래되었지. 최초의 술은 아마 과실주였을 걸세. 자연스럽게 과일을 보관하다 보니 특정 조건이 맞아 발효가 되어 술이 된 것을 발견했겠지. 발효는 효모가 당을 섭취해 알코올과 탄산가스 및 물로 분해되는 것을 말해."

"호오, 그렇군요."

오크통

"여기 이게 진짜 오크통이네. 시중에 나오는 값싼 와인들은 이런 오크통이 아니라 스테인리스에서 발효하고 숙성을 하는 거지. 제대로 만드는 와인이라면 오크통에서 2년 정도의 숙성 기간을 거쳐. 한 오크통에서만 숙성하는 것이 아니라 네다섯 번 통을 옮기지. 와인은 아무리 좋은 와인이라도 침전물이 생기기 때문에, 숙성을 하다가 침전물이 가라앉은 맑은 물만 다른 오크통으로 옮기는 거야. 그렇게 치면 와인 생산에 최소 3년의 시간이 걸린다고 보면 되네. 유럽권에서는 이렇게 포도 농사를 짓는 사람들의 사회적 지위도 꽤 높은 편이야. 나라를 먹여 살리는 대표적인 직업인 거지."

"저한테는 와인이 너무 어려운 것 같아요. 이 와인 저 와인 모두 맛이 비슷하게 느껴져요."

내가 조금은 볼멘 목소리로 말했다.

"술을 술로만 봐서 그래. 1만 년의 역사만큼 와인의 맛도 천차만별이지. 있는 척하느라 와인을 마실 필요는 없어, 하지만 그 맛을 차분히 음미하다 보면 점점 차이를 알게 될 거야."

술도가가 내 푸념에 웃으며 말했다.

"포도의 품종은 양조용과 식용으로 나뉘는데, 양조용만 해도 2천 가지가 넘지."

그가 한켠에 있는 와인 냉장고에서 와인 한 병을 꺼냈다.

"아주 대중적인 와인이네, 까베르네 쇼비뇽. 시판되는 와인의 70%가 이 품종으로 생산한 거지."

"왜 그렇죠?"

"식감이 보편적이고 내성이 강해 병충해의 피해를 덜 입기 때문으로 알고 있습니다."

유 과장이 말했다.

"맞아, 자네는 좀 똑똑하구만. 그럼 여기 이 라벨에 적힌 년도는 뭔지 알고 있나?"

"와인을 제작한 해가 아니라 포도를 수확한 해죠."

"그렇지. 매년 기후, 특히 강수량에 따라 포도의 질이 달라지

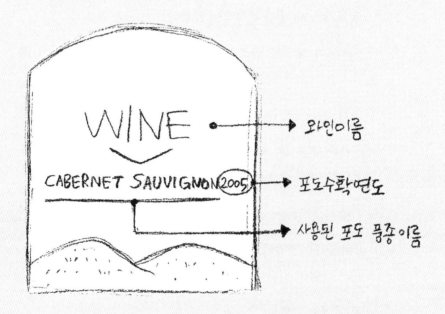

기 때문에 확실하게 수확한 해를 표기하는 걸세. 무조건 오래되었다고 좋은 건 아니야. 기후가 안 좋은 해에 만든 와인이라면 오래되었다고 해도 그리 맛은 좋지 않겠지. 와인의 종류는 잘 알다시피 화이트, 레드, 그리고 레드와 화이트를 혼합한 로제와인이 있어. 화이트와인은 청포도를 압착해 나온 포도즙을 발효해 맛이 산뜻한 반면, 레드와인은 포도알을 과육, 씨, 껍질 등을 모두 으깨어 만들기 때문에 묵직한 맛이 나는 거지. 자, 이쯤에서 한 잔씩 맛봐볼까. 날도 더우니까 아주 단 것을 먹어보자고."

그가 얇고 긴 와인병을 꺼냈다.

"아이스 와인일세. 독일에서 주로 생산했던 와인으로, 포도가 얼 때까지 기다렸다가 수확해 와인을 생산한 거지. 상대적으로 북쪽에 있는 독일은 여러모로 포도의 질이 떨어질 수밖에 없어. 그래서 이 아이스 와인을 개발한 거지. 일반 포도보다 건포도가 당도가 더 높듯이 포도가 살짝 얼었을 때 당도가 좀 더 높거든."

"오, 정말 단데요. 하지만 입에 착 감기는 단맛이네요."

소 과장이 말했다.

"그렇지? 그게 바로 자연이 내는 단맛이지. 질리지 않잖아. 조미료 단맛은 금세 질리거든."

중간까지 따르는이유?

"근데 선생님, 와인은 왜 잔의 중간까지만 따르나요?"

"아, 허허. 술은 가득차야 제 맛인데 말이지?"

술도가가 내 말에 웃으며 답을 말해줬다.

"와인은 꼭 와인잔에 먹어야 제 맛이 나. 음식 맛을 정하는데 후각이 큰 영향을 미친다는 것을 알고 있겠지? 와인의 숙성 기간 동안은 공기 접촉을 차단해야 하지만, 마실 때에는 어느 정도 산화시켜 마셔야 그 맛과 향이 더 살아나지. 와인 잔을 보면 중간이 가장 넓고 위로 조금 오목하지? 향을 잘 보존하도록 그렇게 만든 거야. 중간까지 따르는 건 그 부분이 공기 접촉면이 가장 넓기 때문이야. 자, 이것도 먹어 볼까. 여왕이라 불리는 멜로, 피노누아도 있네. 또…"

술도가는 점점 흥이 나는지, 이런저런 와인 종류를 꺼내기 시작했다.

그날, 우리는 술도가의 안내로 집안 곳곳에 있는 와인 골동품과 지식, 그리고 정말 다양한 종류의 와인을 맛볼 수 있었다.

결국 해가 질 무렵에는 모두 알딸딸한 기분이 되어 작별 인사를 했다.

"선생님 너무 감사합니다. 오늘 정말 유익한 시간이었습니다."

"그래 그래, 언제든지 찾아오게. 술에 관해 궁금한 게 있으면 연락하고, 다음은 동양주를 한 번 탐구해 보세나."

"좋아요!"

우리들은 모두 기분 좋은 작별을 했다.

# 酒器晚成

## 주기만성_중남미·미주

술과 함께라면 언젠가는 큰 뜻을 이루리

# 페루

여름은 질투를 타고

완연한 여름이었다.

날은 더운데, 빌딩 주(主)는 얼마나 짠지 6시가 지나면 귀신같이 에어컨을 차단했다.

전원은 켜 있지만 후덥지근한 바람이 나와 사무실 공기를 더 덥게 만들었다. 빨갛게 물들어가는 하늘과 더위 때문에 발갛게 물든 내 볼이 환상적인 컬래버(Collaboration)를 이루고 있었다.

"우씨, 에어컨을 사서 달든가 해야지."

나는 구시렁거리면서 사장 자리를 쏘아봤다. 4월에 진작 사라져버린 내 여름휴가들이 눈앞에 아른거렸다.

'지금쯤 바다에서 물장구를 치고 있어야 하는데, 흑.'

그때 전화벨이 울렸다.

"반 팀장 뭐해?"

사장의 들뜬 목소리가 수화기 너머로 들려왔다.

나는 급우울해지는 기분을 어쩌지 못하고 답했다.

"일하죠."

나의 무미건조한 목소리에도 사장은 아랑곳없이 들뜬 목소리로 말했다.

"여기 너무 신나! 나, 지금 페루야!"

그렇다. 사장은 지금 남미 여행 중이었다.

"네네, 신나시겠죠~"

얼마 전 텔레비전에 나온 페루를 보고 얼마나 가고 싶어 했던가.

"그러지 말고, 내가 열심히 일하고 있을 반 팀장을 위해 중남미 특파원 역할을 했다는 거 아냐!!"

말인즉슨, 이랬다. 페루에서 사업을 하고 있는 한국 사업가를 만나서 술 관련 인터뷰를 했다는 것이다.

"정말로요?"

"응, 주 실장 아는 분이 페루에 파견 나와 있더라고. 내가 그분을 만나서 아주 알찬 얘기를 했다고~ 반 팀장만 일하도록 둘 수 있겠어?"

"흐음… 그래요?"

나는 조금 누그러진 목소리로 말했다.

"그래서, 좀 어떠셨어요?"

"응, 술과 함께 알찬 술 이야기를 나눴지."

사장은 신나게 이야기를 시작했다.

"중남미에는 우리나라 같은 음주문화는 없대. 밤에도 술 취한 아저씨들이 별로 없더라구, 길거리에 술집도 많이 없고, 축구를 보면서 맥주를 마시는 펍이 있는 정도야. 대부분 기후가 덥거나 온화한 편이라 독주보다는 포도주나 맥주를 선호해서 그런가봐."

"저도 조사해봤어요. 중남미 중에서는 베네수엘라와 파라과이인들이 많이 먹는 편이라고 하더라고요, 위스키 온 더 락을 즐긴다고 하던데요?"

"어머, 그래? 쩝."

사장은 베네수엘라와 파라과이를 여행지로 삼지 않은 것이 자못 아쉬운 듯했다.

"자자, 그래서요."

"아아, 뭐 중남미에서 우리나라 같은 술문화는 없지만 어디든 술이 빠지지 않는 것도 사실이야. 지역마다 토속주도 있고, 저녁 식사에도 술은 거의 빠지지 않지. 하지만 기본적으로 중남미 대륙을 지배했던 스페인식 주법을 알아야 해."

"흐음. 그래요?"

"응. 우선 식당에서 일행이 올 때까지는 맥주나 칵테일, 나라별 토속주를 한 잔 마시면서 기다리더라구. 식사가 시작되면 식전주로 셰리주(Sherry Wine, 발효가 끝난 일반 와인에 브랜디를 첨가해 도수를 높인 스페인주)를 한 잔 하고 본식에서는 포도주를 곁들이곤 해. 또 식후에는 디저트와 함께 식후주로 리쿼(Liqour, 알콜이 함유된 음료의 총칭)를 마시지. 캬~ 어때?"

술 얘기를 하니 사장은 한껏 즐거워했다.

"처음부터 끝까지 다 술이네요."

"응, 이 식후주를 마실 때 본격적인 비즈니스 상담이 시작된다고 봐야지. 조금 친한 사이라면 시가와 함께 코냑이나 브랜디, 위스키를 마시면서 상담을 하는 거고. 나랑 만났던 분은 멕시코에 갔을 때, 데킬라랑 함께 말린 송충이 안주를 대접받았대. 안 먹지도 못하고 곤혹스러웠다고 하더라구. 흐흐. 요즘은 현지인들도 건강을 생각해서인지 식전주나 식후주도 음료나 물을 주문하는 경우가 많은데, 포도주는 꼭 주문하는 것이 좋대. 포도주는 술이 아니라 밥 먹을 때 꼭 필요한 김치라고 보면 된다고."

"흠. 포도주가 어떻게 김치가 될 수 있죠? 우리나라에서 김치를 갖다 주고 싶네요, 정말."

"뭐, 기후 영향도 있을 거고, 문화니까. 하여튼 이렇게 포도주가 빠지지 않는 나라에서는 어떤 종류이고 얼마짜리를 시키

느냐가 중요해. 중남미에서는 칠레, 아르헨티나가 주요 포도
주 생산 국가이야. 품종은 까베르네 쇼비뇽, 메를로, 시라 등
이 일반적이지만 칠레에는 까르메네르(carmenre), 아르헨티나
에서는 말벡(malbec) 품종에 대한 자부심이 대단하대.”

“그렇지.”

“여기에 국별 토속주에 대해서도 알아놓으면 현지인에
게 친숙하게 다가갈 수 있대. 멕시코의 데킬라, 카리브 지
역의 럼(Rum), 콜롬비아나 베네수엘라의 아구아르디엔테
(Aguardiente), 페루 피스코(Pisco) 등이 대표적이야.”

"아, 럼을 조사했었어요. 쿠바나 카리브 국가에서 많이 나지만 사실 알고 보면 슬픈 술이래요. 선원이나 노동자들이 이민 초창기에 고국에 대한 향수를 달래기 위해 이 지역에 많이 나는 사탕수수에서 당분을 빼고 난 찌꺼기로 만든 술이라고 하더라구요."

"응. 그렇구나. 우리나라 탁주 같기도 하네. 그 외에 칵테일을 먹는 경우도 많은데, 피스코에 콜라를 타서 먹는 피스콜라, 럼주에 콜라를 타서 먹는 아바나 리브레, 우리나라 막걸리 같은 치차 등이 있대."

"맥주도 많이 먹죠?"

"응. 독일계 이민이 많아서 그런지 나라마다 다양한 맥주가 있어. 멕시코의 코로나(Corona)는 세계적으로 유명하잖아."

"그렇네요, 저도 코로나 좋아하는데."

전화기를 들고 있느라, 얼굴에 땀이 배인 것 같았다. 갑자기 맥주 한 잔이 생각났다.

"좀 비즈니스 관련된 사례는 없었어요?"

"응응, 걱정 마. 내가 어제 만난 분을 이따 또 보기로 했거든. 페루에서의 비즈니스 일화를 듣기로 했어. 기다리고 있으라고. 자, 이제 나가야 겠다. 난 오늘도 불타는 페루 관광을 할 거야~

나중에 연락할게. 호호.”

‘아, 부럽다. 지금 시간이면 새벽일 텐데… 사장은 마추픽추를 가는 것일까.’

나는 쓸쓸히 다시 모니터 앞에 앉았다. 페루에 관해 좀 더 조사를 해놓는 게 좋을 것 같았다.

컴퓨터로 페루에 대한 정보를 검색했다.

페루 사람들은 자신들을 잉카, 즉 태양의 후예라고 여긴다고 한다. 전 세계적으로 태양신을 숭배하는 나라들이 많은데 페루도 그중 하나다. 북으로 에콰도르, 콜롬비아 그리고 동쪽으로는 브라질을 접경으로 두고 있고 동서쪽으로는 볼리비아, 남쪽으로는 칠레와 접경에 위치해 있어 칠레와 영토 분쟁을 한 아픈 경험을 가지고 있다. 남미 국가 중에는 태평양을 끼고 있어, 바로 바다 건너 한 바퀴 돌면 한국이다.

‘좀 멀긴 하지만 말이야.’

페루의 수도인 리마의 태평양 연안부두인 라르코 마르(Larco Mar)는 바다로부터 솟아 나는 바다 안개로 이상하게 운치를 자아낸다고 한다. 비가 오지 않는 사막지형이어서 흙으로 형성된 언덕이 관광객들을 이끈다. 날씨가 좋으면 사랑의 공원(Parque de Amor) 옆에 패러글라이딩을 다정하게 즐기는 연인들을 여기저기서 볼 수 있다.

'아, 내가 뭘 하고 있지? 어느새 관광 정보를 보고 있었잖아. 우씨.'

오늘은 안 되겠다 싶어 가방을 싸고 사무실을 나섰다.

'흑. 맥주나 한 잔 해야겠다.'

다음 날 오후, 사장에게서 전화가 왔다.

"나, 기다렸어?"

"네, 마추픽추는 어떠셨어요?"

나는 다짜고짜 마추픽추에 대해 물었다.

"내가 갔다 온 지 어떻게 알았어? 좋았지! 완전 환상적이야. 얼마나 멋있었냐면… 정말 언빌리버블이야. 거기가 어떻게 생겼냐면~"

사장의 끊임없는 감탄사를 들으며 나는 내가 왜 물었을까 후회했다.

"인터뷰한 분과는 얘기 잘 됐어요?"

"응? 마추픽추 얘기 더 안 듣고? 알았어. 흐흐. 얘기 잘했지. 재밌었어. 그분이 자칭 페루 마당발이거든. 나주당 씨라고 국제무역발전협회에서 아르헨티나에 파견 나와 있는 분인데 마침 휴가 중이라서 페루에서 접선했지."

"아, 페루에 대해서도 잘 아세요?"

"응, 페루 지역 사업가들하고도 친분이 많더라고. 어제 저녁에 식당에서 만났어."

"나주당 씨한테 들은 페루 술 얘기 좀 해주세요."

"응, 페루 사람들은 전통주를 즐겨 마신대. 피스코 사워(Pisco Sour)라고 포도주 증류주인 피스코에 레몬, 설탕, 계란 흰자위를 섞어 만든 거야. 먹어봤는데 달콤한 게 먹으니까 왠지 기분이 좋아지더라고, 여자들이 좋아하겠어. 페루 사람들은 어느 곳에서나 손님들을 맞을 때면 먼저 이 피스코 사워를 내온대."

"맞아요. 보니까 페루는 일조량이 좋아서 포도주 맛도 좋긴 하지만 주변 칠레나 남쪽의 아르헨티나 와인이 워낙 좋고 유명하니까, 주로 식사할 때는 식전주로 피스코 사워를 즐기고 테이블 와인으로 페루, 칠레, 아르헨티나산의 포도주를 즐긴다고 하더라구요. 2000년 중반 이후에는 우리나라 막걸리와 소주도 보급됐대요."

"응. 소주를 코리안 위스키라고 하더라고. 메뉴판에도 있던걸? 소주를 위스키라고 하니까 왠지 겸연쩍은 느낌이야. 하하."

페루는 우리나라와 점점 교역의 규모가 커지고 있는 나라였다. 특히나 2008년에 APEC 정상회담을 위한 이명박 대통령의 페루 방문에 이어, 2009년과 2010년 연속 두 차례 페루 알란 가르시아 대통령의 한국 방문 이후 양국 간의 교류는 더욱 활발해졌다.

"여기 현지인들을 보니까 한국문화에 대해 호기심도 크더라구. K-POP에도 관심이 있고."

"중남미는 술을 많이 마시진 않지만 즐기는 나라 같기는 해요. 흥이 있잖아요."

"맞아. 그런 것 같아. 어제 들은 얘기도 되게 분위기 타고 성사된 케이스더라구."

사장이 들은 나주당의 일화는 이랬다.

2010년 5월 중순경, 나주당 씨는 현지 진출한 우리 기업 대표들과 저녁모임을 가졌다. 이때 H자동차 딜러 업체인 G사의 마케팅담당 부장인 에두아르도 씨와 K자동차 딜러인 까를로스 씨를 한국 식당에 초청해서 함께 식사를 했다.

## 나주당과 도 사장의 대화

:
:
:
:
:
:
:
:
:

"그래서 어떻게 됐나요, 나주당 씨."

"한국 식당이지만 페루 사람들을 생각해서 피스코 사워를 마시면서 비즈니스 얘기로 이야기꽃을 피웠어요. 두 사람 모두 한국에 대한 관심이 매우 크더군요. 그날은 우리 기업 대표들이 H차나 K차를 현지에서 구입할 때 한국 업체 직원들에게 특별 할인 가격으로 공급해 달라는 요청을 하기 위한 자리였어요. 피스코 사워 한두 잔에 기분이 좋아지면서, 음식이 나오고 한국식으로 소주가 놓여지고 서로 권하는 우리식 술자리가 시작되었죠. 에두아르도와 까를로스도 소주를 마시면서 아주 좋아하더군요."

"어머, 분위기가 정말 좋았겠네요."

"네, 사실 뭐 계약이라기보다는 서로 간의 협력을 꾀하는 자리이긴 했지만 그런 것도 쉽게 따낼 수 있는 건 아니거든요. 에두와르도와 까를로스가 한국에 호의적이었던 점도 한몫했습니다. 이 분위기를 타서 두 사람에게 한국 기업들의 페루에서의 활동상과 앞으로의 역할, 이들과 H차와 K차의 협력이 절대적으로 필요하다고 마구 어필을 했죠. 그리고 그러기 위해서는 한국 진출 기업 직원들에게 한국산 H차와 K차를 특별 할인가격으로 공급해 달라고 제안했습니다."

"그래서요?"

"이미 약간 취한 에두아르도와 까를로스는 전혀 일말의 망설임 없이 OK를 연발했어요. 원샷을 외치면서 말입니다."

"취중에 얼떨결에 OK한 건가요?"

"아니요. 그들도 그리 감정적인 것은 아닙니다. 나름 안정적인 구매처를 확보한 것이기도 하고. K, H 기업에서 일하고 있는 만큼 한국 기업에는 좀 더 호의적인 면이 있기도 했죠. 하지만 그런 큰 할인가에 대해서는 아마 취중이 아니었다면 좀 더 어려웠을 겁니다. 하하."

“이런 얘기였어.”

“음, 그랬군요.”

“응. 그날 이후 H차와 K차는 약속대로 한국인들에게 좋은 가격으로 공급해주고 이들도 각종 로드쇼에 우리 진출기업들을 적극적으로 초청해서 상호 간에 좋은 관계를 유지하고 있대.”

“뭐 조심할 건 없어요? 페루식으로 술자리를 한다거나 할 때요.”

“음, 별로 권하는 문화는 아니니까. 하지만 중남미술을 마실 때는 잘 가늠하면서 마셔야 한다고 해. 브라질의 까이삐리니야, 페루 피스코 사워, 쿠바의 모히또 등등.”

“왜요?”

“라임즙이나 박하잎을 넣은 칵테일의 일종이라. 맛있다고 자꾸 마시다 보면 일어나서 휘청한다지 뭐야. 완전 앉은뱅이 술인 거지.”

Caipirinha    pisco sour    Mojito

"호오. 당연히 사장님은 다 맛을 보셨겠네요."

"응? 당근이지. 하하. 정말 맛있더라구. 근데 아침에 머리가 좀 아픈 것이 정말 조심해야겠더라. 비즈니스 술자리에서 정신 놓는 건 완전 자폭하는 거잖아. 그런데 말야, 나 지금 또 나가봐야 해. 나스카라인(Nazca Lines)으로 가기로 했는데 말이야. 거기가 말이지, 너무너무 신비하다는 거야. 외계인이 그려놓은 기하학적 무늬라나, 그래서…"

"… 빨리 끊으세요."

[페루]

## 역사적/문화적 금기사항 및 특이사항

### 1. 금기사항

페루는 문화적으로 금기사항이 없는 국가이나 한 가지 조심하고 상기
해야 할 사항은 페루와 인접국들의 관계를 알아두어야 한다는 것이다.
우선 페루와 볼리비아는 잉카시대 이전부터 티아우아나코(Tiahuanaco)
문화를 포함해 공통적인 문화적 배경을 갖고 있고 페루의 독립 초기,
1836~1838년간 양국은 연방을 형성하는 등 문화적·역사적으로 형제
국의 관계에 있다. 그러나 페루 사람들은 볼리비아를 자국보다는 한
수 아래인 나라로 무시하는 경향이 있다.

페루와 칠레 간 관계는 전통적으로 한국-일본의 관계와 유사하다.
1879년부터 4년간 지속된 남미태평양전쟁(La Guerra del Pacifico)
의 결과, 페루 남부 지역 및 볼리비아 동남부 태평양 출입구 영토가 칠
레 영토로 흡수되었다. 때문에 페루는 국토를 빼앗겼다는 분노에 휩
싸이게 되었고 그 감정은 현재까지 지속되어 두 국가는 경쟁 관계에
놓이게 되었다. 최근 인접국 에콰도르, 칠레 등과 평화협정체결, 국경
분쟁에 대한 협정을 체결해 관계가 개선되기는 했으나 역사적인 영향

이 남아 있기 때문에 이들 국가에 대한 대화를 할 때에는 주의가 필요하다. 특히 상대국을 칭찬한다든가 상대국과 페루를 비교를 한다든가 하는 행동은 페루 사람들에게 반감을 살 수 있다.

정치 문제나 특히 주변국 칠레와의 관계에 대해서 매우 민감하게 반응하여 칠레와 비교하는 발언은 삼가는 것이 좋다. 경제적으로 낙후된 점(비록 최근에 경제성장을 하고 있긴 하지만), 불균등 분배시스템에 대한 언급도 피하는 것이 좋다.

## 2. 특이사항

잉카제국의 후예라는 점과 마추픽추 등 다수의 문화유산을 보유한 점, 수산물/농산물이 풍부해 다른 라틴아메리카 국가에 비해 다양하고 맛있는 전통 음식에 대하여 자랑스럽게 여기며 2010년 노벨문학상 수상자인 마리오 바르가스 요사(Mario Vargas Llosa)에 대한 자부심도 매우 크다.

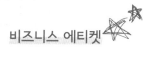

# 비즈니스 에티켓

## 1. 복장

페루는 비즈니스 복장에 제한을 두고 있지는 않으나 한국과 마찬가지로 단정하고 깔끔한 복장을 선호한다. 의복의 색상은 빨강, 노랑, 주황 등 화려하고 눈에 띄는 색상보다는 검정, 회색, 흰색과 같은 무채색 계열이 일반적이다. 남성 비즈니스 의복은 셔츠, 정장 바지, 넥타이에 정장 구두를 기본으로 하고 계절에 따라, 재킷, 카디건, 니트 등을 덧입는다. 넥타이의 경우, 화려한 색과 무늬여도 예의에 어긋나지 않는다. 여성 비즈니스 의복은 기본 기준 없이 말끔하게 입는다. 한국에 비해 여성 의복의 노출도는 조금 더 개방적인 편이나 어떠한 의복의 경우에도 지나친 노출은 삼가야 한다.

모자, 시계, 주얼리류 등 액세서리는 복장에 어울리고 주위를 끌지 않는 수준에서 착용해야 한다.

## 2. 인사 및 기본 매너

모임, 사무실 등에서 만나는 모든 사람에게 개별적으로 가벼운 인사말을 건넨다. 일단 눈이 마주치는 사람에게는 미소로 가볍게 인사하는 것이 일반적이다.

여성 간 인사는 볼을 맞대는 가벼운 키스(un beso)가 보편적이고 남성들은 악수를 한다. 간혹 외국인의 경우, 여성 간에도 악수로 인사를 대신할 때가 있으므로 상대방이 요구하는 방식으로 응대하면 된다. 또한 페루 사람들은 출퇴근은 물론이고 점심시간에 잠시 사무실을 비웠다가 다시 온 경우에도 언제나 서로 인사를 주고받는다. 페루의 기본 에티켓은 남성은 여성에게 먼저 양보를 해주는 등 매너를 보이는 것이 일반적이다. 예를 들면 엘리베이터를 타거나 내릴 때, 사무실 출입을 하는 경우 여성들이 먼저 출입을 할 수 있도록 남성들이 비켜주며, 특정 모임에서 여성들을 먼저 자리에 앉히는 것이 기본적인 예절이다.

## 3. 선물

페루인들은 보통 비즈니스 관계라 하더라도 선물을 주고받지 않는다. 그러나 굳이 선물을 할 경우, 상대방에게 부담을 주지 않은 가격 선에서 뇌물로 보이지 않는 범위 내로 선물해야 할 것이다. 페루인이 좋아할 수 있는 것으로는 부채, 전통의상을 입은 남녀 인형을 비롯한 한국문화 및 전통을 나타내는 장식품이 있다. 이 외에 인삼차 등과 같은 인삼제품도 좋은 선물이 될 수 있다. 또한 한국적인 이미지를 담고 있는 열쇠고리, 지갑, 다이어리, 만년필, 시계, 메모수첩 등이 선물로서 무난하다.

### 4. 약속

페루 사람들의 여유로움은 약속 시간에 대한 태도에서 볼 수 있다. 일반적으로 페루 사람들은 약속 시간에 딱 맞춰 오는 법이 없고 10분 후에 도착하는 것을 예절이라고 여긴다. 때문에 페루 사람들과 약속 시간을 정할 때는 기존 약속 시간에서 10분 일찍 앞당긴 시간에 만나기로 해야 원하는 시간대에 만날 수 있을 것이다. 또 약속 시간 전에 전화를 해서 한 번 더 장소와 시간을 상기시켜 주는 것도 한 가지 방법이다.

페루인들은 약속을 해도 잘 지키지 않고 약속 시간 또한 지키지 않아 몇 번이고 확인을 해야 한다. 회사나 기관을 방문할 경우 약속을 하지 않고 찾아갈 경우 만날 수 없는 경우가 많으므로 반드시 사전에 약속을 해야 한다. 약속 시간 30분 또는 1시간 이후에 찾아오는 경우도 있으니 외국인들은 의아해 할 수도 있다. 페루인들은 지키기 어려운 약속이나 지킬 생각이 없는 약속을 할 경우 "바모스 아 베르(Vamos A Ver)", 즉 한번 생각해 보자라는 말을 많이 하는데 이 경우 매우 가능성이 희박하다고 간주해도 된다.

## 5. 식사

식사 시 또는 음료를 마실 경우에는 소리를 내지 않으며 식사 중 말을 해야 할 경우는 입 안 음식을 모두 삼킨 후 얘기를 꺼내는 것이 기본 예의다. 또한 소리를 내어 먹거나 트림을 하는 행동을 자제해야 한다. 타인이 보는 앞에서 이쑤시개를 사용하는 것도 좋지 않은 매너로 인식된다.

식사 약속은 점심일 경우 1~3시, 저녁일 경우 8시 이후에 주로 하며 식사 시에는 와인을 주문하는 것이 좋고 품종/가격대에 따라 다르겠지만 일반적으로 스페인 - 아르헨티나 - 칠레 - 페루산 순으로 평가한다.

페루는 농수산물이 풍부해 음식이 매우 다양한 편이며 주식이 밥으로 한국 사람의 입맛에도 맞는 것이 제법 있다. 외국인과 만날 경우 페루인들이 자랑스럽게 여기는 페루식 생선회 종류인 '세비체(Ceviche)'와 포도 증류주인 피스코(Pisco)로 만든 칵테일 '피스코 사워(Pisco Sour)'를 권하는데 식성에 맞지 않아도 되도록 맛있다고 칭찬하면서 먹는 것이 좋다.


## 6. 대화

페루인은 일반적으로 어느 분야건 간에 서로 대화하는 것을 즐기는데 특히 국내 정치, 경제 상황에 대한 내용은 가장 즐겨 하는 화제 중 하나다. 비교적 단시간에도 대화 상대방을 마치 오래 사귄 친구처럼 받아들이는 경향이 높다. 그러나 이것은 페루인의 대화 특성일 뿐, 진심으로 마음을 주고받는 사이가 된다는 것을 의미하지는 않는다. 비즈니스 모임 후에는 주점, 레스토랑 등에서 다양한 주제의 대화를 할 수 있고 스포츠, 영화 등의 문화적인 분야나 상호 자녀에 대한 이야기 등 가족관계 이야기를 주고받는 것이 무난하다.

축구, 배구 등 스포츠에 대한 대화도 즐기며 20년간 페루 여자배구 대표팀 감독을 맡아 현지에서 유명인사로 인식되어 있는 박만복 씨가 한국인임을 이야기하거나, 세비체 또는 피스코 사워, 잉카 유적지로 세계적인 관광명소가 되고 있는 쿠스코 등을 소재로 대화를 이끌어 나가는 것도 좋은 방법이다. 페루 사람들은 웃음이 굉장히 많고 위트가 있어 즐거운 대화를 이어갈 수 있다. 비즈니스 시에는 스페인어로 '감사합니다, 만나서 반갑습니다' 정도의 인사말만 준비해서 말을 해도 페루 사람들에게 매우 긍정적인 인상을 남길 수 있다.

한국에서 왔다고 하면 반드시 남한인가, 북한인가를 물어본다. 이는 페루에 북한 대사관이 있으며 몇몇 북한 사람들이 체류하고 있기 때문이다. 한편 대부분의 나라와 마찬가지로 상대방의 결혼이나 이성과 관련된 사생활, 보수문제, 그리고 여성의 연령에 대한 이야기는 페루에서도 잘 하지 않는다.

## 7. 외모로 바이어 판단하기

페루인들을 외모로 판단하기는 매우 어려운 편인데 특히 남성들은 복장에 큰 신경을 쓰지 않아 더욱 그러하다. 페루는 아직까지 인종차별이 있어서 주로 백인들은 지식층이고 부유층이며 인디오들은 저소득층으로 구분하는 경향이 있으나 최근 들어 정부 주요 인사들이나 기업 간부들도 인디오 계통 출신이 있으므로 섣부른 판단은 하지 말아야 된다.

## 8. 수입관행

기본적인 생필품을 제외한 일반 상품시장 규모가 크지 않아 소량 주문이 일반적이다. 국내 제조업이 부진해 소비재도 주로 수입하는데 특히 중국에서 저가 제품을 대량 수입하면서 과거 제조업체도 수입품과의 경쟁을 견디지 못하고 수입업체로 전환하는 등 수입시장이 지속 확대되는 추세다.

매년 수입시장이 확대되고 경쟁이 치열해짐에 따라 유통구조도 비교적 단순한 경로를 보이고 있다. 수입상에서 곧바로 최종 소비자 판매점인 2단계를 보이는 경우가 많고 있고 이에 따라 수입상이 도매상을 겸하는 경우가 많다고 할 수 있다. 그러나 수도 리마를 제외한 지방시장의 경우 소규모 영세 유통업체들이 많기 때문에 나름대로 상당히 복잡다단한 모습을 보이기도 한다. 중국산 저가 공산품을 다량 수입하며, 저가제품 선호 경향이 매우 강하다. 특히 일반소비재, 생활필수품일수록 그러한 경향이 강하며 품질이 좋고 나쁨을 떠나 무조건 가격을 우선시한다. 그러나 페루도 1인당 국민소득이 올라가면서 품질을 중시하는 경향도 나타나고 있으며 진똥시장, 구멍가게 등이 차지하는 비중이 계속 작아지고 슈퍼마켓, 대형몰이 유통업에서 차지하는 비중이 커지고 있다.

중국제품은 가격이 저렴하여 구매는 하지만 "싸구려"라는 인식이 크다. 한국산 제품에 대한 인식은 매우 좋은 편이다. 페루 국내에서 활발한 제조 산업은 봉제(의류직물), 플라스틱, 음료수, 식품, 금속공작, 가구 등이다.

[멕시코]

비즈니스 에티켓

## 1. 일반적 에티켓

멕시코인은 상대방의 기분을 맞추어 주는 인사치레의 말을 매우 즐겨
한다. 하찮은 도움에도 "Muchas gracias(Thank you very much)"
를 연발한다. 이는 어려서부터 몸에 밴 습관이며, 남을 기분 나쁘게 하
는 일을 극히 꺼리는 문화에서 나온 산물이다. 따라서 이들의 눈에는
여간해선 고맙다는 인사를 하지 않는 동양인들이 무례한 사람들로 비
치는 경우도 흔히 발생한다.

멕시코인뿐만 아니라 서양 사람들은 식사할 때 후루룩 소리를 내면서
먹지 않는다. 소리를 내면서 먹는 것은 교양 없는 행위로 여기기 때문
이다. 그러나 한국인은 대체로 소리를 내면서 그것도 재빨리 먹어치우
는 경우가 많아 바이어들을 당혹스럽게 하는 경우가 있다. 멕시코 사
람들은 성격이 급하기는 하나 식사 시간만큼은 매우 느긋하다. 음식을
찬찬히 맛보며 "즐기는" 멕시코 문화와, 서둘러 한 끼 "때우는" 한국의
문화 차이로 치부할 수도 있겠지만 상담을 성사시키거나 관계를 지속
하기 위해서는 이들의 문화를 존중하고 이에 따르는 것이 바람직하다.

## 2 호칭 관련 에티켓

### 1) 학위 호칭

멕시코에 처음으로 출장을 오는 우리 세일즈맨들이 바이어와 명함을 교환한 뒤 이름 앞에 붙은 릭(Lic.) 또는 잉(Ing.)에 대해 이것이 무엇을 의미하는지 궁금해하는 경우가 많았다. 멕시코는 호칭을 중시하는 사회로 호칭은 곧 사회적 신분이며 자존심의 표상이다. 우리는 박사가 아닌 이상 이름 앞에 또는 뒤에 석사니 학사니 하는 호칭을 붙이는 경우가 전혀 없는 데 반해 멕시코를 비롯한 중남미 국가나 스페인 등에서는 이름 앞에 반드시 학위를 붙여서 명함을 파며, 이름을 부를 때에도 학위만으로 부르는 경우가 많다.

예컨대 인문·사회계 학사 학위 또는 석사 학위를 받은 경우 이름 앞에 'Lic.'라는 표시를 하며, 이공계 학사 또는 석사 학위를 받으면 'Ing.'라는 표기를 한다. Lic.이란 Licenciado의 약자이며, Ing.는 Ingeniero의 약자다. 바이어와 명함을 교환할 때 명함에 Lic.가 있으면 상대방을 "리쎈씨아도(여성인 경우에는 리쎈씨아)"라고 호칭해 주는 것이 바람직하며 Ing.가 찍혀 있으면 "잉헤니에로(여성인 경우에도 동일)"라고 불러주는 것이 바람직하다. 물론 석사의 경우 'Maestro'라는 호칭이 있긴 하나 일반적이지 않으며 보통 Lic.나 Ing.를 쓰는 것이 보편적이다.

이름 앞에 아무런 표기가 없을 경우 또는 상대방의 호칭을 잊어버렸거나 알지 못하는 상태에서 상담이 진행될 경우에는 세뇨르(SEÑOR : Sir 또는 Mr.의 의미) 또는 까바예로(CABAL-LERO : gentleman의 의미)라고 칭해도 예의에 어긋나지 않는다.

상대가 여성일 경우에는 세뇨리따(SEÑORITA)라고 칭하는 것이 좋다. 원래 세뇨리따는 영어의 Miss에 해당하는 말이지만 Miss보다 광범위하게 쓰이며, 나이가 꽤 들어 보이는 경우라도 영어의 Mrs.에 해당하는 세뇨라(SEÑORA)라고 칭하는 것보다는 세뇨리따라고 불러주는 것이 무난하다. 기혼자라 할지라도 세뇨라로 부르면 불쾌해하는 경우가 많기 때문이다. 그러나 남편과 같이 있을 경우에는 반드시 세뇨라로 불러야 예의에 어긋나지 않으니 주의가 필요하다.

2) 미들 네임(Middle Name)과 라스트 네임(Last Name)
멕시코를 비롯한 중남미인들과 스페인 사람들은 이름은 하나만을 쓰거나 두 개를 쓰는 예도 있으나 성은 반드시 두 개를 쓴다(물론 기혼여성이면 남편 성까지 세 개를 쓰는 경우도 있다). 이로 인해 종종 해프닝이 발생하기도 한다. 우리는 미국식 관점에서 흔히들 라스트 네임이 곧 성이라고 단정 짓는 경우가 많으나 스페인어권에서는 라스트 네임은 모계 성을 의미한다. 라스트 네임 직전의 것인 미들 네임이 부계성, 즉 진짜 성이다
이들의 성명은 보통 세 단어 또는 네 단어로 구성되는데 이름은 하나인 경우도 있고 두 개인 경우도 있다. 따라서 뒤에서 두 번째가 성이라고 보면 거의 틀림없다. 물론 예외도 있다 전 멕시코 대통령 이름인 'ERNESTO ZEDILLO PONCEDELEON'에서 에르네스 또는 이름, 세디요가 부계 성, 뽄세델레온이 모계 성이다. 그런데 모계 성이 세 단어로 떨어져 있어 어느 것이 진짜 성인지 판단하기 어려운 예도 있다. 이렇게 이름 사이에 DE가 들어가 있으면 어느 것이 성인지 물어보는 것이 안전하다.

이를 뒤집어 보면 이해가 한결 쉬워진다. 예컨대 홍길동의 경우 영문 표기 시 '길동홍'으로 표기하게 되는데, 이들은 Mr.동 또는 Mr.동홍으로 부르는 경우를 왕왕 접하게 된다. 이는 결국 뒤에서 두 번째를 성으로 파악하는 이들의 관습 때문이다(모계 성만으로 호칭하는 것은 실례가 된다).

# 미국, 캐나다 / 사우디

골칫덩이 삼총사

주 실장이 사무실로 찾아왔다.

국민 방문선물인 자양강장음료도 함께였다.

"주 실장님, 오셨어요?"

사장이 반기며 말했다.

"네, 도 사장이 그렇게 한 번 오라고 오라고 연락했잖습니까?"

사장은 모른척하며 음료수를 받아들었다.

"어머, 제가 그랬나요? 호호. 반 팀장 어서 와. 주 실장님 오셨어."

나는 기다렸다는 듯이 얼른 사장실로 들어갔다.

"실장님 오셨어요? 연락 좀 한 번 드려보려고 했는데, 저희 사장님이 역시 최고네요. 실장님 원고 작업은 좀 어떠세요?"

나는 주 실장이 테이블에 앉아 겉옷을 벗기도 전에 물었다.

"뭐, 잘 진행되고 있죠. 근데 좀 다루기 어려운 곳도 있어요. 별로 술을 많이 안 마시는 나라도 있고 말입니다."

주 실장이 얼굴을 긁적이며 말했다.

"어딘데요?"

"흠. 미주와 사우디…"

"아니, 글로벌 비즈니스를 다루는데 당연히 미국은 한 번 훑어줘야 하는 거 아닌가요?"

사장이 정색을 하며 말했다.

"음?… 난 뺄까 생각 중이었는데… 거 참."

"네? 안 돼요!"

나는 얼굴을 좌우로 세차게 흔들었다.

"그게… 미주나 캐나다는 딱히 술과 관련됐다고 볼 수가 없어서…"

내 태도에 주 실장이 난처한 표정을 지었다.

"그래도 왜 그런지는 좀 다뤄줘야죠. 아니 세계를 도는데, 아메리카가 없으면 섭해서 어쩝니까."

사장도 기들었다.

사장과 나의 공세에 주 실장은 어쩔 수 없다는 듯이 말했다.

"알겠습니다. 그럼 술과 글로벌 비즈니스 세계의 구멍들을 좀 만들어 봐야겠네요. 그 나름대로의 의미도 있을 거 같고."

"네! 맞아요. 술로만 다 통할 순 없겠죠."

"그래도 참 고민이네. 유 과장과 소 과장도 동감하겠지만 정말 미주권은 잘 찾아볼 수가 없어요. 사람들이 미주하면 흔히 상상하는 게 있죠. 왜 할리우드 영화에서 나오는 장면 있잖습니까? 위스키나 브랜디를 마시며 진행하는 비즈니스 미팅 말입니다."

"맞아요!"

"지금은 세대가 변하고 환경이 많이 변해서 비즈니스 미팅 중에 알코올을 접할 기회는 거의 없다고 봐야 해요. 오랜 친분 관계가 있는 사업 파트너가 아니면 맥주 한잔하는 술자리 기회도 드물 거든요. 따라서 술로 미국인이나 캐나다인 사업가들과 어떻게 해볼 생각은 버리는 게 좋아요. 차라리 그 시간과 비용으로 홍보활동이나 사회적 책임(CSR, Corporate Social Responsibility) 쪽으로 노력하는 것이 유용하죠. 물론 이민자들이 많은 나라이기에 경우에 따라 비즈니스 술자리 관련 무용담이 간혹 들리기는 하지만 전반적인 사회 분위기는 그렇다는 말이죠. 특수 목적성이 있는 혹은 있다고 의심이 될 자리에 대한 초대나 강요는 오히려 상대에게 강한 거부감을 줄 수 있어요. 역효과를 일으킬 수 있다는 거죠. 비즈니스 미팅 역시 점심에 하는 게 대부분이고."

"흠, 철통 같네요. 너무 인간미 없는 것 아닌가요?"

내 말에 주 실장이 웃으며 대답했다.

"꼭 술이 아닌 점심 식사 역시 자유로운 분위기의 자리일 수 있잖아요."

"음, 그렇긴 한데, 아쉽네요. 미국과 캐나다는 우리와 전통적인 우방 국가이고 경제적으로나, 사회적, 문화적으로도 깊은 관계가 있는 국가들이잖아요. 아직도 많은 한국 이민자들이 유학이나 이민 그리고 경제행위를 목적으로 활발하게 활동하는 지역이고요."

"그렇죠. 하지만 술과 비즈니스라는 측면에서 바라보면 특별히 할 말은 없어요. 미국이나 캐나다에서 비즈니스를 할 때 한국처럼 술문화가 중요하다고 주장하기는 어려운 것이 사실이죠."

~ 난감하네 난감해 ~

"흠, 그렇다면 뭔가 술이 얽혀도 쌈빡한 느낌이겠네요?"

사장이 말했다.

"오, 비유가 좋습니다. 쌈빡! 여기에 어울리는 스토리가 있죠. 제 친구 중에 박로키라는 녀석이 있어요. 이 녀석이 캐나다로 이민을 갔었거든요."

"오, 이름부터가 캐나다스러우신데요?"

"지금은 벌써 이민 7년차죠. 한국에서 전자제품을 생산하는 대기업 영업부 과장 출신입니다. 잦은 해외출장과 격무로 몸이 많이 상하기도 했고 아이가 3명이나 되다 보니 교육도 신경이 쓰였겠죠. 어느 날 무작정 퇴사를 하고 캐나다로 건너간 겁니다."

"음, 일단 가고 보자셨군요."

"그렇죠. 캐나다 이민에는 여러 방법이 있는데 현지 고등교육을 이수하면 노동허가증을 받아 1년간 전임직(Full-time job)에 종사하면서 영주권을 받는 방법이 있다더군요. 이 친구는 그걸 선택했어요. 2년제 단과대학에서 회계학을 전공하는 동안 한국 식당, 한국인 회사 등에서 아르바이트를 하며 대학을 마치고 현지 무역회사에 입사를 한 거죠."

"오. 능력 있으시네요."

"네, 그렇게 자리를 잡은 친구와 안부를 나누다 캐나다에 정착하면서 가장 낯설었던 게 뭐냐고 물은 적이 있습니다."

"그랬더니 한국과는 다른 술문화라고 하더군요. 물론 대기업 영업부 출신이라 더욱 그럴 수도 있었을 테죠. 서울의 밤 10시를 상상해보면, 휘황찬란한 네온사인에 어디론가 분주히 움직이는 사람들, 음식점과 술집마다 빼곡히 차있는 광경이 떠오르잖아요. 그에 비해 캐나다의 밤은 너무나 고요했다더군요. 적막하다고 해도 과언이 아니라고요. 캐나다에서 가장 번화한 토론토도 저녁이 되면 상가 대부분 문을 닫고 선술집 몇 개만 눈에 띄니 그럴 만도 하죠."

"맞아, 전에 캐나다 가본 적이 있는데, 꼭 시골 온 줄 알았다니까. 너무 깜깜해서 못 나가겠더라, 무서워서."

사장도 동의하며 말했다.

"여기에 술도 아무 곳에서나 함부로 마실 수 없는데다가 사는 곳도 지정이 되어 있어요. 정부가 운영하는 주류점(LCBO)이나 지정된 상점에서만 구입이 가능하죠. 한번은 신분증 없이 맥주를 사러 갔다가 ID(신분증)를 요구하는 바람에 당황한 적이 있다고 하더군요. 머리숱도 별로 없고 불혹이 넘은 나이인데 신분증 검사라니, 아무리 동양인을 어리게 본다고 해도 너무하다 싶어 항의를 해봐도 꿈적도 안 하더랍니다. 어쨌든 규정에 따르는 거니 뭐라고 할 수도 없고요."

"흐음, 그렇군요. 캐나다는 정말 가족 중심의 사회라고 들었어요. 그래서 술자리가 더 적을 수도 있겠네요."

"맞아요. 그런 문화는 비즈니스 현장에서도 이어지더군요. 친구가 무역회사 입사 후 첫 회식이 잡혀 단단히 무장을 하고 갔었는데, 전혀 아니었던 거죠."

"하하. 오랜만에 신입 생각하고 가셨나보네요. 사발에 양주, 소주, 맥주 섞어 마시고 그랬었잖아요."

사장이 웃으며 말했다.

"맞습니다. 그건 기본이었잖습니까. 그래서 아무리 점잖은 캐나다라고 해도 회식은 회식이라고 판단해, 나름 몸 관리도 하고 단단히 마음의 준비를 하고 갔는데, 아주 단란한 하우스 파티였던 거죠. 한국의 회식문화하고는 전혀 다르게 각자 음식이나 주류를 한 가지씩 가지고 와서 자유로운 분위기에서 먹고 마시는 자리였죠. 권하는 사람도 없고, 따라주는 사람도 없고 말이에요. 나름 건배사도 준비했는데 말입니다. 어떤 직원은 8시도 안 돼서 아이 보모가 퇴근한다고 일찍 집에 돌아가기까지 하더랍니다."

"비즈니스 파트너로서가 아닌, 실제 그 안에 있었으니 좀 더 적응이 어려웠을 것 같긴 하네요."

"그렇죠. 그러자 이 로키 녀석이 묻지도 않은 걸 쭉 읊었다는 거 아닙니까. 회사 대표랑 몇 마디 인사를 나누다가 자연스레 한국의 술문화와 지금의 상황을 비교하는 말을 한 거예요. 점점 녀석 주위에 사람들이 모여들고… 한국 무역회사 직원은 보통 양주 한 병은 마셔야 하며, 위스키와 맥주를 섞어서 맥주 글라스로 마신다는 얘기를 했더니 다들 경악을 금치 못하더랍니다. 처음엔 호기롭게 얘기를 하다가 점점 한국의 안 좋은 문화를 고자질하는 느낌이 들어 거시기 했다죠?!"

"하하하. 재밌네요."

"개인적으로 미국, 캐나다인들과 친해지기 위해서는 술보다는 취미활동을 같이 하는 것이 오히려 낫다고 생각해요. 스포츠광이 아닌 현지인을 찾기 어려울 정도니까요. 대부분 야구, 농구, 미식축구, 하키 중 적어도 하나는 사랑한다고 보면 돼요. 오히려 북미 지역 비즈니스에는 술과 비즈니스보다 스포츠와 비즈니스에 대한 연구가 필요하지 않을까요?"

"오~ 좋아요. 스포츠와 비즈니스! 야구장에서 성사된 계약?!"

내 말에 사장이 맞장구를 치기 시작했다.

"톰 크루즈 같은 남자가 한 명 나와야 해. 또 거기엔 나 같은 미녀가…"

곧 우리 둘은 영화 한 편을 찍을 기세로 스토리를 만들기 시작했다.

주 실장은 급작스럽게 전개된 우리 대화에 끼지 못하고 어색한 듯 물을 들이켰다.

"아 참, 그런데 아까 사우디도 말씀하셨잖아요."

"아, 그렇죠. 사우디! 사우디도 있습니다."

내 물음에 주 실장은 간신히 뚫을 구멍이 생겼다고 생각했는지 얼른 말을 받았다.

"사우디는 왜죠?"

"반 팀장, 이거 작업한 지가 얼만데, 사우디가 음주가 엄격히 금지된 나라라는 것 모릅니까?"

내 질문에 주 실장이 한심하단 표정으로 말했다.

'앗, 주 실장 얼굴에서 유 과장 표정이!!!'

나는 금세 얼굴 표정을 바로잡고 말했다.

"모르긴요. 이슬람 국가라서 음주를 금지하고 있잖아요. 그 정도는 상식이죠."

주 실장은 나에게 의심스러운 눈초리를 던졌지만 계속 이어서 말했다.

"맞습니다. 그러니, 사우디에서도 찾기가 힘들 것 아닙니까. 지들끼리 술 마시다 봉변당할 뻔한 얘기 같은 거나 있고."

"그래요? 아, 몰래 술 먹다가 걸린 거군요?"

주 실장이 고개를 끄덕였다.

"하긴 현지에서 근무하는 우리나라 사람들이라면 술 생각이 나겠죠."

"지금은 은퇴한 선배가 30년 전 신입사원으로 사우디에 갔을 때 얘깁니다."

"재밌겠다. 좀 해주세요!"

사장이 말했다.

주 실장은 다시 한 번 목을 축이더니 말을 이었다.

"흠, 그럼. 1980년대일 겁니다. 당시는 너 나 할 것 없이 모두 어렵다 보니 사우디 등 중동지방에 취업하는 게 집안을 일으켜 세우는 길이었죠. 당시 20대 초반이었던 김만수 선배도 중동으로 가서 돈을 벌고자 했답니다. 집안의 5남매 중 맏이인지라 4남매 동생들의 학비도 벌어야 하고, 부모님께 돈도 부쳐야 하고, 장가들 밑천도 마련해야 했기 때문이죠. 그렇게 신입사원 티를 다 벗지도 못했던 입사 초기에 사우디 지사로 날아갔죠. 당시 사우디는 술도, 오락도, 스포츠도 없어 하는 일이라고는 그저 TV 보고, 일하는 것이 고작이었답니다. 그러다 추석을 맞은 겁니다."

"아~ 추석에 또 술 한잔 해줘야죠."

사장이 감 잡았다는 듯이 말했다.

"네, 사우디에서도 한국인들은 음력으로 따져서 추석을 쇠고, 제사도 지내면서 하루를 쉬죠. 하지만 회교국가라 음주가 절대 금물이잖습니까. 그래도 의지의 한국인. 창조적 발명에서는 세종대왕 때부터 세계 제일인 한국 사람들이 모래바람은 마시면서 술을 안 마신다는 것이 말이 됩니까? 바로 만수 선배가 술 조달의 역할을 맞았죠. 명절 며칠 전부터 은밀히 밥을 조금씩 모으고, 평소에 007 작전으로 도입해 감춰 두었던 술약(이스트)을 준비하고, 대추야자 등 과일도 준비했죠. 그렇게 명절 전야, 현지 직원들 몰래 선배의 책임하에 주방에서 술을 담근 겁니다. 그리고 당일은 현지 직원들을 일찍 퇴근시키기까지, 만만의 준비를 다 한 거죠. 술 담가 먹는 것을 들키면 종교 경찰에 신고당할 수도 있거든요."

"아, 근데 술은 어떻게 담그셨대요?"

"이건 선배가 가르쳐준 비법인데, 사우디는 무척 덥기 때문에 큰 유리병에 쌀밥 모아 둔 것을 넣은 다음 효소를 넣어요. 거기에 과일을 잘게 썰어 섞은 다음 여러 번 흔들어서 잘 섞이게 하는 거죠. 그 후 방의 창문을 조금 열어 햇볕에 병을 쪼이게 만들어 두고 문을 꽁꽁 잠근 다음, 하루 이틀만 두면 맛좋은 술이 만들어지는 겁니다."

"오호~"

사장이 감탄사를 연발했다.

"그렇게 작정을 하고 음복(제사를 마치고 제사에 참석한 후손들이 제수나 제주를 먹는 일)을 하면서 술판이 벌어지게 된 거죠. 숙소의 대문을 닫아 걸고, 창문도 닫고, 커튼을 친 다음 각자 편안한 옷차림으로 말입니다. 여기서 주의할 점은 술이 완전히 깨기 전에 밖에 나가면 안 된다는 거예요. 사우디 경찰들도 이날이 한국의 명절이고, 어디선가 한국인들이 술판을 벌인다는 첩보를 가지고 있기 때문에 지나가는 한국인들을 불심검문할 수 있거든요. 그 덕에 얼굴이 비슷한 일본, 중국인들도 덩달아 걸리지만 말입니다. 헌데 우리가 또 가무가 빠질 수 없는 민족 아닙니까. 여지없이 흥에 겨워 작은 소리로 가무가 시작되었는데, 이것이 그만 정신이 혼미해진 가운데 소리는 높아지고, 누가 더워서 그랬는지 창문이 열린 가운데 술 냄새가 인근에 진동을 한 겁니다. 문 밖에서 인기척이 나는데, 지옥의 야차 같은 현지 경찰이었던 거죠."

"어머, 어떡해."

"다들 혼비백산, 이 도령의 암행어사 출두에 변 사또의 넋이 나간 상황이 벌어졌습니다. 어떻게든 문을 열어주면 안 된다며 우왕좌왕했겠죠. 잘못하면 악명 높은 사우디 감옥에 갈 판이니 말입니다. 술을 안 먹은 사람이 나가서 그들이 안으로 들어오지 못하게 막아야 했어요."

나도 모르게 긴장이 되었다. 진퇴양난, 절체절명, 위기일발의 순간이었다.

"이때, 짠하고 구원의 천사가 나타났습니다. 마침 현지 다른 상사 주재원 가족들이 친선방문을 했는데 그 부인이 아직 숙소 안에 남아 쉬고 있었던 거예요. 남자들은 모두 작은 방에 처박혀 꼼짝도 안하고 있었죠. 부인이 목욕하다가 나온 것처럼 머리를 물에 적신 후 차도르를 뒤집어쓰고 문을 열었습니다. 약간 허술한 옷차림으로 문틈으로 머리만 빼꼼 내밀고 무슨 일이냐고 하니, 그들도 화들짝 놀란 겁니다. 부인이 태연하게 남자들은 다 외출하고 여자들만 남아 더워서 샤워 중이라고 하니, 우물쭈물하다가 돌아갔다더군요."

"아하하. 역시 여자가 남자를 구한다니까요."

사장은 이야기의 마지막이 마음에 들었는지 크게 웃었다.

"자, 실장님이 재미난 얘기도 들려주셨으니, 오늘은 제가 맛있는 것을 쏠까요?"

사장이 말했다.

"오, 좋습니다."

"오늘은 쭈꾸미집이 아니라 돼지갈비집을 가시죠. 거기 양념이 죽여요."

"소주 한 잔과 같이 하면 더 맛있겠군요."

주 실장과 사장이 호흡 맞춰 말했다.

나는 그들을 보며 생각했다.

'도망가야 할까.'

[미국]

## 비즈니스 에티켓

### 1. 복장

미국인들의 경우 한국인과 달리 비형식적인 면이 강하다. 비즈니스에 임하면서도 간편한 옷차림을 좋아하고, 연령이나 격식에 얽매이지 않고 손님을 접대하는 경향이 있다.

미국은 사무실에서도 캐주얼 복장이 증가하고 있는 추세지만 직급이 높은 사람들은 일반적으로 정장 차림을 하고 있다. 공식적으로 여러 사람이 참여하는 미팅이나 상담 등과 같은 경우는 정장 차림을 하는 것이 바람직하다. 저녁을 초대할 경우에도 복장이 중요하다.

비즈니스 미팅 시에는 반드시 정장을 갖추어야 한다. 복장은 검정, 회색이나 푸른색 정장이 무난하며, 여기에 흰색 와이셔츠 그리고 푸른색, 또는 붉은색 계통의 넥타이가 많이 애용된다. 또한 미국은 가정집 안에서도 신발을 신기 때문에 구두나 신발을 청결하게 유지하는 것도 중요하다.

## 2. 인사

인사를 할 때는 자리에서 일어나는 것이 예의에 맞는다. 특히 악수를 나누거나 대화를 할 경우 상대방과 눈을 마주치는 것이 중요하다. 손잡는 강도는 너무 세거나, 처지지 않는 정도로 한다. 명함은 소개를 받거나 헤어질 때 교환하는 것이 일반적이며 상대방이 보는 위치를 기준으로 글자를 가리지 않고 바르게 보이도록 건넨다. 명함을 지갑에 넣은 후에 바지 뒷주머니에 넣는 것은 무례한 행동이 아니다. 처음 만나는 사람이나 지위가 높은 사람을 호칭할 경우 처음부터 이름(First name)을 부르는 것은 실례다. Mr., Mrs., Ms 등이나 직업(Dr., Professor, Reverend 등)을 뜻하는 명칭을 성(姓)과 같이 사용해 호칭하는 것이 공식적이고 존경의 의미를 담고 있다.

## 3. 선물

선물 이외에 돈을 주는 것은 뇌물로 간주되며, 선물도 50달러 이상일 경우에는 위법이다. 선물이 50달러가 넘을 경우 공공기관에 기부하도록 되어 있다. 그러나 의미 있는 작은 선물은 감사하게 생각하기 때문에 첫 대면에서 작은 선물은 서먹서먹한 감정을 해소할 수 있는 좋은 도구가 될 수 있다. 바이어의 집에 초대를 받아 갈 경우에는 꽃이나 화분, 과일 바구니. 책 등이 일반적인 선물이다. 한국에 돌아와서 감사 편지를 보내는 것은 매우 좋은 인상을 남길 수 있다. 상대방에게 선물을 받은 후에는 답례로 카드를 보내는 것이 예의다.

## 4. 약속

비즈니스 약속은 근무시간 중에 하는 것이 관습으로 일주일 정도 전에 전화로 잡는 것이 일반적이다. 약속 시간은 철저히 지켜야 한다. 약속을 지키지 못할 상황이 발생하면 최소한 약속 1일 전 또는 사유가 발생하자마자 상대방의 음성사서함에 메시지를 남기고 이메일로 다시 알려주는 성의를 보이고 양해를 구해야 한다.

## 5. 식사

(개인적인) 초대를 받은 경우에는 와인 등의 선물을 들고 가면 되며, 나중에 초대를 해준 상대방에게 감사의 서신을 보내도록 한다. 미국인들은 저녁 식사를 개인적인 관계를 위해 사용하는 경향이 강하므로, 대부분 비즈니스는 점심 식사에 이루어진다. 식사는 일반적으로 초대한 쪽에서 비용을 부담한다.

음식점에서 비즈니스 대화를 할 계획이면 분위기가 비교적 조용한 장소를 선택하거나 Private Room이 있는 곳으로 예약하며, 차선의 식당도 미리 알려주고 선택을 요청하는 것도 좋은 배려로 인식된다. 풀코스로 점심/저녁 식사가 이루어지면 보통 1시간 30분에서 2시간가량이 소요되는데 중간 중간에 얘기할 이슈(미국인들이 좋아하는 스포츠 상식이나 헤드라인 이슈)들을 미리 준비해 대화를 이끌어 가는 것도 중요한 식사 예절이다.

특히 미국에는 한국인들에게는 생소한 팁 문화가 발달해 있는데, 웨이터에게 팁을 너무 적게 줄 경우 초대를 받은 상대방이 무안해 할 수 있으므로 주의가 요망된다. 휴대폰은 끄거나 진동으로 전환한다. 남들과 함께 식사를 할 때 전화를 받는 것은 무례하게 여겨질 수 있다. 반드시 받아야 할 전화가 있을 때에는 양해를 구하고 자리를 잠깐 피해서 받는 게 좋다. 소금, 후추 등 필요한 것이 있더라도 남의 그릇 위로 팔을 뻗는 것은 금물이므로 근처 사람에게 "Would you pass me the salt/pepper?"라고 요청해야 한다. 남의 음식에 손을 대거나 내 음식을 남의 그릇에 옮기지 말아야 한다.

## 6. 문화적 금기사항

미국은 다인종 다종교 국가이므로, 사람의 피부색, 말투, 사회적 신분, 종교 등에 기준해서 비판하고 차별하는 모습을 보이지 않도록 주의하는 것이 좋다. 특정 종교, 소수민족, 인종, 여성 등에 대한 차별적 발언은 비록 농담이라 할지라도 절대 금물이다. 특히, 여성의 외모에 대한 언급은 절대로 하지 않아야 한다. 뉴욕, LA, 보스톤, 시카고, 샌프란시스코 등과 같은 대도시 지역에는 여러 인종들이 모여 살고 있는데 이들 각 인종들의 문화와 관습이 다르기 때문에 이상한 손짓이나 몸짓을 하지 않도록 조심하는 것이 좋다.

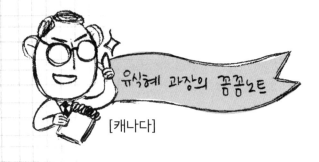

[캐나다]

## 비즈니스 에티켓

1. 복장

캐나다에서는 비즈니스 미팅에 참석할 때 상대방의 복장에 맞추어 입는 것이 기본적인 예의이기 때문에 어떤 업종에 종사하는 미팅 상대를 만나느냐에 따라 복장이 달라질 수 있다.

법조계, 금융계, 정부기관에 종사하는 사람을 만날 때에는 정장을 완벽하게 갖추어 입어야 하며 남성의 경우 넥타이까지 착용하는 것이 예의다. 미팅 상대방이 유통 산업 종사자라면 세미 정장 정도 입는 것이 보통이며, 식품업계나 자동차 등 제조업계의 경우 간혹 바이어가 청바지를 입고 나오는 경우가 있을 정도로 복장에 있어서 다른 산업보다 자유로운 편이다.

그러나 같은 산업에 종사하는 경우라도 바이어들의 성향에 따라 복장이 달라질 수 있다는 점을 명심해야 한다. 또한 처음으로 만나는 미팅의 경우 어느 업종이나 격식을 차려 입는 것이 기본적이며 안전한 선택이 된다.

## 2. 인사

캐나다 바이어를 만날 때 통역을 동반하는 경우라 하더라도 "Hi, How are you? I'm fine, thanks." 정도의 인사와 기본적인 안부 묻기는 영어로 해주는 것이 좋다.

캐나다의 인사 방식으로 남성은 악수를 교환하는 것이 일반적이며, 여성의 경우 친하다면 가벼운 포옹도 가능하다. 보통 악수할 때 캐나다인은 손을 힘주어 잡는 경향이 있는데 이를 도전적인 의미로 받아들이기보다 친근함, 혹은 만나서 반갑다는 진실의 표현으로 받아들이는 것이 좋다.

처음 만난 경우, 악수를 하며 인사한 후 명함을 교환하게 된다. 이때 공손하게 두 손으로 명함을 건네는 한국인들과 달리 캐나다인은 명함을 던지듯이 상대방 앞에 내려놓는 경우가 종종 있다. 여기에는 나쁜 뜻이 담겨 있는 것이 아니라 문화적인 차이일 뿐이므로 이에 대해 기분 나빠할 필요가 없다.

## 3. 선물

캐나다에서는 사업 상대가 자신의 집으로 초대하여 방문하게 될 시에는, 선물이 꼭 필요한 것은 아니지만 꽃, 와인, 자국 기념품 등의 선물을 증정하는 것이 좋다. 방문 후에는 초대를 해준 상대방에게 감사의 서신을 보내는 것이 예의다.

사업상의 선물을 하는 것은 큰 거래가 성사되었을 경우를 제외하고는 별로 흔하지 않다. 정부 관리에게 선물을 할 경우, 고가의 선물은 하지 않는 것이 관례다.

## 4. 약속

캐나다에서 바이어와 약속을 잡을 때는 전화나 이메일로 약속을 잡고 확답을 받는 것이 일반적이다. 혹시 약속 날짜가 변경해야 할 경우 하루나 이틀 전에는 전화 또는 이메일로 미리 양해를 구하는 것이 에티켓이다. 만일 미팅이 잡혀 있는 당일에 시간을 변경하게 된다면 반드시 전화로 교신해야 한다.

캐나다에서는 서로의 시간을 존중하며 약속 시간을 엄수하는 것이 철칙이며 피치 못할 사정으로 약속에 늦을 경우에는 정중하게 사과를 하고 양해를 구하는 것이 바른 매너로 통용된다. 만약 20분 이상 늦을 경우에는 최대한 신속하게 전화로 설명하고 약속 시간을 재조정하는 것이 바람직하다. 그런데, 약속 시간에 늦는 것뿐 아니라 지나치게 이르게 약속 장소에 도착하는 것도 오히려 실례가 될 수 있다. 거래 상대방이 다른 일정이 있을 수 있기 때문에, 약속 시간 약 10분 전에 도착하는 것이 가장 무난하다.

## 5. 식사

식사 메뉴를 정할 때에는 먼저 상대방에게 선택을 권하는 것이 예의이다. 하지만 만약 본인이 메뉴를 정하게 된다면 상대방의 문화적 배경이나 기호 등을 고려하여 결정하는 것이 좋다. 다문화 국가인 캐나다에서는 각 종교, 민족의 특성에 따라 먹지 않는 음식이 있고 채식주의자도 상당히 많은 편이어서 이를 고려하지 않는다면 식사 자리가 매우 불편해질 수 있다.

특히, 여느 서구 문화권에서와 마찬가지로 캐나다 바이어들에게는 한국처럼 한 가지 음식을 주문해 나누어 먹는 개념이 생소하다는 사실을 염두에 두어야 한다. 양식처럼 각자의 접시가 따로 나오는 음식을 먹는 경우라면 상관이 없지만, 한국 음식을 먹게 될 경우 함께 시켜서 나누어 먹는 것이 괜찮을지 상대방에게 먼저 물어보는 것이 예의이고, 식사할 때는 개인 접시를 이용하는 것이 바람직하다.

## 6. 문화적 금기사항

특별하게 규정된 문화적 금기사항은 존재하지 않지만 다민족으로 이루어진 이민사회인 만큼 캐나다 내에서는 인종, 민족, 성, 종교, 신체적 조건 등에 대한 차별이나 농담은 하지 말아야 한다. 특히, 종교에 대하여 자신의 의견을 개진한답시고 상대방의 종교에 대해 비판하거나 무시하는 발언을 하는 것은 매우 위험하다.

비즈니스 미팅에서 한국 업체 관계자들이 가장 많이 하는 실수 중 하나는 바로 사물을 가리킬 때 가운데 손가락을 사용하는 것이다. 사람을 향해 가운데 손가락만을 펴는 행위는 서양에서 매우 상스러운 욕이라는 사실은 널리 알려진 사실이다. 하지만 일부 업체 관계자들은 이를 망각하고 사물을 가리키거나 책자의 내용물을 설명할 때 무의식적으로 가운데 손가락을 이용하는 경우가 종종 있는데 이는 어떠한 상황에서도 예의에 어긋난 행동이므로 삼가야 한다.

소갈량 과장의 잡학사전

"미국이 비즈니스 술자리로 뚫을 구멍이 없다면,
메이저리그를 함께 보며 맥주를 한 잔 하는 건 어떻습니까? 하하."


| 미국 음주 관련 속담 |

• 하느님은 술꾼과 바보를 보호하신다.

• 술이 들어오면 지혜는 나간다.

• 술집에서 여자의 외모를 믿지를 말고 남자의 지식을 믿지 말라.

• 맥주 하루 한 조끼면 의사가 필요 없지.

寤寐
酒忘

오매주망_러시아권

자나 깨나 술 생각이로구나!

# 러시아

초코파이(情)처럼 다가서라

# Vodka!

'보드카' 하면 러시아다. 러시아인들의 유난스러운 보드카 사랑은 유명하다. 무색, 무취, 무미의 투명한 보드카를 보고 있노라면 러시아의 눈을 녹여서 만든 술이 아닐까 하는 생각마저 든다. 영하 20도를 웃도는 겨울 길거리에서 술에 취해 객사한 사람에 대한 뉴스가 겨울철 해외 토픽의 단골 메뉴가 될 정도니 과연 러시아의 국민 술이라고 할 만하다.

"사장님, 보드카 좋아하세요?"

나는 때마침 사무실로 들어오는 사장을 보며 물었다. 분명 어젯밤에도 술 약속이 있으셨던 것 같은데, 어김없이 싱그러운 굿모닝을 쏘아주고 있었다.

"어? 보드카? 러시아 들어갔어? 오~ 보드카 좋지. 깔끔하잖아. 내 몸에 가까운 물 같다고나 할까? 후훗."

'으… 알코올 도수 40도인 술이 내 몸에 가까운 물이라니.'

나는 혀를 내둘렀다.

"음. 그리고 보니까 P무역 알지? 거기 내가 아는 과장님이 러시아에 좀 있기도 했고, 러시아 쪽 담당이라고 했었거든, 한 번 만나볼래?"

"네! 물론이죠!"

나는 '이게 웬 떡이냐!' 하고 덥썩 물었다. 역시 마당발!

시청역 주변 즐비한 빌딩 숲 속의 A빌딩. 인테리어에 꽤 신경을 썼는지, 빌딩 둘레를 따라 대나무가 심어져 있었다. 로비 까페에 앉으니 대나무 숲 때문에 빠르게 지나가는 차들과 분주하게 지나가는 사람들에게서 벗어나 한적한 곳에 온 기분이었다.

"안녕하세요, 반 팀장님 되시나요?"

"아, 안 과장님?! 처음 뵙겠습니다. 도도해 사장님 소개로 연락드렸던 반주해입니다."

안드레 과장은 P무역 해외영업 파트로 6년 동안 러시아를 담당해 왔다고 했다. 통통한 체구에 비교적 얼굴이 하얘서 꼭 러시아의 북극곰을 연상시켰다.

"술과 글로벌 비즈니스에 관련된 책이라, 흥미롭네요."

"네! 그렇죠? 이제 기획 단계라 좀 더 두고 봐야 하지만요. 안 과장님이 좋은 소스 많이 주세요. 꼭 만들고 싶은 책이거든요."

"좋습니다. 저도 뭐 제 얘기, 아는 얘기, 들은 얘기 합치면 뭐 러시아는 책임져 드릴 수 있지 않을까요?"

안 과장은 사람 좋은 웃음을 터트렸다. 그의 살짝 벗겨진 머리가 대나무 숲 사이로 비치는 빛에 반짝하고 빛났다.

'오옷! 좋은 징조인데?'

나는 쾌활하고 사람 좋은 안 과장에 마음이 편해졌다. 하지만 그는 좋은 성격만큼이나 말도 많았다. 내가 왜 찾아 왔는지는 까맣게 잊은 채 어느새 본인이 성공시킨 계약들을 열거하며 일장 연설을 하기 시작한 안 과장. 나는 끝나지 않을 것 같은 그의 무용담 사이 잠깐의 틈을 노려 질문했다.

"그렇다면 역시 러시아에서도 비즈니스 할 때 술은 빠지지 않겠네요."

"하하. 네. 그렇죠. 러시아인들은 술이라면 가리지 않고 마시지만 그중에서도 보드카는 특히나 광적으로 좋아합니다. 그들에게 보드카란 역사와 기후, 그리 민중의 애환이 섞인 술이죠. 러시아인들은 우리나라 사람들과 비슷한 면이 많아요. 일단 술 한 잔하며 친해지고 나면 마음을 많이 열거든요. 사실 제품이 기술적, 가격적인 면에서 엄청 우위가 있지 않은 이상 역시 사람이죠. 이 회사가 믿을 만한가 어떤가, 맞은편에 앉은 사람으로 평가하는 거죠. 어디라도 다르지 않을 거예요."

"초코파이 마케팅이 먹히는 거 보면, 러시아도 우리나라만큼 정이 많을 것 같긴 했어요. 그럼 이 시점에서 안 과장님 술자리 에피소드 좀 파고들어도 될까요?"

나는 최대한 초롱초롱한 눈망울로 안 과장을 쳐다봤다.

"하하, 물론이죠. 흐음… 확실히 러시아는 술과 떼려야 뗄 수는 없는 지역입니다. 특히 바이어와 술을 마시는 여부에 따라 비즈니스의 성패가 갈린다고 해도 과언이 아니에요. 지속적인 관계를 유지하기 위해서도 술자리는 필수죠. 생각해보니 그동안 주요 계약을 앞두고 술자리를 안 한 경우가 없네요."

안 과장은 잠시 말을 멈추고, 적당한 소재를 생각하는 듯하더니, 이어서 말했다.

"푸틴 1기 때 일입니다. 당시 우리는 방산물자 납품과 관련해서 러시아 국방부 측과 협의를 하기 시작했죠. 정부 고위관계자를 통해 결정 권한을 가지고 있는 핵심 인물에게 접근했습니다. 하지만 한국뿐 아니라 다른 나라에서도 관심을 가지고 있어서 방해가 만만치 않았어요. 쉽지 않은 상황이었죠. 사실 러시아와의 비즈니스는 그리 쉽지 않아요. 술을 좋아하니 술자리 한 번 같이 하면 된다고 쉽게 생각하는 경우도 많은데, 술자리를 같이 하기까지가 힘들거든요. 초반에는 매우 사무적인 분위기 속에서 딱딱하게 이뤄지지요. 이런 분위기가 몇 달, 심지어 몇 년씩 가는 경우도 많습니다. 우리나라처럼 예의상 같이 식사를 하거나 술자리를 하는 경우는 거의 없어요."

"흠, 그렇군요."

"끈질긴 노력 끝에 겨우 술자리를 마련했습니다. 한국에서의 술자리였죠. 사실 큰 규모의 계약을 진행할 때는 바이어를 한국으로 초청하는 것이 이 분야의 오래된 전통(?)이거든요. 계약의 핵심 관계자인 이바노프 씨를 초대해 한국식으로 극진히 대접했죠. 하하. 건장한 체격의 주당이라 만만치 않았어요. 보드카를 맥주잔에다 원샷을 하며 분위기를 잡더군요."

"기선제압이로군요."

"그렇죠. 근데 우리에게는 초록색 병 구세주가 있었습니다."

"소주요?"

"네, 이바노프 씨가 소주를 탄산수인 줄 알고, 물컵에 따라 벌컥벌컥 마셔 버린 겁니다.

열심히 듣다가 나도 모르게 눈썹이 찌푸려졌다. 맥주잔에 보드카를 마시다가 소주를 마시면 도대체 어떻게 될까. 으~ 상상하기조차 싫었다.

"이바노프 씨는 생애 처음으로 필름이 끊겼다고 하더군요. 자기와 한국은 무슨 인연인 것 같다고 하면서요. 이바노프 씨가 귀국 후 러시아 국방부는 대통령으로부터 한 줄의 편지를 받았습니다. '이번 계약은 한국과 진행하시오.' 그 후 우리의 납품계약은 일사천리였죠."

"와!"

나는 소리 나게 손뼉을 부딪쳤다. 계약 성사 상황이 마치 영화의 한 장면처럼 상상됐다. 러시아 사람들은 은근 분위기파일 것 같았다.

"흐음. 그럼 안 과장님만의 술자리 노하우 같은 건 없으세요?"

"사실 러시아인과의 특별한 주도는 없어요. 러시아에도 '정'이란 게 있다고 느껴질 정도로, 한번 친해지면 끈끈한 무언가가 있습니다. 이 끈끈함만 있다면 어떤 술자리라도 훌륭한 술자리입니다. 하지만 술문화를 좀 더 알고 가면 술자리 분위기는 몇 배 더 좋아지겠죠? 러시아 사람들은 술자리에서 건배사를 즐겨합니다. 심하게 말하면 건배사로 시작해서 건배사로 끝나죠."

"전 부끄러워서 건배사는 잘 못하겠던데요."

"그러니, 건배사 한 마디 정도는 미리 준비해 두고 가는 게 좋아요. 러시아인들은 건배사 주제로 '조국, 여성, 자연'을 주로 씁니다. 그중 저는 분위기가 무르익고 있을 때쯤, 여성이 술자리에 있으면 무조건 '여성'을 소재로 건배사를 하죠. 예를 들면 '저는 오늘 이 세상에서 가장 아름다운 여성을 보았습니다. 여기 계신 바로 당신입니다. 이 술잔은 당신의 아름다움을 위해 바치겠습니다'라고 말합니다. 그러면 동석한 남자들은 신분고하를 떠나 전부 자리에서 일어나 그 여자를 위해 잔을 비웁니다. 대통령도 예외 없죠."

"어머, 멋있는데요?"

술자리는
한 번은 그냥 아는 사람
두 번은 친구
세 번은 가족이다!

안드레

"한 번도 실패해본 적이 없는 저의 노하우죠. 또 공감하기 쉬운 속담 한 마디도 분위기를 좋게 만듭니다. 건배사와 마찬가지로 술자리 우스갯소리는 항상 법칙처럼 존재하거든요. 저는 중앙아시아 속담 중에 '술자리 한 번은 그냥 아는 사람, 두 번은 친구, 세 번은 가족이다'를 즐겨 씁니다."

"아, 정말 안 과장님 뵈러 안 왔으면 큰일 날 뻔했는데요? 정말 좋은 정보예요."

"하하. 그런가요? 그럼 러시아 사람들의 접대 방식에 대해서도 얘기를 좀 해볼까요?"

안 과장은 내 말에 신이 났는지, 묻지도 않은 얘기를 술술 꺼내기 시작했다.

"러시아 사람들의 접대 중에서는 또 '사우나'를 빼놓을 수가 없어요. 거래를 했던 의류업체 사람들과의 얘기에요. 하루는 그쪽 사장인 아나톨리 씨가 다음 날 아침에 사우나에 가자고 하더군요. 그때까지 러시아식 사우나에 가본 적이 없어 뭘 준비해야 하나 싶었는데, 아무것도 필요 없으니, 그냥 오라고 하더군요. 가보니, 8명의 장정이 사용할 만한 큰 사우나장에, 각종 주류, 음료, 음식이 마련된 중앙 식당 테이블과 미니 수영장, 건식·습식 사우나, 당구대 2개까지 딸려 있는 곳이었죠."

"와, 고급 사우나네요."

"자, 이제 이 고급스러운 사우나에서 어떻게 시간을 보내는지 알려드리죠. 탈의 및 각자 타월을 걸치고 식당 테이블에 앉는다. 농담들이 오간다. 돌아가면서 건배 제의를 한다. 이렇게 한잔 하면서 농담 따먹기 하는 데 대략 40분에서 1시간이 걸려요. 이후 다 같이 건식 사우나로 향한 다음에, 사우나에서 약 2~30분 같이 사우나를 하죠. 그리고 나선 각자 흩어집니다. 각각 습식 사우나, 수영장, 당구대 등으로 흩어져서 30분에서 1시간 정도 시간을 보내죠. 이게 한 사이클입니다. 이렇게 약 다섯 번의 사이클을 보낸 것 같아요."

"네? 다섯 번이나요?"

"네, 아침에 만나서 헤어진 게 거의 밤 10시쯤 됐을 겁니다. 내 인생에서 그렇게 장시간 사우나에서 시간을 보내고 술을 먹은 것은 처음입니다. 다만 신기한 건 술을 먹고 난 후 사우나를 해서 그런지 술이 별로 안 취하더군요. 또 장시간 사우나를 하고 나니, 화장품이 필요 없을 정도로 피부가 부드러워져 빈손으로

러시아 style 사우나

오라는 아나톨리 씨의 말에도 공감이 가고요. 하지만 러시아는 남성들의 심장병으로 인한 사망률이 상당히 높은 편이에요. 이러한 음주 후 사우나 문화가 많은 영향을 미치지 않나 싶더군요."

"특이하네요. 추운 나라여서인지 역시 접대문화도 다르군요."

"저도 사우나에서 하루 종일 술 먹기는 처음이었습니다. 그래도 최근엔 아주 나아진 거죠. 제가 아는 한 지인 중에는 구소련 붕괴 때부터 그곳에서 사업을 해온 분도 계세요. 그때는 목숨을 내놓고 일해야 했었답니다. 소위 '마선생'이라고 하죠? 마피아 아니면 경찰 둘 중에 하나는 끼고 해야 안전하게 사업을 할 수 있었거든요. 통관 담당 공무원을 잘 알고 있으면 만사 오케이일 때도 있었고요. 지금은 많이 변한 거죠. 그래도 변하지 않는 건 있습니다. 바로 보드카 한 잔으로 친구가 될 수 있다는 사실이지요."

"사실 술은 감성적인 매개체잖아요. 술을 같이 마셨다는 것만으로 비즈니스가 잘될 순 없겠죠. 방금 과장님께서 하신 말씀처럼 '친구'가 될 수 있다는 점이 포인트 같아요. 다 큰 어른들의 두꺼운 철가면을 그나마 벗겨줄 수 있는 게 바로 이 술이니까요."

"맞아요. 제 경험상 술자리를 하더라도, 뭔가 바라는 걸 얻기 위해서 하기 보다는 친해지고 서로 신뢰를 쌓기 위한 술자리가 좋습니다. 신뢰를 얻기 위해서는 물론 러시아에 대한 이해가 뒤따라야 하죠."

안 과장의 사람 좋은 웃음에서 성실과 진실이 묻어났다. 나는 그의 업무 비결 하나를 알았다는 듯 빙그레 웃어 보였다. 안 과장의 시간을 더 뺏을 수 없어 이쯤에서 인터뷰를 마무리 짓기로 했다.

"이거 도움이 됐는지 모르겠네요. 다음에는 술 한잔 같이 하시죠."

"네. 좋아요. 보드카로요."

안 과장과 헤어지고 회사로 돌아오는 길에 콧노래를 부르며 유 과장에게 전화를 했다.

"유 과장님, 반주해예요. P무역 아시죠? 거기 러시아 담당 과장님과 인터뷰를 했어요. 이것저것 에피소드가 많으시던데요?

다음에 술 한잔 하기로 했어요. 그때 같이 만나 봬요."

"하긴 러시아와의 무역 규모도 무시 못 하죠. 좋습니다. 저는 정말 한 술만 하지만 우리의 호프 소 과장은 말술이니까요."

"저희 사장님도 끼실지 몰라요."

늦은 밤, 메일함을 열어보니 안 과장의 메일이 와 있었다. 그의 섬세함이 한 번 더 빛을 발한 순간이었다. 말로는 못 전한 그의 진심이 더 많이 느껴졌다.

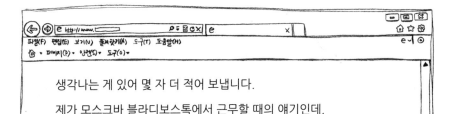

생각나는 게 있어 몇 자 더 적어 보냅니다.

제가 모스크바 블라디보스톡에서 근무할 때의 얘기인데,

참고해 주세요.

블라디보스톡은 극동 지역의 주청이 있는 가장 큰 도시입니다.

최근 APEC 정상회담을 개최하기는 했지만 인구는 100만 명도 안 되는, 모스크바에 비하면 완전 촌동네지요. 러시아의 영토는 광활하기 때문에 지역 간 차이가 심할 거라고 생각을 하지만, 공산주의 영향 때문인지 의외로 언어나 문화가 크게 차이 나지 않습니다. 다만, 블라디보스톡을 포함한 극동 지역은 오랜 기간 중국과 교역을 해온 탓인지 '아시아 문화'의 영향을 받아 바이어들의 성격도 좀 급하고, 장사꾼 냄새도 더 나는 편입니다.

현지 중요 배급업자(Distributer) 2명과 야생동물 고기로 유명한 D식당(블라디보스톡 외곽에 소재)에서 술자리를 했습니다. 보드코프 씨라고 블라디보스톡 토박이 현지 사업가와, 사할린에서 건너온 고려인 3세 사업가 빅토르 씨가 함께였죠. 극동 지역에서는 술자리에 발잠(약초술, 우수리스크 지역의 발잠이 유명)이나, 안주로는 만둣국, 고려인식 김치 등 동양 음식문화의 영향이 있는 편입니다.

러시아에 안주문화는 따로 없지만, 일반적인 술자리에서는 음식과 같이 음주를 즐기는 편입니다. 러시아 음식은 기름진 편이기 때문에 보드카 같은 독주의 안주로 어울리는 편이지요. 저는 그중에서 보르쉬(Borscht, 빨간 무로 끓인 야채스프)를 제일 좋아합니다.

보드코프 씨와 빅토르 씨 모두 소비에트 시절을 겪은 세대로 얼마쯤 술기운이 돌자 저를 위해 그 시절 노래를 들려주더군요. 2차 세계대전 당시 러시아 인구의 2/3가 줄었다고 할 정도로 많은 러시아인이 전쟁에 희생당했습니다. 러시아인들에게는 가슴 아픈 기억이자, 술자리 단골 소재인거죠. 그들은 저에게도 노래를 권유했습니다. 저는 이럴 때를 위해 〈모래시계〉 삽입곡으로 유명한 〈백학(쥬라블리)〉을 준비해 두곤 했죠. 2차 세계대전 당시 죽어간 전우를 위한 곡으로, 잘 부르면 옆 테이블에서도 박수를 받습니다. 한번은 '말라젯스(최고야)'를 외치는 할머니한테 키스 세례를 받은 적도 있죠.

러시아에서의 술은 삶 그 자체 입니다. 비즈니스도 삶의 일부이기 때문에 당연히 술과 비즈니스는 떼어낼 수 없습니다. 따라서, 술자리를 잘 해야 비즈니스가 잘 되는 게 아니라, 러시아 삶을 잘 이해해야 비즈니스에 성공한다고 말하고 싶습니다.

덕분에 오랜만에 감회에 젖었습니다.
좋은 책이 나오길 바랍니다.

[러시아]

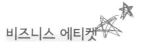

비즈니스 에티켓

1. 러시아인의 자긍심을 존중하라

러시아가 2000년대 이후 강대국으로서의 정치적, 경제적 위상을 회복했음에도 불구하고 극소수이지만 일부 한국 출장자들은 여전히 러시아를 구소련 붕괴 이후 경제 침체를 겪고 있는 가난한 나라로 인식하기도 한다. 소련이 붕괴된 이후 종종 길거리에서 빵을 사기 위해 길게 늘어선 사람들의 행렬과 한국에 있는 불법 취업자들을 보았기 때문이다.

그러나 급속히 발전한 경제 덕분에 러시아인들의 생활수준은 여느 선진국과 다를 바가 없을 정도로 높으며 러시아 국민들의 자국에 대한 자긍심은 매우 높다. 따라서 러시아인과 비즈니스 미팅을 가질 때 러시아를 폄하하는 발언은 절대 삼가야 한다.

오히려 러시아의 높은 문화 수준, 미국과 대등한 외교적 지위 등 러시아인들의 자긍심을 높일 수 있는 발언을 하는 것이 비즈니스 성공 가능성을 높일 수 있다.

## 2. 나보다 우리를 강조하라

역사적으로 러시아는 추운 날씨와 척박한 땅에서 생활하면서 경쟁보다는 상호협동 정신을 중요시하는 나라이다. 이러한 협동을 강조하는 정신이 바로 러시아가 다른 서양 국가와 다른 점이라고 할 수 있다. 또한 공산주의 시대를 거치면서 평등을 중요한 요소로 여겨왔기 때문에 비즈니스 협상을 성사시키기 위해서는 상대방이 얻을 이익이 무엇인지를 강조하고, 상호 간에 공평하게 이익을 보는 것임을 강조하는 것이 좋다.

## 3. 러시아 비즈니스 속도에 맞춰라

러시아와 비즈니스. 특히 프로젝트 업무를 할 때 우리가 먼저 성급하게 일을 추진하면 실패할 확률이 높다. 대륙 기질에서 영향 받은 러시아식 만만디 기질, 열악한 비즈니스 환경의 영향으로 러시아인들은 큰 사업을 추진할 때 천천히 추진하는 특징이 있다. 이에 따라 우리가 먼저 '성급한 속도로 추월하면 될 것도 안 된다'는 자세로 임해야 한다. 러시아는 시간이 걸리는 시장이니 시작 단계부터 우리가 참여하는 깃이 향후 참여 기반을 더욱 높일 수 있다는 중장기적 관점에서 일을 추진해야 한다.

## 4. 러시아인들의 보편적 태도에 대해 이해하라.

### 1) 관계(우정)를 중시하는 러시아인

러시아인들의 정신을 구성하는 주요 요소 중 하나는 Friendship(우정,우호 : DRUZHBA[두루즈바])이다.

공동 창업을 할 때도 러시아인들은 가족, 친구 간에 창업을 많이 하며 규칙, 문서 없이 시작하는 경우가 대부분이다.

상대방과의 관계를 중시하는 러시아인들은 절대 첫 미팅에서 계약을 하지 않고 상대방을 알고 관계를 형성한 이후 계약을 체결하는 것이 보편적이다. 이에, 러시아인과 비즈니스를 진행할 때 러시아인과 문화에 대한 이해, 꾸준한 업무 연락(constant feedback)과 유연성을 통해 관계(우정)를 형성해야 한다. 참고로, 러시아 사업 파트너로부터 집으로 초대를 받았다는 것은 그와 관계가 형성(Inner circle member)되었다는 것을 의미한다고 한다.

### 2) 외형을 중요시 여기고 감정적인 러시아인

러시아인들은 외형적인 모습도 중요시 여겨 상대방이 무슨 옷을 입었고 무슨 시계를 찼는지도 중요하게 생각한다. 만약 최고위층급들과의 면담에서 캐주얼한 복장을 하고 미팅에 참석한다면 사업을 안 하겠다는 생각으로 비춰질 수 있다.

러시아인들은 회사에 충성하지 않고 개인에 충성하는 경향이 강해 돈(급여 수준)보다는 좋은 사람, 근무 환경이 자기에게 맞는 곳에서 일하고자 한다.

근면한 한국인들 입장에서는 고용한 러시아인들의 근무 태도가 불성실하고 특히 사무실에서 생일자를 축하하며 간단한 다과를 갖는 것에 대해 못마땅하게 여기기도 한다. 그러나 사람과의 관계를 중요시 여기고 다소 감정적인 러시아인의 특징을 이해해야 그들이 영원한 조력자로 둘 수 있다.

3) 몇 가지 오해들

러시아인들은 약속 시간에 자주 늦는다. 그러나 보통 30분 이상은 늦지 않으므로 늦는 것에 대해 인내가 필요하다.

러시아 비즈니스맨에게 명함은 아직까지도 새로운 문화다. 러시아 바이어가 명함을 주지 않았을 경우 너무 민감하게 반응하지 말아야 한다.

러시아인들은 보통 한 사람이 몇 개의 전공과 학위를 가지고 있는 등 지식수준이 일반적으로 높다. 그들과 함께 문화, 예술 및 지식 등에 이야기 할 수 있다면 좋은 관계를 맺는 데 도움이 될 수 있다.

4) 러시아인들에게 적당한 선물

러시아인에게 선물은 한국적 특색이 녹아 있는 기념품, 공예품, 그림, 우표집 등이 좋다. 여성에게는 이러한 한국적인 기념품 외에 와인을 선물하는 것도 역시 괜찮다. 그러나 러시아 사람들에게 보드카를 선물하는 것은 한국 사람에게 소주를 선물하는 격이 되므로 주의가 필요하다.

만약, 러시아 현지에 있을 경우, 여성의 날(3.8)에 같이 근무하는 러시아 여직원에게 꽃 또는 자그마한 선물을 주는 풍습을 잊지 말아야 한다. 선물로는 현지에서 구입할 수 있는 화장품이 적당하다.

**| 음주 관련 속담 - 러시아 |**

"러시아와 술은 왠지 멋스러워, 광활한 땅에 슬픔이 배어 있는 느낌이랄까? 캬~ 보드카 생각난다."

- 천천히 오래오래 마시는 사람은 오래오래 산다.
- 술이 떨어질 무렵 친구도 떨어진다.
- 다른 사람의 목구멍으로 흘러 들어가는 술은 쓰다.
- 포도주는 젊은이에겐 독약이고 늙은이에겐 양약.
- 남자가 술을 마시면 집이 절반 불탄다. 여자가 마시면 온 집이 불타 버린다.

# 우즈베키스탄

양날의 검

"우즈베키스탄이라… 그런 나라 아닌가요? 우리나라 여배우 뺨치는 미녀가 밭 갈고 씨 뿌린다는…"

유 과장은 이번에도 '그럼 그렇지'라는 눈빛으로 나를 쳐다보았다.

"대부분의 사람들은 그 정도로 알고 있죠. 텔레비전에 나오는 미인들만 보고 말입니다. 하지만 비즈니스맨들에게 우즈베키스탄은 기회의 땅입니다. 약 2,800만 명으로 인구 면에서는 중앙아시아 최대인데다, 연간 7~8%대의 경제성장률을 기록하며 빠르게 성장하고 있어요. 우즈베키스탄 정부 역시 외국으로부터 적극적으로 투자를 유치해 다양한 산업 프로젝트를 진행시키고 있죠. 앞으로 우즈베키스탄의 시장 잠재력은 매우 클 거예요."

"흠. 그렇군요. 그래서 오늘 만나는 분은 어떤 분이세요?"

"우즈베키스탄과는 아주 인연이 깊은 분이죠. 무역에 어려움이 많았던 때부터 최근 원활해지기까지 우즈베키스탄과의 비즈니스를 모두 설명해 주실 수 있는 분이에요."

유 과장 말에 따르면 국내 농업산업기기 제조업체에 다니는 분으로 이름은 국사남 부장이라고 했다. 신입 꼬리표를 떼자마자 우즈베키스탄에 무역사절단으로 간 것을 시작으로 10년이 넘는 세월 동안 계속 거래를 이어오고 있다고 한다.

"아, 저기 오시네요."

유 과장이 횡단보도를 건너오는 한 사람을 가리켰다. 세로로는 아담하고, 가로로는 조금 넉넉한 한 중년의 남자가 이쪽으로 걸어오고 있었다. 국 부장이 호탕한 목소리로 유 과장을 불렀다.

"여어~ 오랜만이야. 이게 얼마 만인가."

"오랜만에 뵙습니다. 제가 우즈베키스탄에 갔을 때가 5년 전이니, 벌써 꽤 됐네요."

"그래그래."

국 부장이 내 쪽을 쳐다봤다 .

"안녕하세요. 하다 출판사의 반주해입니다. 만나 뵙게 되어 반갑습니다."

"그래, 유 과장과 같이 책 작업을 하신다고요?"

"네, 말씀 편하게 하세요. 좋은 말씀 많이 부탁드립니다."

"나야, 뭐 내 얘기밖에 해줄 게 더 있나?"

국 부장이 웃으며 말했다.

"그것으로도 차고 넘칩니다."

유 과장이 국 부장의 말을 받으며 웃었다. 유 과장의 태도로
보아 국 부장에게 굉장히 호의적인 것 같았다.

우리는 쌀쌀한 날씨에 어울리는 오뎅바를 찾았다.

좁지만 왠지 정감 있는 가게의 한쪽 구석에 자리를 잡고, 먼
저 소주를 한 잔 했다.

"제가 반 팀장에게 국 부장님 자랑을 좀 많이 해뒀습니다. 하하."

유 과장이 국 부장에서 소주를 따르며 말했다.

"네, 우즈베키스탄은 국 부장님 말고는 인터뷰할 사람이 없다고 하시더라구요."

"자네도 참, 아직도 전에 술자리에 흑기사 해준 걸 못 잊는 건가? 하하."

나는 '엥?!' 하는 표정으로 유 과장을 쳐다봤다.

"아니, 그게 보통 술자리입니까? 보드카 열 병이 오간 자리였다고요. 전 정말 부장님 아니었으면 이 세상 사람이 아니었을 겁니다."

'아하, 그런 거였구나.'

나는 내막을 알고는 배를 잡고 웃었다.

그렇게 몇 잔의 술이 오간 후, 우리는 자연스레 우즈베키스탄 이야기로 넘어갔다.

"내가 신입으로 들어가서 우즈베키스탄에 관심 갖게 된 게 뭐였을 것 같나? 거창한 것도 아니야. 미모의 여성들이 지천에 널렸다는 얘기 때문이었지. 남자가 다 똑같지, 뭐. 하하. 이제

겨우 무역맨이 된 내게 우즈베키스탄은 천국처럼 여겨졌지. 물론 꼭 그 이유 때문만은 아니지만 말이야.”

“정말요? 그 이유만이셨을 것 같은데…”

내가 말했다.

“흠, 그냥 넘어가자고. 우즈베키스탄 사업을 진행하며 아름다운 여성들의 흐뭇한 이미지와는 달리 비즈니스를 하기에는 척박한 환경이라는 걸 느꼈어. 당시 우즈베키스탄은 흥선대원군이 쇄국을 한 것처럼 본인에게 유리한 부분만 일부 개방할 뿐, 외환이나 경제 전반 분야에서는 규제가 심했거든. 글로벌 비즈니스 무대로서는 많이 부족한 형편이었지. 특히 환전, 외환송금 문제는 무역이나 해외투자 등에 치명적이었어. 돈 대신 물건(?)으로 받는 회사도 있었지만 이 또한 제한적이고 현실적이지 못했거든.”

“네, 그때 고생 많이 하셨죠. 그 후로도 2008년인가요? 개방정책으로 급속한 성장을 하던 이웃나라 카자흐스탄이 외환위기로 직격탄을 맞고 휘청하자, 우즈베키스탄 정부가 본인들의 혜안(?)에 자화자찬하며 더 문을 꽁꽁 걸어 잠그려 했잖습니까.”

“맞아 맞아. 하지만 그런 어려움에도 불구하고 우즈베키스탄은 매력적인 시장이야. 한국문화는 그들에겐 동경의 대상이고, 양국 간 관계도 좋지. 덕분에 한국 제품 역시 최고급으로 쳐주고 말이야.”

“재밌는 에피소드 좀 얘기해주세요.”

“흠, 초기 무역사절단으로 우즈베키스탄에 갔을 때일 거야. 6월 정도였지. 수도 타슈켄트는 40도가 넘는 엄청 뜨거운 날씨였어. 그래도 습도가 낮아 그늘에 있으면 그리 덥다고 느껴지진 않지. 사절단으로 가면 호텔이나 전시장을 임대해서 현지 바이어를 초청하거든. 이런 공식적인 바이어 매칭 외에 개별적으로 시장 조사를 해서 바이어를 찾기도 해. 하지만 우즈베키스탄은 인터넷 보급률도 낮고, 시장조사가 여의치 않았어. 우즈베키스탄이 농업국가라는 사실 하나만 믿고 간 우리는 시간이 갈수록 의구심만 커져갔지. 제대로 된 바이어도 없지, 이슬람 국가지, 저녁에 호텔 주변엔 휑하니 아무것도 없지… 그 밭 가는 분들은 전부 해외에 갔는지 보이지도 않고… 그렇게 우즈베키스탄을 떠나는 마지막 날이었을 거야. 한가했던 오전 미팅 시간이 이렇게 지나가나 싶을 때, 한 남자가 불쑥 우리 부스 앞에 서서 명함을 건네는 거야. 그는 자리에 앉지도 않고 ‘오늘 3시까지 여기 명함의 주소로 와주셨으면 합니다. 교통편은 우리가 제공하겠습니다’라더군. 당황스러웠지만 왠지 모를 ‘감’이 발동했지.”

“호오, 뭔가 큰 건이 될 거라는 느낌이 드셨군요?”

“그렇지. 우리는 통역을 대동하고 그쪽에서 보낸 차량을 탔어. 근데 교도소처럼 두꺼운 철문을 지나 큰 공장 같은 곳으로 가는 거야. '이거 납치되는 거 아닌가' 싶을 정도로 일반적인 공장의 모습과는 달랐어. 도착하니 인상 좋은 퉁퉁한 남자분이 기다리고 있더군. 겉모습과는 달리 사무실은 깨끗하고 가구들도 새것이고 말이야."

"우즈베키스탄에서 사업할 때는 '겉으로는 눈에 띄지 않게' 해야 한다는 말이 있죠."

유 과장이 말했다.

"이 업체의 사장은 알고 보니 어려서부터 고려인들과 친하게 지내 한국문화에 익숙하고, 일 년에 한 번씩 한국으로 건강검진을 받으러 다닐 정도로 한국에 대해 좋은 이미지를 갖고 있더군. 대단위 채소농장을 운영하고 있었는데, 현재 사용 중인 이스라엘제 스프링클러가 비싸, 이번 기회에 한국제로 바꿀까 해서 우리를 불렀다는 거야. 그것도 자그마치 백만 달러 정도의 규모의 오더로."

"우와~"

"바로 침 튀기며 제품의 우수성을 설명했지. 그러자 우리에게 사람 좋은 웃음을 지으며 탁자 위에 놓인 크리스털 병에 담겨 있는 보드카를 한 잔 따라주더군. 무더위에 땀으로 찌든 몸속으로 보드카 한 잔이 들어가니 안에서 불이 확 나면서 순간

멍해졌어. 그 순간 너무 조급하게 상대를 대했구나 하는 생각이 들어 부끄럽더군. 그날 저녁 카자흐스탄으로 출국해야 했던 우리는 구매의향서 정도만 받아들고서 발걸음을 돌려야 했어."

"너무 아쉬우셨겠어요."

"맞아. 그래서 카자흐스탄에 도착해서도 그 생각이 떠나질 않더군, 결국 본사에 보고를 하고 일정이 끝나자마자 다시 타슈켄트로 날아갔지. 두 번째 만남은 비즈니스 얘기보다는 서로를 알아가는 시간이었어. 바로 술자리가 이어졌지. 사람 보기에 술자리만큼 좋은 곳도 없잖아?"

"그렇죠."

"우즈베키스탄과의 사업은 신뢰관계와 시간 문제야. 어느 정도 서로 신뢰가 생기지 않고서는 거래가 어려워. 그래서 인내해야 하지. 빨리빨리에 익숙한 우리와는 다른 비즈니스 마인드 때문에 다소 고전하는 사람들도 많아. 하지만 그나마 위안이 되는 건 우리와 비슷한 술자리 문화라는 거야. 마시는 술과 음식은 달라도 음주문화는 비슷하더라구."

"아, 비슷한가요? 전혀 다를 것 같았는데."

"응. 누가 우즈베키스탄이 이슬람 문화권이라고 했나 싶다니까. 과장 좀 섞어서 한국에서처럼 '술 먹고 개(?)가 돼 봐야 술자리 좀 제대로 했네'라고 생각하는 점도 비슷하고 말야. 하여튼 우즈베키스탄에서의 술자리는 희한하게 공감되는 부분이 많아서 낯설지 않아. 여기에 실크로드의 후예인 이들의 밤문화는… 음 말로 설명하기는 어렵고… 반 팀장의 상상에 맡길게."

"에~ 뭐에요! 더 말해주세요."

"유 과장, 반 팀장 좀 말려주게. 무섭구만. 허허. 맞아! 그리고 잊지마! 간혹 독실한 이슬람 신자도 있으니 주의는 해야 해. 하여튼 이 술자리 이후로도 거나한 술자리가 몇 번 더 이어지고, 형님 아우 하는 사이가 됐어. 그 후로 계약 체결에 납품도 하게 됐지."

"술로 한 성공적인 비즈니스였네요?"

"성공적인 비즈니스? 사실 이 거래로 인해 우리 회사는 어려움을 많이 겪었어. 환전과 해외송금이 어려워서 물건 대금을 받아야 하는데, 현지 화폐인 숨(Sum)을 달러로 환전할 수가 없고 해외송금도 안 되는 거야. 심지어 면세점에서도 자국 화폐를 받지 않으니… 결국 2년간 고생한 끝에 우리나라 대통령 방문 때 일시적으로 해외송금이 풀려 겨우겨우 대금을 받게 되었다니까. 조금만 더 지났어도 정말 큰일 났을 거야."

"아, 그렇군요."

계약만 체결되면 만사 오케이인줄 알았는데, 그 외 부수적인 문제들도 신경 써야 하는 거였다. 유 과장은 법률도 알아두는 게 좋다는 말을 했다.

"하지만 지금은 많이 변했어. 시내에 높은 건물도 많이 들어서고, 새로운 아파트도 많아졌지. 또 공항도 새로 짓고 숨 화폐도 예전보다는 가치를 인정해 주고 있어. 심지어 면세점에서 숨을 받는다는 반가운 소식이 들리니, 내가 어찌 감동의 눈물을 안 흘리겠나, 하하. 우즈베키스탄은 워낙 풍부한 천연자원이 있는 나라인데다, 요즘은 사회 인프라나 정책혁신, 산업 균형발전을 위해 노력하고 있으니, 우리나라와 계속 좋은 파트너 관계를 맺는다면 서로 윈윈할 수 있겠지. 그래도 주의할 건 해야 해"

"뭔데요? 말해주세요."

"우즈베키스탄인들은 해외 사업가들에게 친절한 편이야. 술 한 잔 먹고 형님 아우 하는 사이가 되니까. 하지만 여긴 또 그들 나름의 역사와 문화가 있어. 우즈베키스탄은 옛날 실크로드의 주요 거점이자 지나는 관문이었어. 그런데 이 실크로드를 지나는 카라반(Caravane, 사막 지방에서 낙타를 타고 멀리 교역을 하러 다니는 상인 집단)들이 한번 길을 지나가면 언제 다시 돌아온다는 보장이 없거든. 그러니 만나는 카라반 상인들로부터 최대한 많은 이익을 남겨야 했겠지. 유목민들의 손님 접대, 나그네를 위한 선의 등을 통해 표면적으로 나타는 호의적인 모습 뒤에는 카라반 상인으로부터 최대한 많이 이익을 얻으려는 의도가 깔려 있어. 그런 문화가 지금도 내려오고 있는 거지. 그러니 잘해준다고 금방 풀어져선 안 돼. 믿기기 쉬운 거야.”

“오호, 흥미로운 사실이네요. 저도 궁금한 게 있어요. 우즈베키스탄에서 사업할 때는 ‘겉으로는 눈에 띄지 않게’ 해야 한다는 말은 뭐예요? 아까 그 공장에 갈 때도 무슨 첩보영화처럼 몰래 들어가는 듯한 느낌이기도 하고… 왜 그런 거죠?”

“아, 그걸 이상하게 느꼈을 수도 있겠군. 이거 또 우즈베키스탄 친구 얘기를 해줘야겠구만. 알렉산드르라고 내 운전기사를 했던 친군데, 고려인이었어. 조선족처럼 러시아 및 독립국가연합에 편입되어 살고 있는 우리 동포를 말해.”

“네, 중국의 조선족은 자치구 등의 소수민족으로서 어느 정도 독립성을 인정받고 있지만 고려인은 과거 소련 체제에 흡수되어 지냈죠. 특히 젊은 고려인들은 생김새만 우리와 비슷할 뿐 문화, 인식, 사고방식 등은 현지인과 같다고 해도 무방합니다.”

국 부장의 말에 유 과장이 보탰다.

“아~ 그렇군요. 그냥 동포라고만 알고 있었어요.”

"가끔 고려인 때문에 사기를 당했다는 회사들이 많은데, 제 생각에 그건 고려인의 문제가 아니라 사람의 문제라고 생각합니다. 우즈베키스탄인이든 고려인이든 다 현지인일 뿐이죠. 혈통만 다를 뿐. 고려인이라는 것만 보고 심사숙고 없이 관계를 맺은 사람의 잘못이지 고려인이라서 그렇다는 건 전혀 동의할 수 없습니다."

유 과장의 단호한 말에, 그 또한 일리 있다는 생각이 들었다.

"그래 유 과장 말이 맞아. 알렉산드르는 무뚝뚝했지만 성실한 친구였거든. 어느 날 그와 술을 한잔 하는데, 조금 취했는지 자기 얘기를 꺼내더군. 여기서 또 술의 힘이 나오네 하하. 그도 사업을 했었는데, 자기 나라(우즈베키스탄) 때문에 망했다고 한탄했지."

"네? 왜요?"

"이런저런 사업을 하다가, 과일, 채소, 견과류 등의 작물을 수출하는 사업을 했다더군. 매일 현지 화폐인 숨을 암시장에서 달러로 바꾸는 게 하루의 중요한 일과였을 만큼 번창했는데, 세금 경찰의 공격을 받았던 거야."

"세금 경찰이요?"

"응. 이 나라 권력층에 있는 사람들이 돈을 어떻게 돈 버는 줄 아나? 우선 관심 있는 사업 분야의 규제를 풀지. 사업 허가도 쉽게 내주고 장려를 해. 그러면 돈은 있지만 기회가 없는 사람들이 앞다투어 사업을 벌려. 사업이 잘 된다고 소문이 나거나, 안정된 것 같으면 그동안 뜸했던 사업장에 세금 경찰을 보내 소위 아작을 내는 거야. 그리곤 얼마 후에 주인만 바뀌어 사업장을 계속 돌아가고 말이야."

"어머, 그럼 우즈베키스탄에서 사업을 하는 건 굉장히 위험한 거 아닌가요?"

"글쎄, 이런 세금 경찰 말고도 이리저리 이권을 빼갈 수 있는 방법은 많아. 합법적으로 말이지. 우리와 다르다고 무조건 나쁘다고만은 할 수 없어. 물론 부당한 짓을 저지른 건 분명 나쁜 거지. 하지만 이게 그들의 방식이야. 일단 우즈베키스탄에서 일할 생각을 했다면 그 방식을 이해할 뿐 아니라 다룰 줄 알아야 살아남을 수 있는 거지. 일반적인 눈으로는 나쁜 환경이라고 볼 수도 있겠지만, 이런 울타리 덕분에 내가 큰 경쟁자 없이 일할 수 있는 거라고."

국 부장의 말에 이런저런 생각이 들었다. 그래서 아까의 그 우즈베키스탄 회사도 외관은 허름하게 하고 있었구나 싶었다. 알렉산드르의 상처받은 마음과, 국 부장의 냉정하지만 현실적인 말이 묘하게 겹쳐졌다.

'비즈니스의 세계는 냉정했지. 맞아.'

그래서 술이 떨어질 수는 없는 것 같다.

그간 서로 못다 한 이야기꽃을 피우기 시작한 유 과장과 국 부장을 보면서 그들에게는 오늘의 술이 참 달거란 생각이 들었다.

## 비즈니스 에티켓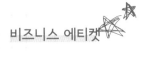

### 1. 복장

비즈니스 시 복장은 우리나라와 비슷하다. 현지 기업인 또는 정부인사와의 면담 시에는 필수는 아니지만 정장을 착용하는 것을 추천하며, 계절에 맞게 옷차림을 준비하는 것이 좋다. 우즈베키스탄의 여름은 5월부터 9월로 다소 긴 편이므로 하복을 준비하는 것이 좋다. 여름철 우즈베키스탄 공무원들도 한국과 마찬가지로 반소매 남방 차림을 하므로 이러한 복장을 준비하는 것도 괜찮으며, 겨울철은 한국보다는 덜 추운 편이나 눈이나 비가 많이 오므로 외투보다는 두툼한 레인코트가 실용성이 높다. 한편 봄(4~5월), 가을(9~10월)에는 낮에는 온도가 높지만 밤에는 쌀쌀하므로 카디건이나 점퍼류 등 간단한 겉옷을 준비하는 것을 추천한다.

### 2. 인사

인사법은 악수를 하거나 가까운 남자끼리는 뺨을 우-좌-우 순서로 3번 살짝 대고, 악수를 할 수 없는 상황에서는 오른손을 왼쪽 가슴에 대는 자세를 취해 인사를 한다. 단, 문지방 등 경계선 위에서는 서로 악수하지 않는다. 우즈베키스탄에서는 머리를 신성시하여 아이들의 머리를 귀엽다고 해서 쓰다듬는 것은 그리 탐탁지 않아 한다. 남녀 내외풍습의 잔재로, 여성과의 인사는 가볍게 하고, 베일을 쓴 여성과의 신체접촉은 삼간다.

## 3. 선물
비즈니스 시 선물이 필수적인 사항은 아니나, 선물을 통해 비즈니스 관계를 다지는 것도 좋은 방법이다. 인기 있는 선물로는 명함케이스, USB, 문구류 등이 있으며 술이나 차, 지역 특산품 등을 선물하기도 한다.

## 4. 명함
우즈베키스탄은 명함문화가 확립되어 있지 않다. 구소련 시대의 영향으로 정보의 비공개 원칙에 대해 아직까지 습관화되어 있기 때문에 많은 기업 관계자들이 명함을 만들지 않고 있다. 또한 산업 초기화 단계이다 보니 무역업체가 많지 않은 것도 명함문화가 정착되지 않은 이유이다. 최근 다수의 기업들이 명함의 중요성에 대해 인식하고 명함을 만들고 있으나 아직 명함에 대한 중요성을 인지하고 있지 않는 기업들도 상당수다. 따라서 비즈니스 미팅 시 명함을 교환하지 않는다 해서 당황해 하지 말고 상담을 추진하는 것을 권한다.

## 5. 약속
우즈베키스탄 국민들의 매우 선량한 편이나 감정을 솔직하게 드러내지 않는 경우가 많아 비즈니스를 할 때 차질을 빚는 경우가 있다. 또한 느긋한 심성으로 일의 진척이 빠르게 진행되지 않을 수 있으므로 그 부분에 대해 이해함과 동시에 일을 재촉하여 적재적시에 마무리 지을 수 있도록 노력해야 한다. 따라서 공식적인 문서나 계약이 완료되기 전까지는 긴장의 끈을 놓지 않는 것이 중요하다.

## 6. 식사

회교도는 돼지고기를 먹지 않는 대신 양고기 요리가 많으며, 대표적 음식인 플롭은 주인이 직접 손님에게 만들어 접대하는 것을 즐긴다. 이와 같이 플롭은 결혼식 등의 우즈베키스탄 가족 행사에서 주로 대접되는 음식이다. 또 이슬람의 보편적 요리인 '샤쉴릭', '라바쉬', '라그만', '쌈싸' 등이 있다. 튀기거나 말린 민물고기 음식을 볼 수 있으나 내륙 국가이기 때문에 해산물 요리가 많지 않다.

또한 우리와는 다르게, 손님의 술잔에 첨잔을 계속하는 것이 예의이며, "원샷" 하는 것은 상대방과 술을 마시지 않겠다는 의미로 결례가 된다.

### 1) Plov(플롭)

플롭은 양고기와 쌀이 주재료다. 이에 추가적으로 당근, 양파 등이 추가되며, 결혼식 등의 가족 행사에서 준비되는 전통음식이다. 각 지역마다 특유 레시피를 갖고 있어, 여러 종류의 플롭을 맛볼 수 있다. 예전 우즈베키스탄인들은 플롭을 손으로 먹었지만, 요즘은 숟가락 또는 포크를 이용해 식사한다. 하지만 몇몇 지역에서는 플롭을 손으로 먹는다.

## 2) Manty(만티)

만티는 우리나라의 만두와 비슷한 요리로, 페르가나, 사마르칸트, 타슈켄트, 부하라 지역에서 가장 보편적인 음식이고, 다른 지역에서는 자주 요리하지 않는 음식이다. 만티는 물과 밀가루를 반죽해 4~5mm의 피를 만들고, 고기와 야채를 속재료로 채워 넣는다. 보통 사워크림과 함께 곁들여 먹는다.

## 3) Samsa(삼사)

삼사는 우즈베키스탄 전 지역에서 고루 볼 수 있으며, 고기, 호박, 감자 등의 다양한 속재료로 만든다. 2~2.5mm의 밀가루 반죽에 속재료 및 양념을 채워 넣은 뒤 구워낸다.

## 7. 문화적 금기사항

우즈베키스탄은 이슬람 문화권으로 국민의 대다수가 이슬람교도이다. 헌법상에는 종교의 자유가 명시되어 있으나 우즈베키스탄 국민에 대한 타종교의 선교 활동은 법으로 금지되어 있다. 실제로 선교 활동 적발 시 재판에 회부되어 추방 등의 조치를 받는 경우가 있으므로 유의해야 한다.

# 카자흐스탄

신나게, 딱 한 잔만!!

"룰루~ 울면 안 돼~ 울면 안 돼~ 산타 할아버지 안 오실 거야. 워우예~"

"뭐야, 왜 그래요."

내 요상한 캐럴 소리에 옆 자리의 정 대리가 얼굴을 구기며 물었다.

"12월이잖아. 크리스마스! 몰라?"

"이제 1일인데요."

나는 그 말은 무시하고 계속 캐럴을 불러댔다.

자료 조사도 거의 막바지에 이르렀고, 주 실장의 원고도 착착 진행되고 있으니, 어찌 노래가 나오지 않을쏘냐.

"룰루루~"

"반 팀장, 카자흐스탄만 남았다며?"

사장이 지나가며 물었다.

"네네. 룰루~"

"우즈베키스탄하고 비슷할 것 같은데? 바로 옆이기도 하고."

"아니, 바로 옆이라고 다 비슷한가요? 그럼 중국하고 일본하고 우리나라는 세 쌍둥이게요?"

"그냥, 조사하기 좀 더 수월할 거란 말이었지! 뭐야? 지금 나한테 딴지 거는 거야? 호오~ 좋아. 카자흐스탄 내용 안 좋기만 해."

"아이고, 농담입니다. 사장님도 참."

하지만 사장은 이미 쌩하고 가버린 뒤였다.

'이놈의 입이 방정이구만. 좋아, 하지만 내 이번 조사에 온몸을 불사르리.'

들뜬 기분에 괜히 생각 없이 말꼬리를 잡았다 싶었지만 그래도 좋았다. 나는 휘파람을 불며 자료를 검토했다.

카자흐스탄… 우즈베키스탄이나 타지키스탄, 키르기스스탄, 투르크메니스탄 등 땅이라는 뜻을 가진 '스탄'으로 끝나는 국가들과 비슷하다고 생각을 하지만, 중앙아시아에서 가장 큰 영토를 가지고 있고, 세계에서도 면적이 아홉 번째로 큰 자원부국이다. 특히 석유·가스 가격이 급등하면서 에너지 강국으로 부상한 카자흐스탄은 급속한 경제 성장을 이루며 중앙아시아의 맹주로 자리매김하고 있다. 이웃나라 우즈베키스탄은 사회주의 시스템을 고집하면서 자원민족주의를 고집한 반면 카자흐스탄은 일찌감치 시장경제 도입과 더불어 풍부한 천연자원을 바탕으로 한 개방정책을 시도하면서 미국과 유럽 등의 해외투자를 유치하는 데 성공했다. 그만큼 주변국 중에서는 비즈니스가 가장 발달되어 있다고 할 수 있다. 또한, 2011년 개최한 아시안게임으로 도시 인프라도 많이 정비되었다.

'흐음, 그렇구나. 역시 우즈베키스탄하고는 뭔가 다른 냄새가 나.'

나는 잠시 쉴 겸 해서 소 과장에게 연락을 했다.

"소 과장님, 반주해입니다."

"아, 네, 반 팀장, 무슨 일입니까?"

"이제 마지막이잖아요. 이 반주해 머리에 땀나도록 열심히 조사하고 있다고요. 소 과장님이 따로 조사하고 있는 카자흐스탄은 어떤가 해서요. 하하."

"그러잖아도, 연락드리려 했습니다. 유 과장하고 연락해서 서로 한 분씩! 무려 두 분을 모셨거든요. 하하. 같이 만나시죠."

"어머나! goooood~ 좋아요!"

그날 저녁,

종로의 한 고등어구이 집에서 유 과장, 소 과장을 만났다.

"어? 다른 분들은요?"

"아, 곧 오실 겁니다. 무역 일이란 게 갑자기 일이 터지면 어쩔 수 없잖아요."

"그렇죠, 오늘 만나는 분들은 어떤 분들이세요?"

"흠, 제가 연락한 분은 카자흐스탄에서 컨설팅 업체를 운영하는 신난다 사장입니다. 유쾌한 분이죠. 한국 기업들의 현지 진출을 돕고 계시니, 이야깃거리가 무궁무진할 겁니다. 술도 잘 하시고요."

소 과장이 웃으며 말했다.

"저는 한국에서 생필품을 사다가 카자흐스탄 현지에 판매하는 작은 무역상사 대표분을 모셨습니다. 딱한잔 사장입니다. 대기업에서 근무하다가, 사업을 시작하신 분이죠. 규모는 작지만 앞으로 전망이 큰 곳입니다. 카자흐스탄에서의 경험도 많은 분이고요.

"와, 기대되는데요?"

그때 마침, 문이 열리는 소리가 들리고, 한 남자가 가게로 들어섰다. 굉장히 마른 체구에, 긴 얼굴을 가진 사람이었다. 학창시절 별명이 100% '멸치'였을 거라 여겨지는 사람이었다. 거기다 흰머리가 무성한데다 얼굴에 웃음기라고는 찾아볼 수 없어 매서운 성격의 사람 같기도 했다.

"여깁니다. 신난다 사장님."

소 과장이 아는 척을 했다.

"아, 오랜만이네."

신난다 사장이 소 과장과 인사를 하고 나와 유 과장에게 악수를 권했다.

"이쪽은 하다 출판사의 반주해 팀장, 여기는 저와 같이 근무하는 유식혜 과장입니다."

악수를 한 뒤 자리에 앉아 한 번 더 눈인사를 했다. 신난다 사장이 먼저 입을 열었다.

"다들 반갑네. 신난다일세. 오늘 이 모임이 카자흐스탄의 비즈니스와 술문화를 얘기하는 자리라고?"

"네, 나중에 딱한잔 사장님도 오시기로 했습니다. 혹시 아시나요?"

"아, 비전상사의 딱 사장 말인가? 하하. 잘 알고 있지. 모두

들 딱 사장을 주목하고 있거든. 한국 오는 시간이 어떻게 맞았구만. 카자흐스탄으로 들어갈 때 같이 들어가면 되겠네."

신난다 사장은 딱한잔 사장을 잘 아는지, 반갑다는 듯이 말했다.

"아, 잘됐네요. 그럼 딱 사장님 오기 전에 신 사장님은 그간 어떻게 지내셨는지 좀 이야기해주십시오."

"나야 이름처럼 신나게 지냈지."

신 사장은 웃으면서 소주잔을 들었다. 생각보다 훨씬 유쾌한 사람 같았다. 우리는 편한 분위기 속에서 몇 잔의 술을 걸쳤다.

"…카자흐스탄은 외환위기 당시 잠시 주춤했지만 풍부한 천연자원을 바탕으로 2010년 이후 꾸준히 경제성장을 하고 있는 것 같습니다. 작년에 출장 가서 보니, 전망도 좋고. 수도인 아스타나, 알마티 신시가지에는 첨단 고층 건물과 대형 쇼핑몰도 앞다투어 들어섰더군요. 세계 각국에서 진출한 회사들이 많아 인근 중앙아시아 국가들과는 달리 국제도시 분위기도 물씬 풍기는 것이…"

어느 정도 자리가 무르익고 소 과장이 카자흐스탄 얘기를 꺼냈다.

"맞아. 그런 배경에는 카자흐스탄이야말로 현재 유럽연합

(EU)이 러시아에 크게 의존하는 에너지를 대체할 수 있는 미래의 공급국이기 때문이지. 특히, 카자흐스탄 북서쪽에 위치한 카자차가나크(Karachaganak)는 전 세계 가장 큰 규모의 원유 및 천연가스 매장지거든. 세브론을 비롯한 다국적 자원개발기업들도 진출해있고 말야. 여담이지만 카자흐스탄은 미군과 러시아의 군사적 대결장이기도 해. 아프가니스탄 전쟁 당시 카자흐스탄은 미군기지 사용을 허용했고, 나토(NATO, 북대서양조약기구)군의 주둔을 동의한 바 있어 서방의 전략적 요충지인 거지."

"흠. 그렇군요."

"이런 카자흐스탄이 한국을 발전 모델로 삼고 있어요. 그만큼 우리가 비즈니스하기엔 유리한 환경입니다. 이명박 정부 때는 카자흐스탄과의 관계가 특히 친밀해서, 2009년 정상 방문 때 나자르바예프 카자흐스탄 대통령과 '사우나 회동'에 '보드카 폭탄주'를 나눠 마시며 우정을 과시한 게 뉴스가 되기도 했었죠."

유 과장이 덧붙여 말했다.

"맞아. 이런 사우나 회동은 카자흐스탄이 국빈을 대접할 때 최고 신뢰의 상징이야. 블라디미르 푸틴 러시아 대통령 등 몇몇 정상에게만 제안하는 우호의 표시였거든. 사람들 생긴 것도 우리나라 사람이랑 비슷해서, 길거리에 돌아다녀도 크게 이질감이 느껴지지 않지. 그런 면에서는 러시아와는 다르다고 할 수 있어. 더욱 재미있는 건 1,700만 명 정도 되는 인구 중 남자가 귀하다(?)는 특징이 있어. 한류 영향으로 드라마나 K-POP이 유행해서 외모가 출중한 젊은 한국 남성들은 현지 생활에 매우 유리하다고 할 수 있지. 하하."

"술문화는 어떤가요?"

내가 물었다.

"음, 기념일이나 생일 등을 축하해주는 문화가 있어 회식이나 술자리도 자주 있는 편이야. 이슬람 국가이지만, 남녀 차별이 없고 성, 음주 등에 대해 개방적이지. 카자흐스탄인들은 구소련권 국가답게 보드카는 물론 맥주나 와인을 즐겨 마셔. 전통술로 유목생활에서 유래한 쿠미스(마유주)가 있지만, 특별한 로컬 행사나 일부 전통식당에서나 가끔 맛볼 수 있지. 어쨌든 중앙아시아 국가들 중에서는 가장 으뜸의 술 소비국이라고 할 수 있지. 길거리 곳곳에 있는 24시간 편의점에서 쉽게 술을 구할 수 있고 말이야."

"우리나라와 비슷하네요. 그럼 비즈니스와 술과의 관계는 어떤가요?"

"흠, 몇 년 전, 한국의 에너지 관련 기업 현지 컨설팅 일화를 들려주지. 당시 그 회사는 국내 대기업과의 해외 프로젝트 경험을 토대로 현지 정부의 자원개발사업을 준비하고 있었어. 업체의 규모로 보아 대규모 플랜트 사업 입찰을 수주하기에는 무리가 있었지. 이미 수년 전부터 준비하고 있는 다국적기업과의 경쟁에선 이기기 어렵다고 봐야 했어. 하지만 우연히 알게 된 카자흐스탄 고위 정부 관계자인 지인의 말을 믿고 사업 진행을 하고 있는 상태이더군."

"그럼 좀 위험한 거 아닌가요?"

"카자흐스탄에서 사업을 하다 보면, 현지 바이어들이 정부 인사나 유력 인사와의 친분을 거론하며 여러 가지 사업을 제안할 때가 많은데, 대부분 크게 믿을 건 못 돼. 낭패를 본 사례도 여럿이고. 이 업체도 마찬가지로 성과도 없이 지인의 말만 믿고, 관계 유지를 위해 시간과 돈을 낭비하고 있었던 거지. 업체가 사업을 계속하느냐라는 기로에서 고민하고 있을 무렵, 다른 한국 사업가의 소개로 내 알마티 사무실로 찾아왔었어. 그동안의 자초지종을 듣고 내가 내린 결론은, '접근 방식은 맞지만 방법이 틀렸다'였어. 그래서 가장 먼저 그 고위 관계자와의 실질적인 만남을 갖기로 했지. 물론 이런 방식이 사업의 정석이라고는 할 수 없지만, 카자흐스탄에서는 매우 중요하게 작용해. 현지 대사관, 국제무역발전협회의 도움으로 공식 미팅을 잡았지."

"고위 관계자와의 미팅이 필요할 경우, 현지 우리나라 정부기관을 활용하면 좋거든요."

소 과장이 추가적으로 설명을 해줬다. 신난다 사장의 말이 계속 이어졌다.

"카자흐스탄인들은 정이 많고 음주가무를 좋아해. 역시 술자리의 도움으로 입찰 관련 귀중한 정보를 얻게 될 수 있었지. 어렵게 중요 인사와 자리를 만든 만큼, 기회를 최대한 활용하기 위해 식당 섭외, 술, 음식 등을 치밀하게 준비했어. 딱딱한 비즈니스 술자리가 아닌 비즈니스 파트너 이상의 친밀감을 나타낼 수 있는 자리가 필요했거든."

"아, 우즈베키스탄을 조사할 때, 중앙아시아 유목민족은 대접하기에 신경을 쓴다고 들었어요."

나는 우즈베키스탄 당시 국 부장의 말을 떠올렸다.

"맞아. 유목민족의 특성이지. 손님 접대문화가 매우 발달했어. 그 말은 그들을 대접할 때도 특히 신경을 써야 한다는 말이겠지."

"아~ 네! 그렇겠네요."

"솔직히, 이런 자리에서 어떻게 해야 하느냐에 대한 답은 없다네. 하지만 카자흐스탄인들과 술자리를 가져보면, 이들이 술을 즐긴다기보다는 분위기를 즐긴다는 것을 알 수 있어. 무작정 마시기보다는 노래하고 춤추고… 오히려 술은 그 자리를 잘 돌게 하는 윤활유라고나 할까? 흥이 많은 민족이지. 결혼식만 보더라도, 신부 측에서 한 번, 신랑 측에서 한 번… 며칠씩 하는 건 예삿일이야."

"음, 그렇군요."

"다시 술자리 준비과정으로 돌아가 볼까? 처음에는 한국식당을 접대 장소로 할까 하다가, 우리가 현지를 잘 이해하고 있다는 점을 강조할 필요가 있을 것 같다고 생각해 알마티의 침불락 부근 현지 식당으로 장소를 정했어. 역시 술자리가 무르익자 점점 고급정보들이 흘러나오더군. 특히 예상대로 한 영국계 다국적 기업이 기술력이나 품질이 가장 뛰어나고, 가격도 경쟁력이 있다는 사실을 알게 되었지. 이미 수년 전부터 사전조사와 관련 보고서 등을 완벽하게 준비했다고 하더군. 너무 늦은 게 아닌가 하는 우리의 우려도 잠시, 영국 사람들은 너무 사무적이고 인간미가 없다고 불평을 하는 거야. 그동안 술자리는커녕, 식사도 한 차례 한 적이 없다고 하면서 말이야. 이런 사람들을 어떻게 믿고 협력하냐고 반문을 하더군."

"흠, 문화적인 차이네요. 영국 사람들이 카자흐스탄 문화에 대해서 무지한 탓도 있고요."

"그렇지, 반면 한국 사람들은 카자흐스탄과 비슷한 문화를 가지고 있고 정서도 비슷하다고 칭찬을 하더군. 우리도 그런 분위기에 편승해, 옛 고구려도 유목민족인데다, 몽고반점을 근거로 '우리는 서로 같은 민족이다'라고 맞장구를 쳤지. 하하. 얼마 안 가 사업 파트너가 아닌 혈연관계로 격상이 됐어."

"이거 신난다 사장님이 안 계셨으면 계약은 물 건너갔을 수도 있는 거 아닌가요?"

소 과장이 거들었다.

" '이 술자리가 직접적인 계기다'라고 단정지을 수는 없겠지만, 아주 중요한 전환점이 됐다고는 생각하지. 결국 이 한국 업체가 수주권을 땄고, 현재도 플랜트를 운영하고 있다네."

"와~ 그러고 보면 카자흐스탄는 우리와 비슷한 면이 많네요. 상대가 믿을 만한 사람이라는 확신을 갖길 원하잖아요."

"그렇지. 그래서 비즈니스의 세계가 오묘한 거야."

"아니, 신난다 사장님 아니십니까?"

가게 안으로 한 남자가 들어서며 큰 소리로 말했다. 딱한잔 사장이었다. 딱 사장은 굉장히 작은 키였지만 몸집은 좋았다.

"아이고, 딱 사장. 온다는 얘기 들었습니다. 이게 얼마 만입니까?"

신 사장도 반갑게 딱 사장을 맞았다.

"하하. 카자흐스탄에 있어도 얼굴 보기 힘들었는데, 서울 하늘 아래서 보게 되네요. 너무 반갑습니다."

딱 사장이 우렁찬 목소리로 말했다.

신난다와 딱한잔 사장은 꽤 돈독한 사이였는지, 한참 인사를 나눴다.

"…그래서, 그때 그 입찰건에 대해서 얘기하던 중이었습니다."

"아하, 유명했죠. 몽고반점으로 계약을 따냈다고 말입니다. 하하."

딱한잔 사장은 술을 잘 못한다고 말했다. 딱 한 잔만 마셔도 몸 전체가 시뻘게지기 때문에 활화산이라는 별명도 있다며 크게 웃었다.

"그럼, 딱 사장님의 카자흐스탄 정착기는 어떠셨나요?"

내가 물었다.

딱 사장이 웃으며 말했다.

"처음에는 애로사항이 많았지. 솔직히 처음 진출했을 때는 정말 앞이 깜깜했어. 지인을 통해 알게 된 현지 바이어만 믿고 직접 날아갔지만, 허탕을 친 적이 한두 번이 아니었거든. 카자흐스탄은 많은 시행착오를 거쳐야 하는 곳이야. 하지만 한국 사업가들에게 그나마 카자흐스탄이 다른 인근 국가들과 다른 점이 하나 있다면, 바로 한국 기업인들 간의 협의체가 있고 활성화가 되어 있다는 사실이야. 그래서 난 늘 카자흐스탄 중소기업협의회에 감사하고 있지. 자기 일처럼 도와주고 조언도 아낌 없이 해준 분들이 계셨기에 수많은 난관을 극복하고 현재까지 사업을 유지할 수 있었던 거야."

딱 사장은 이런저런 감상이 올라오는 듯했다.

나는 일부러 장난스레 말했다.

"근데 딱 한 잔만 마셔도 취하시니, 술 얘기는 별로 해주실 게 없겠네요. 하하."

"술을 못 마셔도 전도유망한 기업으로 크고 있잖나. 아닙니까, 신난다 사장님? 딱한잔 성격 좋은 거야 모르는 사람이 없다고. 하하하. 농담일세. 농담."

딱 사장의 농담에 신 사장이 대꾸했다.

"아니, 농담이 아니죠. 제가 보증합니다."

딱 사장과 신 사장은 다시 한 번 기분 좋게 술잔을 부딪쳤다.

"맞아, 내가 카자흐스탄의 술문화나 사례에 대해 말할 내용은 그다지 없어. 하지만 카자흐스탄인들이 중앙아시아에서 술을 가장 많이 먹는 민족이라도 술자리가 비즈니스의 통과의례라고 하기엔 다소 억지가 있어. 카자흐스탄 사람들에게 술은 즐기기 위해 마시는 거지, 뭔가 목적을 위한 도구는 아닌 것 같거든. 다만 사람 간의 관계가 좋을수록 비즈니스도 잘되는 건 당연한 얘기 아니겠나. 그리고 술은 사람 간의 관계를 친밀하게 만들고, 따라서 술은 비즈니스에 도움이 된다고는 할 수 있겠지."

술을 못한다는 딱 사장의 말이라 오히려 신뢰감이 크게 느껴졌다.

"그래서 기본적으로 술에 대해서는 알아두고 있다네. 내가 못 마신다고 무시할 수는 없는 부분이니까. 카자흐스탄의 대표적인 주류로는 보드카, 맥주를 꼽지. 보드카를 살펴보면 크게 세 가지로 나뉘는데, 수입 보드카, 현지산 보드카 그리고 시장의 전체 절반이 넘는 불법 보드카야. 잘 모르고 불량 보드카를 마시고 탈나는 사람도 있으니 유의해야 하지. 이 중 팔러먼트(Parliament)가 가장 보편적인 브랜드이고, 스노우 퀸(Snow Queen)은 '국제 주류 품평회(World Spirit Competition)'에서 금메달을 획득했을 만큼 우수한 프리미엄 보드카야. 맥주도 많이 마시는데, 현지 맥주인 카라간딘스크(Karagandinskoe)가 제일 많이 팔리지."

갑자기 딱 사장의 입에서 술에 대한 정보가 술술 나오기 시작했다.

"참고로 알마티는 800미터 고지 천산 분지에 위치하고 있어. 인근 유명한 관광지인 침불락에는 6월에도 눈이 오지. 3,800미터가 넘는 정상에 올라가려면 케이블카를 세 번이나 갈아타야 해. 종종 예측 불가한 날씨 때문에 운이 좋은 사람만이 끝까지 올라간다네. 내가 이걸 말하는 이유가, 침불락 가는 길에 접대하기 좋은 현지 식당이 여럿 있거든. 나도 몇 번 갔었지. 식당에서 보이는 만년설 천산의 비경은 술꾼의 주심을 자극하기 충분하거든. 후훗."

전략가의 얼굴을 하며 웃는 딱 사장의 모습에 나는 옆자리 유 과장을 쳐다봤다.

'역시 유 과장이 아는 사람은 다 이런 건가.'

딱 사장은 본격적인 이야기는 지금부터라는 듯이 물을 한 모금 마시며 말했다.

"내가 정말 말하고 싶은 것은 '사람'이야. 난 카자흐스탄 사업의 핵심은 사람에 있다고 생각한다네. 실제로 내 물건을 사가는 바이어도 중요하지만, 현지에서 사업을 함께하는 직원이 무엇보다 중요해. 사회주의 잔재 때문인지 유목민의 자유로운 성격 때문인지 카자흐스탄인들은 소속감이 적은 편이지. 경제적인 가치에 따라 아무런 가책 없이 기존 직장을 버리고 다른 곳으로 옮긴다네. 알마티에 연락 사무소를 개설하고 현지 직원들을 뽑았던 처음 몇 년간은 직원이 3개월도 안 돼서 차례대로 그만두는 바람에 너무 어려웠어. 조금 익숙해지면 떠나고, 떠나고… 내 잘못인지 뭔지 도저히 알 수가 없더군. 선배 한국 기업인들과 술자리를 하고 친해지면서 이런 카자흐스탄인들의 성향이 우리의 관점으로 봤을 때 이해가 안 가는 것일 뿐, 여기서는 자연스러운 것이라는 것을 깨달았지. 하지만 이해는 이해일 뿐 문제 해결은 되지 않았어.

이대로는 안 된다고 생각했지. 마침 한류의 여파로 카자흐스탄에도 한국문화가 많이 알려지고 있었고, 세련된 문화로 인식되고 있었어. 이런 분위기를 몰아 매주 금요일 오후에는 집으로 직원들과 가족들을 초청해 한국 영화, 드라마, 예능 등을 같이 시청했지. 처음에는 몇몇만 참석하더니, 나중에는 빠지면 안 되는 중요한 사내 행사로 자리를 잡았다네. 이제는 몇몇 회사와도 연합해서 열기도 하는 걸."

"오~ 좋은 방법이네요."

"맞아. 그리고 물론 이런 자리에는 술 한 잔이 빠질 수 없어요. 하하. 나도 못 마시는 술을 따라 짠을 하곤 했지. 혹자는 현지에서 살아남으려면 현지화가 필요하다고 하지만 나는 그 반대로 직원들로 하여금 한국 회사에 다닌다는 자긍심을 심어주려고 노력했어."

"직원들이 많이 바뀌었나요?"

"현재까지는 만족스럽다네. 직원 수는 적지만 모두 나와 함께 수년간 같이 근무한 친구들로 구성되어있지. 이들은 카자흐스탄인이지만 절반은 한국인이야. 이제는 나보다도 더 한국인처럼 행동하는 친구도 있지. 직원들이 안정되니, 회사도 안정이 되고 사업도 안정이 되었지. 일등 공신은 이런 자리를 통해 함께한 술 한 잔이라고 생각하네."

"사장님이 시뻘게진 얼굴로 술을 주시니, 어찌 안 받을 수 있었겠어요! 하하. 없던 정도 생길 것 같아요."

우리는 모두 크게 웃었다.

"이거 기분인데, 오늘 내가 활화산 터지는 걸 보여줘야겠구만. 자자. 모두 술잔을 높이 듭시다!!"

" 건배!! "

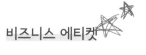

## 비즈니스 에티켓

### 1. 복장

카자흐스탄에서 바이어들과 상담 시 복장은 깔끔한 정장이 좋으며, 카자흐스탄 사람들은 외적인 모습으로 상대방의 모든 것을 판단하는 경향이 강하므로 최대한 깔끔한 첫인상을 남기는 것이 중요하다.

### 2. 인사

현지에 남성 간, 서로 아는 사이든, 처음에 만나든 악수를 하는 것이 일반적인 인사법이다 악수는 상대방 손을 가볍게 잡는 것보다 꽉 잡는 것이 더 좋으며 처음에 만나도 반가운 표현을 표하기 위해 포옹하는 경우도 있다.

보통 남녀가 악수하지는 않지만, 여성이 먼저 악수하려고 손을 내밀면 상대방 남성도 당연히 악수해야 한다. 여자의 경우 처음에는 가볍게 말로 인사를 하며, 친한 사이가 되면 서로의 볼을 마주 대고 입으로 '쪽' 소리를 내며 인사를 한다.

그 밖에 카자흐스탄 사람들은 성(Last Name), 이름(First

Name) 및 아버지 이름(부칭, patrony-mic)을 갖고 있기 때문에 (예: Mr. Akhmetov(성) Damir(이름) Akhme to vich(부칭), Ms Akhmetova(성) Saule(이름) Akhmetovna(부칭)) 인사한 다음에 상대방을 "Mr. Akhmetov" 또는 "Ms Akhmetova"라고 부르는 것이 좋다.

## 3. 선물

현지 바이어와 상담 성과를 높이거나 좋은 인상을 심어주기 위해서는 상담이 끝난 후 선물을 주거나 교환하는 것이 좋다. 하지만 첫 만남의 자리에서 고가의 선물을 주게 되면 현지 바이어들이 오해를 하는 경우가 많으므로, 처음에는 한국 전통공예품과 같은 전통적인 선물을 하는 것이 좋다. 현지 바이어들은 기브 앤 테이크라는 정서가 없어, 끊임없이 받기만 하려는 성향이 있으므로 이 부분을 고려해, 선물의 규모를 정하는 것이 필요하다.

## 4. 약속

구소련 독립 후 20여 년이 지났지만 아직까지 카자흐스탄의 공무원 사회는 사회주의적인 체계를 그대로 가지고 있으며, 관료들의 관료주의적인 관행이 그대로 유지되어 있다. 그리고 국가 다수 민족인 카자흐족은 아직 유목민족의 습성을 그대로 갖고 있어 서비스 의식과 약속을 지키는 문화와 개념이 희박한 편이다.

바이어 및 유관기관과 미팅 날짜를 결정할 경우에는 최소 1주일 전부터 공식적인 레터 및 전화 등 모든 채널로 연락을 취하는 것이 필요하다. 특히 끊임없이 이 약속에 대해 상기를 시켜 주는 작업이 필요한데, 미팅 전날 및 미팅 당일 오전에도 꾸준한 연락을 통해 약속 사실에 대한 상기를 시켜 주는 작업이 필요하다. 카자흐스탄 바이어들은 미팅 약속을 잡을 시 자신들에게 실질적인 이득이 있을지를 매우 까다롭게 검토하는 편이며, 이 부분을 염두에 두고 미팅을 수립하는 것이 필요하다.

약속을 일방적으로 취소하는 경우가 많은 이유는, 카자흐스탄의 민족성과 문화와 연관이 있다. 카자흐스탄 민족은 기본적으로 유목민족의 습성을 보여주고 있기 때문에 시간 개념이라는 현대적인 개념에 익숙하지 못한 경향이 아직까지 계속되어오고 있다. 그렇기 때문에 약속을 꾸준히 상기시켜준다 하더라도 기본적으로 약속 시간을 지키지 않는 것을 생각하고 약속 시간을 잡거나 행동하는 것이 필요하다. 카자흐스탄 국민들은 체면을 상당히 중요시 여겨, 약속을 잡을 때는 체면치레상 잡는 경우가 많지만 막상 약속 날이 다가오면 약속을 취소하는 경우가 많고, 약속을 어기는 것에 대해 아무런 미안함을 느끼지 못한다. 정부 고위관료들에서도 흔하게 나타나는 현상으로서 일반 비즈니스 업계에서는 다반사로 일어나는 일이다. 이에 수시로 약속을 확인하는 것이 필요하다.


## 5. 식사

카자흐스탄의 식사 예절은 음식을 씹는 소리를 입 밖으로 내지 않는 것이다. 카자흐스탄 사람들이 식사에 초대한 경우, 음식을 계속해서 권하곤 하는데, 이를 손님 접대 예절이라고 생각하는 경향이 있다.

카자흐스탄은 많은 민족들이 살기 때문에 식사를 대접할 때 메뉴 선정에 특별히 신경을 써야 한다. 접대 상대를 모르는 경우, 식사를 초대할 때 미리 식사 기호에 대해 알아보는 것이 좋으며, 그것이 불가능하면 이슬람권 민족임을 감안해 돼지고기를 제외한 닭고기, 소고기 또는 생선 요리를 주문 또는 준비하는 것이 좋다. 또한, 아주 귀하고, 특별한 손님을 접대할 때에는 말고기 요리나 양 머리고기 요리를 대접한다. 더불어 고급 보드카와 코냑 등을 함께 대접하는 것이 좋다

카자흐스탄에서는 사업 미팅 이후 대부분 만찬으로 이어지며, 만찬 시 각종 고기 바비큐 요리(샤슬릭)에 보드카, 코냑을 곁들이면서 성공적인 사업관계 및 친밀한 유대관계를 희망하는 건배 제의를 참석자들이 돌아가면서 하는 경우가 많다. 기타 동구권과 마찬가지로 카자흐스탄에서도 유별나게 건배 제의를 많이 하는데, 토르트라고 불리는 짤막한 축하의 말을 하면서 자신의 입장을 피력하는 경우가 많기 때문에 사전에 축하 멘트를 준비하는 것도 좋다.

## 6. 문화적 금기사항

카자흐스탄은 국민의 70%가 무슬림인 관계로 다른 이슬람권 문화국의 금기사항과 비슷하다고 볼 수 있지만 중동과 같이 정통 이슬람교 교리를 지키는 사람은 많지 않아 문화 차이를 거의 느끼지 않고 살아갈 수 있다. 그리고 현재 카자흐스탄 현지에서 불어오는 한류열풍으로 인해 한국인에 대한 이미지가 상당히 좋기 때문에 이를 가지고 이야기를 풀어 나가면 원활한 소통이 가능하다.

# 에필로그

비즈니스와 감성, 그리고 술

어느덧 새해가 밝아오고 있었다.

주 실장과 유 과장, 소 과장은 원고 작성 덕분에 연말부터 눈코 뜰 새 없는 시간을 보내고 있을 것이다.

그 사이 나는 3일간의 휴가를 받았다.

그런데 웬걸… 갈 데가 없었다.

'이럴 수가. 술 작업을 하면서 얼마나 꿈꾸던 휴가인데…'

나는 좌절했다. 그때 전화가 울렸다.

"반 팀장 뭐해? 잘 쉬고 있어? 여행 갔나?"

사장이었다.

"아하하… 뭐, 가까운 데로 잠시… 낮부터 꿈같은 시간을 보내고 있죠. 왜요, 무슨 일이세요?"

"아니, 그동안 고생했으니까 푹 쉬라고~! 혹시나 할 일 없으면 이따 저녁에 나와~ 주 실장님 하고 소 과장, 유 과장 만나기로 했거든. 독려주 한잔 하려고."

"어유. 됐습니다. 얼마 만의 휴간데, 거기까지… 안 가요. 안 가."

그날 저녁.

나는 충무로의 한 고깃집에 앉아 있었다.

"반 팀장 그동안 고생 많았습니다. 이렇게 휴가 중에도 나와 주고, 정말 고마운데요?!"

나는 조용히 술잔을 들고 주 실장이 주는 술을 받았다.

"아니에요. 뭐, 실장님과 과장님 두 분이 고생이 많으셨죠."

"호호호. 반 팀장이 책에 이렇게 애착을 가지고 있는 줄 몰랐어. 이번 책은 정말 대박나겠는 걸? 안 그래, 반 팀장?"

사장이 갑자기 끼어들며 말했다.

그녀의 눈웃음 속에 담긴 의미를 알아차린 나는 얼른 시선을 돌렸다.

'크흑, 분하다.'

"근데 실장님, 제목은 좀 생각해 두셨어요?"

나는 얼른 화제를 바꿔 주 실장에게 물었다.

"제목이라. 아직 입에 딱 감기는 게 없더라고요. 오늘 아이디어 좀 모아 봅시다."

"흠, '술과 글로벌 비즈니스'가 가장 분명하긴 하죠."

유 과장이 말했다.

"그치만 저희 책에는 스토리가 들어가지 않습니까. 무역맨이 세계를 누비며 직접 술문화를 접한다는 짧은 에피소드 컨셉도 있고… 그러니 '무역맨, 세계를 누비다' 어떻습니까?"

소 과장의 말에 사장은 고개를 저었다.

"흠, 제목을 통해 뭘 말하고자 하는 책인지 알 수 있는 게 좋아요. 그런 면에서 유 과장의 제목이 낫죠. 하지만 너무 재미없어도 곤란해요."

'술… 그리고 비즈니스… 세계… 감성… 이라…'

"'술, 세계를 경영하다', '술 빠진 비즈니스는 앙꼬 없는 찐빵', '술은 감성! 비즈니스의 성공은 감성에 달렸다', '술로 보는 글로벌 비즈니스'는 어때요?"

나도 생각나는 대로 말해봤다.

"음, 좀 더 짜내봐야겠네."

사장이 말했다.

"그렇군요. 확! 끌리는 게 없는데…"

주 실장도 고개를 끄덕였다. 그 후에도 한동안 제목에 대한 논의는 계속 됐다.

"아이고, 끝이 없네요. 이 자리에서 나온 것만도 50가지는 되겠는데요?"

"그러게 말입니다. 오늘로는 결정이 안 나겠네요… 하하."

"천천히 고민해보죠. 그런데 실장님, 전부터 궁금하던 건데요, 책에 대한 결정을 금방 내리셨어요. 지원군까지 끌고 오셔서 말이에요. 이전부터 이 주제에 대한 생각이 있으셨던 거세요?"

주 실장이 내 질문에 술을 한 모금 들이키며 말했다.

"음, 그때 말했던 것처럼. 비즈니스의 세계는 오묘해요. 인간사가 다 그렇지만… 제품만 좋다고 해서 성공할 수 있는 것은 아니죠. 《감성 마케팅(Emotion Marketing)》의 저자인 스콧 로비넷(Scott Robinette)은 "인간(남성조차도)은 감성적 존재로서 상호 간에 그리고 자신을 둘러싼 세계와 연결되고자 하는 내면적 요구를 가지고 있다"고 했어요. 감성이 우리를 행동하게 하고, 의사결정을 정당화하고, 우리가 매일매일 내리는 수많은 결정들을 따라다닌다고 말이에요. 삶에서 감정을 제할 수 있을까요?"

"비즈니스 세계에서는 그 감성을 술에서 찾으신 건가요?"

"음, 술에 초점을 맞췄다고 봐야겠죠. 파트너의 성품이라든가, 간단한 식사 자리에서도 교감은 할 수 있어요. 하지만 회사의 이익이 달린 계약 등에서는 그런 감정을 가능한 한 배제하려고 하죠. 한순간의 실수가 큰 피해를 가지고 올 수 있거든요. 그런 의식적인 방어막을 뚫을 수 있는 게 뭐라고 보나요?"

"음, 확실히 술이 끌리네요."

"맞아요. 돈이나 술수 같은 것 말고, 교감을 극대화시키는 마력을 가진 것이 바로 '술'이죠. 그에 대한 이야기를 하고 싶었어요."

"와! 실장님, 너무 멋있어요!!"

사장은 주 실장의 말에 감동한 듯 손뼉을 쳤다.

"하하. 과찬입니다."

사장의 감탄과, 어느 정도 오른 술기운에 기분이 좋은지, 주 실장은 얘기를 계속해 나갔다.

"이해 관계자들과 어떻게 감성적 유대를 형성하고 유지해나갈까 하는 문제는 비즈니스맨들에게는 늘 따라다니는 숙제와 같아요. 특히 해외 비즈니스가 중요한 기업이라면 전통문화와 정서가 다른 바이어들과의 감성적 유대를 형성하는 게 관건이라고 할 수 있죠. 커뮤니케이션은 여러 가지 형태로 이루어지겠지만 식사나 술자리는 빼놓을 수 없는 수단입니다. 물론, 미주와 이슬람처럼 술과 관련이 없는 나라도 있지만, 세계 많은 나라에서 감성적 유대를 형성하는 수단으로 술자리를 활용하고 있어요. 술을 좋아하든 싫어하든, 술이 인류문화의 보편적인 한 부분으로 자리하고 있다는 데 이의를 제기할 사람을 없을 겁니다."

다들 고개를 끄덕였다.

진지한 분위기를 타파하려는 듯이 소 과장이 큰 소리로 말했다.

"자! 그래서 저희가 뭉친 거 아니겠습니까. 이쯤에서 제가 회오리주를 한 잔 말아야 겠네요."

소 과장의 화려한 손놀림 속에서 술이 회오리치기 시작했다.

'으흑, 시작이구나.'

나는 내일이 걱정스러웠지만, 내심 싫지 않았다.

"이거 우리 술자리만으로 한국편 하나 써도 되겠는데요? 호호호."

사장의 말에 유 과장도 기분이 좋은지 웃으며 대꾸했다.

"그것도 좋은 생각입니다."

"자, 모두 건배!"

"짠!"

경쾌한 소리가 울렸다.

"어째 우리 일은 '짠'으로 시작해 '짠'으로 끝나는 것 같아요."

내가 짐짓 볼멘소리로 말했다.

"뭐, 좋죠! 술로 이룬 아주 성공적인 스토리가 되겠네요! 대박이 터져서 '금의환향'해야 할 텐데 말입니다, 하하."

소 과장이 말했다.

"호호호, 맞아. 베스트셀러 한번 가보자고요. 어? 우리 책 제목을 사자성어로 하는 건 어때요? 술과 감성을 다루지만 비즈니스가 기본이라 무게감을 무시할 순 없거든요. 그렇다고 마냥 딱딱하게 하는 건 별로고… 방금 소 과장이 말하는데, 확 오는게… 사자성어로 하면 괜찮을 것 같은데요?"

사장이 소 과장이 말에 뭔가 생각이 났는지, 눈을 반짝이며 말했다.

"오, 좋은데요? 술이 들어간 사자성어를 만들면 되겠군요."

"주전팔기 어떻습니까? 실패를 거듭해도 술로서 다시 일어선다, 하하하"

"이심주심, 주불허전, 주마고우… 이거 확확 다가오는데?"

주과장과 소 과장도 구미가 당기는 것 같았다.

그 옆에서 유 과장이 혼자 중얼중얼거리며 고민하고 있었다.

그가 뭐라 하나 싶어서 귀를 기울였다.

"비즈니스, 성공… 성공… 성공가도를 달리다… 성공주도(成功酒道)?"

"어? 성공주도? 완전 좋은데요?"

내가 탄성을 질렀다.

"막힘없이 탄탄한 성공길을 술이 이끌어준다? 최곤데요?!"

소 과장도 손뼉을 딱 쳤다.

"어머, 좋은데?! 역시, 유 과장이 한 건 할 줄 알았어요."

사장도 맘에 들어 했다.

"하하. 뭐…"

유 과장은 겸연쩍어 했지만 여기저기서 추켜올리는 소리에 올라가는 입꼬리를 내리기 힘들어 보였다. 그가 얼른 술잔을 들었다.

"건배하시죠."

그의 백만 년 만의 건배 제의에 다들 웃음을 터뜨렸다.

"좋지!"

"성공주도를 위하여!"

"위하여!"

술잔이 부딪치는 소리가 오늘따라 맑게 울려 퍼졌다.

| 음주 관련 속담 - 한국 |

"술 하면 우리나라를 또 빼놓을 수 없죠."

- 가을비는 떡비요, 겨울비는 술비다.
- 거지도 술 얻어먹을 날이 있다.
- 겉은 눈으로 보고, 속은 술로 본다.
- 돈은 마음을 검게 하고, 술은 얼굴을 붉게 한다.
- 술김에 사촌 땅 사준다.
- 술이 아무리 독해도 먹지 않으면 안 취한다.
- 좋은 술에 간판 없다.
- 반 잔 술에 눈물 나고 한 잔 술에 웃음 난다.

우선 중국술 하면 중국집에서 요리와 함께 마시는 고량주를 떠올리게 된다. 중국의 역사만큼이나 오랜 역사를 자랑하는 백주는 높은 도수의 무색투명한 증류주를 총칭한다. 중국의 백주는 세계에서 가장 유명한 8대 증류주(위스키, 브랜디, 보드카, 진, 럼, 테킬라, 소주, 백주) 중 하나로 명성이 높고 백주는 향이 짙고 풍부하며 순수하고 깔끔한 맛이 특징이다. 남부지방에서는 주로 쌀을 원료로 사용, 북부에서는 수수(고량), 밀, 보리, 기장 등을 사용한다.

1949년 중국 정부는 주류 품평회에 참가한 5,500개 양조장 중 연속 5년 이상 금장 수상 업체를 중국 8대 주로 선정했다.

**마오타이(茅台酒)** : 귀주성, 마오타이 마을에서 빚은 백주. 1972년 닉슨과 주은래의 냉전 종식 기념주. 알코올 도수가 65도였지만 35~47도까지 내려갔다.

**우량예(五糧液)** : 쓰촨성을 대표하는 명주 중 하나. 5가지 곡물로 빚은 술, 중국 내 최고 판매량을 자랑한다.

**죽엽청주(竹葉靑酒)** : 산서성, 고량에 10여 가지 약재를 혼합 양조한 약미주. 약한 기를 보호해주고, 혈액순환에 도움이 된다.

**분주(汾酒)** : 산서성에서 생산되는 1500년의 역사를 자랑하는 명주. 시인 이백이 즐겨 마신 술로도 유명하다. 62도의 높은 알코올 도수에도 불구하고 목넘김이 부드럽다. 소화·피로 회복 등의 효과도 있다.

**노주노교(蘆州特曲)** : 사천성, 400여 년 전통. 단맛과 강한 향이 일품. 중국의 주당들에게 인기 만점인 술이다.

**양하주(洋河酒)** : 강소성의 특산주. 달콤하고, 부드럽고, 연하고, 맑으며, 산뜻한 5가지 특미가 특징이다. 알코올 도수 48도에도 불구하고 많이 마셔도 뒤끝이 좋은 술이다.

동주(董酒) : 귀주성. 130여 가지 약재로 빚었다. 중국을 대표하는 약술이다. 지금까지도 술의 제조법은 비밀이라고 한다.

고정공주(古井貢酒) : 술 중의 모란꽃이라는 별명이 있다. 안휘성의 명주. 고량·소맥·대맥·완두를 원료로 고정의 생수로 빚은 술이다. 삼국시대 조조가 한나라 황제에게 진상했던 술이다.

해장합시다!

해장! 술 마시면 다음 날 숙취가 문제다. 숙취는 알코올(에탄올)을 자신의 대사 능력 이상으로 섭취해서 생기는 불쾌한 신체 상태를 말한다. 두통, 구토 나 식욕부진 등의 증상이 있다. 이러한 숙취를 해소하기 위해서 우리나라는 콩나물국, 북엇국, 우거지 해장국 등의 해장국을 주로 먹는다. 다른 나라들은 어떨까?

날계란 : 달걀에는 알코올 독소를 없애주는 아미노산인 시스테인이 있어 숙취에 효과 가 있다. 완숙, 반숙보다도 생계란이 효과가 크다고 한다. 음주 전 위벽을 보호하기 위 해 먹기도 한다.

싱주링 : 인삼, 칡뿌리 귤껍질 등 6가지 천연재료를 넣어 만드는 전통차. 기원전부터 숙취해소 음료로 먹어왔다고 한다. 수분 보충과 비타민을 섭취할 수 있다. 또 칡은 예 로부터 간에 쌓인 열을 해독하는 재료로 사용되어 왔는데, 알코올로 손상된 간을 회복 시키는 기능을 한다.

훈툰(húntun) : 중국 물만두의 일종. 보통 고기와 야채를 섞어 만든 속을 얇은 피로 싸서 닭육수나 소고기 육수에 넣어 먹는다. 우리나라의 만둣국과 비슷하다. 중국인들 의 일상적인 식사 메뉴 중 하나.

　　　　　　일본의 문헌에 최초 기록된 소주는 조선 태종 4년(1404년)에 조선이 대마도로 소주를 보냈다는 기록이 전해진다. 정확한 사실관계를 떠나 14세기경 해상무역을 통해 소주가 일본으로 유입된 것으로 보인다. 일본은 소주를 갑류 소주, 을류 소주로 구분한다. 갑류 소주는 연속식 증류기를 사용하여 퓨젤 오일, 알데히드, 불순물 등을 제거한 알코올 도수 36% 미만의 것을 말하며, 본격 소주라고도 불리는 을류 소주는 전분질 원료나 당질 원료를 발효시킨 알코올 함유물을 증류한 것을 말한다. 흔히 '사케' 라는 말은 일본에서 술을 총칭해서 쓰는 말로, 쌀로 빚은 일본식 청주를 뜻한다. 우리나라에서는 '정종' 이라고도 불리는데, 이는 일본 강점기에 부산에 설립한 청주 공장의 브랜드인 '정종' 이 사케의 대명사처럼 사용되었기 때문이다. 일본 사케는 지역에 따라 그 종류와 가격이 천차만별이다.

그중 몇 가지 사케를 추천한다.

**도리카이(鳥飼)** : 400년의 역사를 지닌 도리카이 주조에서 만들고 있다. 뚜껑을 열면 올라오는 향긋한 과일향과 부드러운 맛이 특징이다.

**햐쿠넨노코도쿠(百年の孤独)** : 1985년부터 발매한 프리미엄 보리소주로, 옅은 호박색을 띤다. G. 마르케스의 소설 《백년의 고독》에서 이름을 따왔다. 향 역시 소주보다는 위스키에 가깝다.

**마오우(魔王)** : 고구마를 원재료로 한 소주. 마오우는 마왕이라는 뜻으로 악마들이 가져오는 술이라는 의미에서 지었다. 이름만큼이나 매력적인 술. 온화한 풍미로 일본 소주 랭킹 베스트 상위권을 차지하고 있다.

**간노코(神の河)** : 가고시마현 시라사와에 있는 신의 강, 간노코의 물을 사용해서 만든다. 예부터 간노코의 물을 사용한 술은 알아줬다고 한다. 최상의 보리인 이조대맥 100%를 원료로 사용하여 단식증류해 만든다. 맑은 호박색을 띠고, 특유의 좋은 향기와 부드러운 맛이 특징이다.

단타카탄(鍛高譚) : 잘 고른 차조기(꿀풀과의 한해살이풀)와 오오유키산의 맑은 찬물로 만든 소주. 상쾌한 풍미가 특징으로, 차조기의 시원한 푸른 향이 감돌며 대추의 은은한 단맛이 느껴진다. 담백하고 깔끔한 맛을 원한다면 추천한다.

고탄바(古丹波) : 일본에서 만들어진 최초의 밤소주다. 고탄바라는 이름은 고츠즈미(小鼓) 의 'こ(코)'와 밤으로 유명한 탄바 지방을 조합한 데서 유래했다. 원재료 중 밤이 차지하는 비율이 30~40%나 된다. 밤의 달달하고 은은한 풍미를 느낄 수 있다.

해장합시다!

우메보시(梅干し) : 매실을 소금에 절여 만드는 전통음식. 우메는 '매실(梅)', '보시'는 '말린다(干す)'라는 의미로 '말린 매실'이라는 뜻이다. 매실은 수분 함량이 높고, 피로회복에 도움을 줄 뿐만 아니라 간을 보호하고 알코올 분해효소 활성을 돕는다. 그냥 먹거나 녹차에 넣어 마신다고 한다.

오차즈케(お茶漬け) : 밥에 뜨거운 녹차를 부어먹는 음식. 일본인들이 즐겨 먹는다. 깔끔하고 담백한 맛으로, 김, 가쓰오부시, 우메보시 등의 재료를 첨가해 먹기도 한다. 안에 넣는 재료에 따라 김을 넣은 것은 노리차즈케, 고추냉이를 넣은 것을 와사비차즈케라고 부른다.

오콘노치카라(ウコンの力) : 일본에서 인기 있는 숙취해소 제품. 간 해독에 효과가 있는 울금(강황)을 원료로 사용했다. 과립형으로 스틱포장되어 있어 먹기에 편하다. 숙취해소뿐만 아니라 피로회복, 여성의 건강에도 도움을 준다. 우리나라에서도 유통되고 있다고 한다.

오카유(おかゆ) : 물기가 넉넉하게 조리한 쌀죽을 말한다. 일본에서는 술을 마신 다음 날, 쓰린 속을 달래고, 쉽게 소화가 되는 죽을 먹는다. 반찬으로는 우메보시, 채소절임 등을 곁들여 먹는다.

# 이것만은 알고 마시자_몽골술

몽골술은 일반적으로 보드카와 아이락, 그리고 아르히로 구분할 수 있다. 보드카는 러시아산이나 칭기스칸 등의 몽골산 보드카를 즐겨 마신다. 아이락과 아르히는 6~7도 정도로 알코올 도수는 낮은 편이지만, 손님이 술에 취할 때까지 권하는 몽골인들과 함께 마신다면 어떤 술이라도 긴장해야 한다.

**칭기스(Chinggis)** : 몽골에서 가장 대중적인 보드카로 몽골 보드카의 대명사로 통한다. 몽골제국을 세운 영웅인 칭기스칸을 브랜드에 사용하는 만큼 국민들의 많은 사랑을 받고 있다. 실제 마트에 가면 수많은 종류의 칭기스 보드카를 만날 수 있다.

**소욤보(Soyombo)** : 보드카의 중요한 맛을 결정하는 것은 '물' 인 만큼, 청정지역 몽골에서 생산하는 보드카의 맛은 좋다. 소욤보는 세계 스피릿 대회에서 금메달을 획득한 보드카다. '소욤보' 는 '자유', '독립' 이란 뜻이다.

**버르거(Burger)** : 한국 맥주를 즐겨 마시지만, 몽골 맥주인 버르거도 대표적인 맥주 중 하나다. 더운 몽골에서, 맥주는 시간대에 상관없이 마시는 일상적인 음료다.

# 해장합시다!

**랍샤** : 양고기와 여러 가지 야채를 넣은 국물에 밀가루를 풀어 만든 탕으로 대중적인 음식이다. 몽골은 토지가 척박해 농사짓기가 어렵다. 그래서 주로 육류와 젖류, 젖을 위주로 한 유제품을 먹는다. 몽골에서 가장 많이 먹는 육류는 양고기로, 해장을 할 때도 이 양고기를 넣은 수프를 먹는다. 한국의 칼국수와 비슷한 맛이 난다. 양고기뿐 아니라 소고기, 낙타고기로도 만든다.

스페인의 오랜 통치로 라틴 문화의 속성이 많이 남아 있는 필리핀. 여타 아시아 문화권과는 다르게 낙천적이고 현실의 삶을 즐기기를 좋아한다. 음악을 즐겨 곳곳에서 많은 라이브 까페와 밴드들을 쉽게 접할 수 있다. 이들과 섞여 즐거운 한 잔을 하는 것은 어떨까.

**탄두아이(Tanduay)** : 사탕수수를 주재료로 5년 간 숙성시켜 만드는 럼이다. 최상급 사탕수수를 재배하는 것으로 알려진 필리핀의 럼 맛은 좋기로 유명하다.

**람바녹(Lambanog)** : 필리핀 전통주로 코코넛 증류주다. 코코넛 줄기에서 나온 액으로 빚은 술 '투바'를 정제해서 만든다. 코코넛 껍질로 치장한 술병 때문에 선물용으로도 인기다.

**산미구엘(San Miguel)** : 필리핀에서 가장 대중적인 맥주. 세계 여러 나라에서도 그 맛을 알아준다. 온 더 락으로도 마실 수 있는 맥주로 유명하며 그 맛이 독특하고 좋다.

# 해장합시다!

**시니강(Sinigang)** : 우리나라 김치찌개처럼 필리핀의 국민 수프라고 할 수 있다. 따로 특별한 재료를 쓰기보단 돼지고기나 닭고기, 혹은 생선이나 조개 종류 등 거의 모든 재료를 다 사용한다. 따마린, 깔라만시 등의 열대과일 즙을 넣어 신맛이 나는 게 특징이다.

**불랄로(Bulalo)** : 필리핀식 도가니탕이나 갈비탕이라 보면 된다. 소다리뼈, 소머리 등을 넣어 푹 끓여 만든다. 그릇에 몽둥이 뼈가 통째로 들어가 나온다. 지역마다 넣는 재료와 만드는 법이 조금씩 달라 자신에 맞는 불랄로를 찾기 위해서는 몇 번의 시도가 필요하다.

고온다습한 열대기후의 캄보디아에서는 맥주를 포함해 대부분의 술을 마실 때 얼음을 넣어 마신다. 처음에는 맹맹하게 느껴질 수 있지만, 캄보디아에서 지내다 보면 얼음 없이는 술을 먹기가 힘들어진다.

**앙코르(Angkor)** : 씨엠립에서 가장 유명한 맥주다. '내 나라 내 맥주'라는 광고 문구로 국민들의 사랑을 더 받고 있는 것이 아닌가 싶다. 맛은 무난해서 안주와 잘 어울린다.

**ABC** : 캄보디아 흑맥주로 마시면 컨디션이 좋아진다(?)라는 말이 있다. 아이가 태어나면 강한 아이로 자라라는 의미에서 이 맥주로 목욕을 시키기도 한다고 한다. 다른 맥주에 비해서 가격도 약간 높다.

**쓰라 써** : 캄보디아 전통술로 '쓰라'는 술이란 뜻이다. 큰 도자기 속에 누룩과 쌀로 발효된 술 원료가 들어 있는데, 여기에 물을 붓고 조금 기다리면 술이 된다. 우리나라의 막걸리와 비슷한 맛이다. 큰 빨대를 꽂아 먹는다.

# 해장합시다!

**꾸이띠유** : 쌀국수의 일종으로 캄보디아의 대표적인 음식이다. 푹 삶은 고기 육수에 얇은 쌀국수 면발을 담아준다. 고명으로 소고기, 돼지고기, 닭고기, 해산물 등 개인의 취향에 따라 얹어 먹는다. 아침에 가볍게 먹기 좋다. 노점상에서도 흔히 사먹을 수 있다.

작은 일도 함께 즐기고 나누기를 좋아하는 베트남인들에게 술은 중요한 의미를 가진다.  베트남에서 가장 많이 소비되는 주류는 싼값의 맥주다. 대부분 주량도 쎈 편이라 맥주를 마실 때는 놀랄 만큼의 양을 먹기도 한다. 그럴 때는 베트남의 전통주로 술자리를 가지는 것도 센스 있는 선택일 것이다.

**넵머이(Nep Moi)** : 베트남의 소주라 할 수 있다. 곡주로 알코올 도수가 40도에 이르지만 약간 단 맛이 있고, 산뜻한 편이다. 마시면 누룽지향이나 고구마향을 느낄 수 있다.

**르아모이(Lua Moi)** : 알코올 도수 45도의 멥쌀을 원료로 한 베트남을 대표하는 라이스 보드카다. "Lua"는 '벼', "Moi"는 '최초'라는 뜻이다.

**명명황제주(Minh Mang)** : 알코올 도수 37도의 베트남 최고 건강주이다. 세계문화유산으로도 지정되어 있는 도시 '후에'의 마지막 황제(明命皇帝, 명명황제)를 위해 빚은 술이다.

## 해장합시다!

**퍼(Pho)** : 사골을 우린 국물에 쌀로 만든 국수를 넣고 요리한다. 쌀국수에 어떤 재료가 들어가는지에 따라 이름이 달라진다. 소고기는 퍼보, 닭고기는 퍼카라고 한다. 길거리에서 흔히 볼 수 있는 음식이지만 한 끼 식사로도 손색이 없다.

술을 즐기는 태국인들은 싱하, 창 등 맥주뿐 아니라 위스키를 즐겨 마시는 편이다. 스트레이트로 마시기보다는, 주로 얼음과 소다수를 섞어 먹는다. 저렴한 태국산 상솜부터 조니워커 등의 외국산도 인기가 많다.

**싱하(Singha)** : 태국 왕실도 인정하는 맥주로 태국 국민이 가장 사랑하는 맥주 1위이다. 탄산이 많고 맛이 깔끔해 비교적 기름기 있는 동남아 음식에 잘 어울린다. 상표에 그려져 있는 사자는 태국 전설 속의 동물이다.

**창(Chang)** : 싱하의 라이벌 맥주다. '창'은 태국말로 코끼리를 뜻한다. 코끼리를 신성시하는 문화에서 착안한 상표라 할 수 있다. 무더운 태국 날씨에 맞게 보리의 깊은 맛이 강하지 않고, 경쾌하고 깔끔한 맛이 특징이다.

**상솜(Sang Som)** : 태국인들이 부담 없이 즐겨 마시는 국민 소주라 할 수 있다. 태국 럼주 시장의 70%를 차지하고 있다. 마시면 은은한 꽃향기와 함께 단맛을 느낄 수 있다.

# 해장합시다!

**팟 키마오(Phat Khi Mao)** : '술 취한 사람의 면'이라는 뜻의 해장면이다. 쌀국수에 콩나물, 고기, 두부, 생선 소스, 간장 소스 등을 넣어 얼큰하게 볶은 음식으로 술 마신 다음 날 해장을 위해 먹곤 한다.

**똠양꿍(Tom Yum Gooong)** : 매콤새콤한 맛의 태국식 새우스프. 세계 3대 스프 중 하나로 꼽힌다. 똠은 '끓이다' 양은 '시다' 꿍은 '새우'라는 뜻이다. 새우 대신 닭고기가 들어가면 '똠양까이'라고 한다.

**까이 룩 꿰이(Kkai luk kuai)** : 튀긴 달걀에 매콤한 소스를 얹은 요리. 술로 고생하는 사위에게 달걀을 삶아 튀겨 주는 전통이 있어 '사위 달걀'로도 불린다.

# 이것만은 알고 마시자_독일술

독일은 '맥주의 나라'라고 불릴 만큼 세계 1위의 맥주 소비국이다. 그 종류만도 5,000여 종에 이르는데, 식수가 부족한 독일에서 맥주는 술이라기보다 일상적인 음료에 가깝다. 독일 전역에 맥주 양조장이 있어, 각 지역마다의 독특한 맛이 있다. 맥주의 종류는 다양하지만 가장 일반적으로 필스너와 엑스포트, 흑맥주인 알트와 밝은 색의 쾰쉬 등이 있다. 독일 맥주는 양조 과정에서 엄격한 관리를 하기로 유명해 그 맛을 알아준다.

**슈무커 슈바르츠비어(Schwarzbier)** : 슈바르츠비어는 독일 크롬바흐 지역의 명물로 맥아를 볶아 만든 맥주다. 독일어로 슈바르츠는 '검은', '검다'라는 뜻이다. 깊은 캐러멜 향이 특징이다.

**예거마이스터(Jagermeister)** : 허브, 과일, 뿌리 등 56가지의 재료로 만든다. 독일 내 판매량 및 수출량 1위라는 명성을 가지고 있다. 원래 기침약으로 개발되었지만 지금은 많은 사람들이 즐기는 술이다. 일반 가정에서는 아직도 상비약으로 구비해놓기도 한다. '예거마이스터'는 '전문 사냥꾼'이란 뜻이다.

**블루넌 아이스바인(Blue Nun Eiswein)** : 블루넌의 아이스 와인은 독일의 와인 브랜드 중에서도 대중적이고 맛이 좋기로 유명하다. '블루넌'은 '푸른 옷을 입은 수녀'라는 뜻이다. 과거 교회나 수도원에서 와인을 만들던 것에서 유래한 이름이다.

## 해장합시다!

**롤몹스(Rollmops)** : 소금과 식초에 절인 청어를 양파나 오이 피클에 싸먹는 독일의 대표적인 해장 음식. 청어에는 콩나물 뿌리에 있는 아스파라긴산이 풍부해 간의 해독에 좋다. 또 오메가-3 지방산을 많이 함유하고 있다.

**아이언브루(IRN BRU)** : 스코틀랜드의 국민음료. 때를 가리지 않고 많이 마시는 음료인 만큼, 술 마신 다음 날도 빠지지 않는다. 아이언브루에 소시지를 익혀 먹기도 한다. 우리나라 탄산음료와 에너지 음료를 섞은 맛 같기도 하다.

# 이것만은 알고 마시자_스웨덴술

스웨덴은 주류를 국가가 관리한다. '시스템볼라겟(Systembolaget)'이라는 주류 판매처에서 술을 구입한다. '시스템볼라겟'에서 판매하는 맥주는 'starköl (스타르크 욀, 강한 맥주)로 알코올 함량이 3.5%를 초과하는 맥주들이다. 그 외 알코올 함량이 2.8%~3.5% 사이의 '멜란욀(mellanöl, 중간 맥주)'은 일반 수퍼나 마트에서 구입 가능하다.

앱솔루트(Absolut) : 스웨덴에서 태어난 전통의 보드카 브랜드로 러시아가 지배하고 있던 보드카 시장에 도전해 당당히 최고의 입지를 차지했다. 앱솔루트의 성공에는 신비로운 디자인의 병과 순수성을 살린 광고가 한 몫을 했다.

소피에로 오리지널(Sofiero Original) : 스웨덴의 대중적인 맥주로 '2004 최고의 라거상'을 받기도 했다. 가벼운 맥아 맛과 쓴 맛이 특징으로 시원한 목 넘김이 좋다.

# 해장합시다!

바크필러프루크우스트(bakfyllefrukost) : 스칸디나비아 사람들의 해장 브런치로 통한다. 미트볼, 구운 감자, 프라이드 에그, 감자 등을 어니언 케첩과 함께 먹는다.

오스트리아는 음악을 빼놓고 말할 수 없는 나라다. 바로 이런 문화에서 빼놓을 수 없는 것이 '술' 아닐까. 무도회와 모임이 많은 오스트리아인들은 맥주, 와인 등을 즐기며, 식후주 혹은 식전주로 독하지만 단맛의 슈납스를 마신다.

**에델바이스(Edelweiss) :** 알프스 허브를 넣어 만든 밀맥주로 오스트리아의 대표 맥주다. 마실 때 퍼지는 향긋한 과일향과 허브향이 특징이다. 오스트리아의 국화를 딴 이름만큼이나 우아함이 풍기는 맥주다.

**발로니(Bailoni) :** 오스트리아의 가장 인기 있는 슈납스 중 하나다. 알프스에서 흘러나오는 맑고 깨끗한 물에 바카우 지방의 최고급 살구를 재료로 증류해서 만든다. 뚜껑을 여는 순간 진하게 퍼지는 향기가 매혹적이다.

## 해장합시다!

**타펠슈비츠(Tafelspitz) :** 소뼈와 소엉덩이살을 감자, 당근 등의 채소를 넣어 우려낸 요리. 국물은 수프처럼 마시고, 고기는 소스와 함께 먹는다. 합스부르크의 프란츠 요세프 황제가 즐겨 먹었다 하여 더 유명해졌다.

중남미는 특유의 낙천성과 발랄함. 열정, 여유로움이 느껴진다. 이들에게 술은 즐거움을 더해주는 친구요, 우정의 상징이다.

쿠스케냐(Cusquena) : 페루를 대표하는 흑맥주로 1879년부터 만들기 시작했다. 안데스 산맥의 물로 만들어 그 맛이 좋다. 100% 몰트 라거 맥주로 세계 맥주 대회에서 2위를 수상하기도 했다.

호세쿠엘보 이스페셜(Jose cuervo especial) : 멕시코에서 가장 사랑받는 술은 데킬라다. 그중 호세쿠엘보 이스페셜은 가장 대중적으로 사랑받는 블렌드 데킬라다. 100% 블루 아가베를 사용하고 레포사도와 데킬라를 증류해 만들었다.

코로나 엑스트라(Corona Extra) : 멕시코를 대표하는 맥주다. '코로나'는 스페인어로 '왕관'을 뜻한다. 해변에서 라임과 함께 마시는 코로나 맥주 광고로 젊은층에 많은 호응을 얻었다. 많은 나라에서 사랑받는 인기 맥주다.

# 해장합시다!

칠라낄레스(Chilaquiles) : 토르띠야칩(토토포스)에 토마토 소스, 양파와 치즈가 곁들여 살사소스에 조린 해장 음식. 간단하고 쉽게 만들 수 있어 멕시코 사람들의 아침 식사 메뉴로 애용된다.

부엘바 알 라 비다(Vuelva a la vida) : '무사 귀환'이라는 뜻. 새우와 해산물을 매운 고추에 양념한 샐러드. 우리나라의 해장술과 유사하게 맥주와 곁들여 먹기도 한다.

비즈니스 자리에선 잘 마시지 않지만 그렇다고 미국과 캐나다 사람들이 술을 즐기지 않는 것은 아니다. 가까운 지인들과의 만남이나 집에서 가족들과 함께 술을 즐긴다. 술을 마셨을 경우 일어나는 문제에 대해서는 법적 적용을 엄격하게 하는 편이니, 술주정, 음주운전 등에 주의해야 한다.

**잭 다니엘(Jack Daniel)** : 미국 테네시 지방의 위스키로 일등급 식용 옥수수, 최고급 맥아 등 최상의 재료를 사용해서 만드는 위스키이다. 재료뿐만 아니라 뛰어난 제조기술까지 더해져 수많은 국제대회에서 인정받는 맛을 자랑한다.

**몰슨 캐네디언(Molson Canadian)** : 캐나다의 국민 맥주로 불린다. 광고에서도 'I am Canadian'이라는 문구를 써서 국민 맥주 이미지를 지향한다. 다른 맥주보다 상대적으로 저렴한 가격과 깔끔한 맛을 자랑해, 캐나다뿐만 아니라 미국에서도 즐겨 마신다.

# 해장합시다!

**프레리 오이스터(Prairie Oyster)** : 들판의 굴이라는 뜻으로 미국의 전통적 숙취해소 음료이다. 날달걀이나 달걀 노른자 위에 소금, 후추, 우스터 소스, 토마토 주스, 식초, 브랜디 등을 섞어 만든다. 이 외에도 피자에 핫소스를 뿌려 먹거나, 햄버거를 등으로 해장을 하기도 한다.

**푸틴(Poutine)** : 바삭한 감자튀김 위에 그레이비 소스, 치즈 커드를 얹어 먹는 캐나다의 대표 해장 음식. 여기에 치킨, 비프, 채소 등의 여러 재료를 추가해 다양하게 먹는다.

러시아는 보드카 천국이라 불릴 만큼 보드카가 유명하다. 러시아의 춥고 긴 겨울, 짧고 서늘한 여름 날씨에는 높은 알코올 도수로 몸을 데워주고, 깔끔하며 순수한 맛을 자랑하는 보드카가 천생연분이라고 할 수 있다. 러시아인 한 명이 1년에 소비하는 보드카가 60병에 달한다고 하니, 알코올중독을 사회문제로서 고민할 만하다.

**발티카(Baltika)** : 러시아 넘버원 맥주 브랜드로 90년대 중반 이후 러시아 사람들이 가장 선호하는 브랜드로 꼽히고 있다. '발티카'는 '발트해'라는 뜻으로 발트해의 맥주라는 의미다. 발티카에는 종류별로 숫자가 있는데 '0'은 무알코올, NO.9는 8도를 나타낸다. 숫자가 높을수록 높은 도수를 뜻한다.

**벨루가(Beluga)** : 러시아 보드카 부문 1위를 차지하는 최고 품질의 보드카다. 청정지역 시베리아에서 끌어올린 지하수로 만든 순도 100%의 보드카로 부드러운 맛이 특징이다.

**스미노프(Smirnoff)** : 1초에 10병이 팔린다고 할 정도로 세계 최고의 보드카 브랜드다. 영국의 주류 전문지에서 선정한 세계 100대 주류 브랜드 중 최우수 브랜드로 꼽히는 등 많은 수상 경력을 자랑한다.

# 해장합시다!

**보르쉬(Борщ)** : 홍당무와 사탕무를 주재료 한 러시아 스프. 우리나라의 김치찌개와 비슷하다. 홍당무를 주재료로 하고, 소고기, 돼지고기, 베이컨, 햄 등을 토마토, 감자, 등의 여러 채소와 함께 넣고 뻑뻑하게 끓인 후 사워크림을 뿌려 먹는다.

**라솔(рассол)** : 양배추와 오이즙에 소금을 섞어 만드는 음료. 숙취해소와 피로회복 뿐 아니라 간기능 회복에도 도움을 준다. 애주가들이 많은 러시아의 탁월한 해장 음료.

구소련의 지배 하에 있던 카자흐스탄과 우즈베키스탄은 전통문화와 러시아 문화가 뒤섞여 있다. 대륙성기후로 춥고 긴 겨울 탓에 보드카의 소비가 큰데, 러시아나 동유럽에서 수입되는 주류들이 많다. 국내산보다는 러시아나 유럽산을 선호하는 편이나, 국내 생산의 주류 품질 역시 크게 뒤지지는 않는다.

**사르바스트(Sarbast)** : 우즈베키스탄의 대표 맥주다. 도수에 따라 original, special, extra의 세 종류로 나뉜다. 보드카를 즐기는 국가인 만큼 도수가 좀 센 편이다.

**스노우 퀸(Snow Queen)** : 카자흐스탄에서 제조하는 보드카로 2007년 모스크바에서 열리는 '프로드 엑스포'에서 대상을 수상하기도 했다. 우마서먼과 스칼렛 요한슨이 즐겨 마시는 보드카로도 알려져 있다.

## 해장합시다!

다양한 민족 구성 만큼 다양한 음식문화를 가지고 있다. 그래서 러시아와 우즈베키스탄, 카자흐스탄은 겹치는 음식도 많다. 라그만 역시 즐겨 먹는다.

**슈르빠(шурпа)** : 일종의 고깃국이다. 양고기에 감자 당근 등을 넣고 푹 끓여낸다. 따로 양념을 넣지 않고 향신료로 맛을 내 느끼한 맛이 강하지만 구수한 맛이 특징이다. 우리나라 소고깃국과 비슷하다.

**라그만(лагман)** : 슈르빠처럼 국물을 만든 후 채소와 고춧가루로 양념을 해 얼큰한 국물 맛을 낸 후 국수 면발을 넣어 만든다. 우즈베키스탄식 짬뽕이라고 보면 된다. 라그만 역시 슈르빠와 같이 지역마다 요리법이 달라 국물 없이 면만 볶아 나오기도 한다.

**국시** : 대중적인 요리로 우리나라 잔치국수와 유사하다. 고려인들의 음식으로 알려졌는데 일반 대중들도 즐겨 먹는다. 카자흐스탄에서의 고려인들의 비중도 높은 만큼 음식 이름에도 영향을 미쳤다. 삶은 국수에 볶은 고기, 초절임한 오이채 등의 고명을 올려 토마토, 소금, 설탕, 간장, 식초를 넣은 국물을 부어 먹는다.

## 술의 기원

술에 대한 기원은 다양한 신화나 역사 속에 등장한다. 구약성서의 창세기 편에는 '노아의 방주' 로 유명한 노아가 포도를 재배해 포도주를 마시고 취한 이야기가 나온다. 그리스 신화에는 디오니소스, 로마 신화에서는 바커스가 인간에게 포도 재배와 포도주 제조법을 전파했다고 전해진다. 고고학자들은 B.C. 6000년경 최초로 포도가 재배되었다고 추정한다. B.C. 1300년경 이집트 람세스 무덤에 포도의 재배, 포도주 제조의 그림이 기록되어 있다. 포도주는 중앙아시아에서 이집트로, 그리스와 로마로 전파된 것으로 알려져 있다. 중국에서는 하나라의 시조 우 임금의 딸 의적이 누룩으로 술을 빚었다고 전해지며 우리나라의 경우 천제의 아들 해모수가 하백의 딸 유화와 합환주를 마셨다고 전해진다. 이를 통해 최초의 술은 과일을 발효시켜 만든 과실주의 형태로 제조되었다가 곡물과 누룩을 사용해서 술을 빚기 시작했음을 알 수 있다. 이처럼 술은 인간의 역사와 함께 하고 있다. 하지만 모든 민족이 술과 관련되어 있지 않다. 에스키모, 미대륙 인디언, 아프리카 피그미족처럼 술을 만들지 않은 민족도 있다.

## 술의 변천사

술은 인간 문명의 발전과 함께 한다. 특히 술의 제조법, 양조기술의 발달을 통해 다양한 술의 형태 및 종류가 나타났다. 최초의 술은 누군가 포도나 과실을 보관하던 중 우연히 발효된 과일과 거기서 나온 독특한 액체가 발견되었을 것이다. 살짝 전문적인 내용으로 들어가 보면, 발효는 적당한 온도와 산소 공급이 차단된 상태에서 효모가 당 성분을 섭취할 때 알코올과 탄산가스 및 물로 분해되는 과정을 말한다. 술이라고 하는, 즉 알코올 함량이 1% 이상인 음료가 만들어지는 데 필요한 필수 과정이다. 그러다가 양조기술의 산업혁명이라고 할 수 있는 사건이 발생하는데, 아라비아 연금술사들의 증류기술 발견이 그것이다. 기존 방법과는 달리 증류기술을 양조기술에 접목시키며 알코올의 도수를 조절할 수 있게 되었다. 12세기 십자군 전쟁에 참여한 가톨릭 수사(종교인)들이 증류기술을 유럽에 전파하게 되며 이후 와인을 증류해서 만드는 프랑스의 브랜디, 맥주를 증류해서 만드는 영국의 위스키 등 증류주의 원천기술이 된다.

## 술의 종류

전 세계 술의 종류는 몇 가지일까? 아마 파악조차 하기 힘들다고 말할 것이다. 그만큼 지구상에는 다양한 종류의 술이 존재한다고 사람들은 말한다. 하지만 조금만 살펴보면 의외로 술의 종류는 생각보다 복잡하지 않다는 사실을 알게 된다. 수많은 술 브랜드에 현혹되지 말자. 술꾼이라면 이 정도는 알고 마시는 게 술에 대한 예의다.

술의 종류는 크게 양조주(발효주), 증류주, 혼성주 이렇게 세 가지로 나뉜다. 양조주는 1차 발효 과정만 거친 술이라고 알면 된다. 원료에 따라 과일주, 곡물주 그리고 식물의 수액이나 동물의 젖을 발효시킨 기타 주류가 여기에 속한다. 그 다음은 증류주인데, 증류 과정을 통해 알코올 도수를 높인 술을 말하며, 위스키, 브랜디, 백주, 소주, 진, 럼, 보드카, 데킬라 등이 여기에 속한다. 마지막은 혼성주인데, 이름처럼 양조주와 증류주를 혼합하거나, 증류주에 과즙이나 기타 첨가물을 섞어서 만든 술이다. 우리가 분위기 있게 한 잔 하는 칵테일도 여기에 속하며 우스갯소리지만 맥주와 소주를 섞는 폭탄주도 엄격하게 따지면 혼성주다.

## | 위스키 |

양주하면 흔히 떠오르게 되는 위스키는 12세기 십자군 전쟁에서 유럽으로 돌아온 가톨릭 수사들이 현지 증류기술을 가지고 오며 탄생하게 되었다. 위스키의 어원은 스코틀랜드 말로 "우스케바(생명의 물)"에서 찾을 수 있다. 위스키는 제조방법에 따라 세 가지로 분류된다. 보리 맥아로만 만드는 몰트(Malt) 위스키, 곡물을 원료로 하는 그레인(Grain) 위스키, 몰트와 그레인을 섞어 만든 블랜디드(Blendid) 위스키가 있다.

위스키는 제조국별로 3대 산맥이 있다. 먼저 원조라고 불리는 스카치(Scotch) 위스키인데, 영국, 스코틀랜드는 해안선을 따라 양질의 보리가 생산되고 수원도 풍부해 위스키 생산에 좋은 여건을 갖춘 지역이다. 18세기 스코틀랜드 국왕이 재원 충당을 위해 주세를 부과하자, 양조업자들이 눈을 피해 산속에서 몰래 밀조 위스키를 만들어 오크통에 담아 동굴 등에 보관을 했다고 한다. 오크통에서 숙성되며 스카치 위스키의 특유의 풍미와 부드러움이 특징이다.

위스키의 원조는 스코틀랜드가 아니라고 주장하는 국가가 있다. 바로 옆 나라 아일랜드인데, 12세기 영국 헨리 2세가 아일랜드를 침공할 때 이미 현지에는 위스키가 존재했다고 주장한다. 아일랜드 위스키의 특징은 맥아에 보리, 호밀, 밀 등의 곡물을 섞어 발효액을 만들고, 이를 3회 증류를 해서 만든다.

신대륙이 발견되고 18세기 스코틀랜드 및 아일랜드계 이민자들이 호밀로 위스키를 제조하며 스카치와 아일랜드 위스키와 함께 대표적인 아메리칸 위스키의 역사가 시작이 되었다. 넓은 영토와 걸맞게 지역에 따라 호밀이나, 옥수수, 귀리 등 지역특산 곡물을 주원료로 활용하는 것이 특징이다. 위스키 애호가 들이 즐겨 마시는 Jim Beam(짐 빔), Jack Danniel(잭 다니엘)이 대표적인 아메리칸 위스키로 옥수수가 주원료다.

## | 와인 |

《신의 물방울》이라는 만화가 인기를 끌며 일반인의 와인에 대한 관심이 높아졌다. 최근 몇 년간은 가히 열풍이라고 불릴 정도로 높은 관심만큼이나 소비 역시 늘어났다. 하지만 와인 만큼 복잡한 술이 또 있을까? 여기에서는 와인 관련 기본적인 상식 수준에서 소개하도록 한다.

포도주의 원산지는 흑해와 카스피해 사이의 소아시아 지역으로 알려져 있으며 로마 시대에 전 세계로 전파되었다고 본다. 그 시작은 크로마뇽인이 살던 선사시대까지 거슬러 올라간다. 기독교 종교의식에 사용되며, 중세 수도원이 주요 와인 생산자였으며, 이후 유럽의 식민지 정책 이후 미국, 호주, 남미, 남아공 등지로 생산지가 확대되었다. 19세기 중반 유럽전역에 번진 필록세라 해충으로 포도밭이 황폐해지자 미국산 포도종을 역으로 들여와 해결하기도 했다.

잔다르크로 유명한 1337년부터 1453년 동안 발발한 백년전쟁이 프랑스가 영국이 점령한 보르도 와인 생산지를 차지하기 위한 전쟁이라는 얘기는 유명하다.

와인의 종류는 크게 청포도의 화이트와인, 적포도의 레드와인, 적포도를 압착한 포도즙을 발효하거나, 적포도주와 백포도주를 혼합한 로제와인으로 나뉜다.

포도주는 포도를 주원료로 발효한 뒤, 오크통이나 유리병에서 숙성을 시키는데 이때 포도 자체의 아로마(Aroma)와 발효나 숙성 과정에서 발생되는 부케(Bouquet)로 맛과 풍미가 결정된다. 또한 포도주를 생산하는 주요 국가들은 그 역사와 전통이 오래된 만큼 생산국별 표시 방법이 각각 다르게 표시된다.

먼저 와인하면 떠오르는 프랑스를 살펴보자. 보통 주생산지인 보드도, 보르고류, 상파뉴 등에 따라 와인으로 불리기도 하지만, 원산지 명칭에 관한 규정인 A.O.C에 따라 등급, 포도의 수확연도인 빈티지(Vintage), 수확 년도, 상표명, 지역명(혹은 샤토로 표현됨) 등이 병에 표시된다. 한 병에 수천만 혹은 수억 원을 호가하는 로마네 콩띠, 샤토 라핏트 로칠드, 샤토 슈발 블랑부터 몇천 원짜리의 저렴한 하우스와인까지 다양하다.

프랑스의 명성에 가려져 있지만 이탈리아, 스페인도 와인이 역사가 깊다. 이탈리아는 로마 시대부터 와인의 종주국으로 세계 3대 와인 생산 소비국이며, 스페인 역시 8세기 이슬람 영향으로 다양한 소아시아 포도 품종이 유입되어 주요 포도주 생산국이다.

독일은 기후가 포도 생산에 적합하지 않은 반면 독특한 재배 방식과 양조 방식으로 품질과 맛이 뛰어난 화이트와인과 디저트와인이 유명하다.

미국도 와인 생산국의 다크호스로 1960년 대규모 자본이 유입되고, 프랑스 유명 양조장과의 제휴, 산학협력 프로젝트로 인해 신제품 및 기술이 개발되며 현재 나파밸리(Napa Valley)의 와인은 세계적 명성을 얻고 있다.

칠레, 아르헨티나, 그리고 전 남미의 와인 문화 및 대중화 정도는 프랑스나 어느 유럽국가 못지않다. 작은 동네 식당에서도 별도의 와인 메뉴판이 있을 정도다. 칠레의 경우 안데스 산맥과 태평양으로 고립된 자연환경으로 타 지역의 전염병이나 재해에 비교적 안전해 독립적인 포도생산 생태계가 만들어졌으며 와인 산업이 발전하게 되었다.

그 외 호주, 뉴질랜드, 남아공 등 유럽 이민자들이 진출한 국가들에서는 전통 유럽식의 와인 문화와 현지 환경에 맞는 혼합된 와인 문화가 발달되어 왔다. 아울러 러시아나 CIS(독립국가연합) 지역에서는 몰디비아 와인을 높게 평가한다.

와인은 그 자체가 하나의 문화라고 불린다. 그만큼 정보의 양이 방대하고, 화투처럼 게임의 방식도 다르고 지역별 룰도 다르다. 하지만 중요한 건 와인은 상류층부터 서민을 모두 포용한다. 와인에 대해 모르면 모른다고 인정하고 분위기를 즐기면 그만이다.

## | 샴페인 |

기념일, 축제, 모임 등에 자주 등장하는 샴페인은 포도 수확 후 와인을 발효시키면 가을에 1차 발효가 이루어지고 추운 겨울에는 발효가 정지되어 있다가 봄철에 2차 발효가 일어난다. 2차 발효 후 당도와 탄산가스를 조절하여 발포성 와인인 샴페인이 만들어진다. 1690년 동 페리뇽 신부가 코르크 마개를 개발하면서 샴페인이 개발되며 샹파뉴 지방의 제품이 전 세계에 알려지며 '샴페인'이 일반명사처럼 사용되게 되었다. 하지만 프랑스 샹파뉴 지역에서 생산된 것만 '샴페인'이라고 불릴 수 있으며 기타 지역에서 생산된 것이 '스파클링 와인'이라고 불린다. 샴페인은 보통 긴 튤립 모양 잔에 마시는데 일반 와인처럼 스월링(포도주 향을 맡기 위해 잔을 원으로 돌리는 것)을 하지 않는다.

## | 진 · 럼 · 데킬라 |

**진(Gin)** : 진은 1650년 네덜란드대학 약학교수 살바우스 박사가 주니퍼 베리(노간주 나무열매)의 이뇨 작용을 이용, 알코올에 침출시켜 증류한 후 술이 아닌 의약품으로 약국에서 판매되었다. 애주가들이 이 약을 술로서 마시기 시작하며 제네바 와인이라 불리다가 17세기 후반 영국에 전파되면서 '진'으로 불리게 되었다. 드라이 진은 영국에서 개발한 숙성시키지 않은 '진'을 말한다. 원재료에 따라 향과 맛이 다르며 영국 및 네덜란드 제품이 유명하다.

**럼(Rum)** : 해적들의 술로 잘 알려진 럼은 카리브해 연안 열대 지방 사탕수수로부터 설탕

결정을 분리해 낸 찌꺼기 당밀을 가지고 만든 술이다. 16세기에 서인도 제도 푸에르토리코 섬에 건너간 스페인의 탐험대가 사탕수수로 최초로 만들었다고도 하고, 17세기 초에 카리브 해의 바베도이스섬에 이주한 영국인에 의해 최초로 만들었다는 설이 있다. 럼의 생산 방법은 따로 규정되어 있지 않고, 생산지역과 증류주 생산자에 따라 다양한 제품이 생산되며 쿠바의 바카디가 대표적인 럼으로 유명하다.

**데킬라(Tequila)** : 테킬라는 주로 멕시코 할리스코 주의 테킬라 시티 지역에서 만드는 증류주를 말하며 용설란 수액에서 발효시킨 탁주인 풀케를 증류해 만든다. 1944년 멕시코 정부는 할리스코 주에서만 생산되는 것만이 데킬라라고 공표했다. 한국인들에게는 다소 생소할 수 있는 술이나, 외국 영화에서 술잔을 들이키고 손등에 소금을 핥아 먹는 광경에 등장하는 술이다. 또한 흔히 즐겨 마시는 칵테일 종류인 마가리타(Margarita)의 베이스로 활용된다.

## | 맥주 |

맥주는 와인과 더불어 오랜 역사를 가지고 있다. B.C. 3000년경 메소포타미아 슈메르인 유적지에서 출토된 점토판에 맥주 제조 관련 기록이 있다. 맥주를 뜻하는 Beer는 라틴어 비베레(마시다라는 뜻)나 게르만어 베오레(곡물이라는 뜻)에서 나왔다고 알려져 있다. 보리에 수분을 공급하고 따뜻하게 온도를 맞추어 주면 발아를 하게 되는데, 이 맥아를 건조시키고, 당화 과정을 거치며 호프를 넣고 발효시키면 전 세계인이 즐겨 마시는 맥주가 만들어진다. 맥주는 크게 제조 방식에 따라 에일(Ale)과 라거(Lager)로 나뉜다. 영국이나 아일랜드인이 아직까지도 즐겨 마시는 에일은 10~25도 사이의 상온에서 발효해, 색이 짙고 도수가 높은 편이며, 기타 전 세계인들이 즐겨 마시는 담색의 라거는 10도 정도의 저온에서 발효를 하기 때문에 깨끗하고 부드러운 맛이 난다. 전 세계 맥주의 70% 이상을 라거가 차지한다. 그외 양조법에 따라 드라이(Dry), 아이스(Ice) 등으로 불리며, 생맥주는 여과된 맥주를 열처리하지 않은 게 특징이다. 맥주의 본 고장은 독일로 알려져 있으나 체코의 필스너(Pislner)가 전 세계 라거의 효시라고 알려져 있다.

## | 보드카 |

보드카(Vodka)는 12~13세기부터 러시아에서 생산되기 시작되었다고 알려져 있다. 하지만 보드카처럼 서로 자기가 원조라고 주장하는 술도 없을 것이다. 보드카는 옥수수, 감자, 밀, 보리 등을 발효시켜 양조한 후, 연속식 증류기를 거쳐, 자작나무 숯 등으로 여과시켜 만든다. 보드카의 특징은 무색, 무취, 무미로 칵테일의 기본 베이스로 많이 활용되기도 하나 러시아, 독립국가연합(CIS), 동유럽 지역에서는 보통 스트레이트로 마신다. 보드카의 원조는

러시아가 떠오르지만, 스웨덴의 앱솔루트(Absolut), 핀란드의 핀란디아(Finlandia)처럼 세계
적인 명성을 지닌 비러시아권 보드카도 많다. 하지만 역시 세계의 제일 보드카 브랜드는 스
미노프로 1초에 10병이 팔린다고 한다.

## 술의 도수

일반 사람들이 술을 마시기 전 확인하는 것이 뭘까? 술의 도수 아닐까?

원래 술의 도수는 위스키가 만들어지며 영국과 스코틀랜드 등지에서 양조 공정을 관리하기
위해 알코올 농도를 측정하면서 시작했다. 처음에는 화약에 위스키를 부은 뒤 불이 붙는지
안 붙는지에 따라 농도를 테스트했으나, 1802년 영국 정부에서 비중계를 사용하기 시작하
며 요즘의 %로 하는 알코올 농도표시로 발전하게 되었다.

하지만 헷갈리는 경우도 있다. 보통 '이 소주는 20도짜리야'라고 하면 이 술은 20%의 알
코올 농도를 가진다고 말한다. 하지만 간혹 위스키에는 Proof라고 표시되는 경우가 있는데,
미국은 알코올 농도 50%, 영국은 57.1%가 100도(proof)라고 표시된다. 마시는 술에 proof라
고 표시되어 있다면 참고하자.

세계에서 가장 독한 술의 뭘까? 에스토니아 술인 '에스토니안 리쿼 모노폴리'는 98도로 기
네스북에 사람이 마실 수 있는 가장 높은 도수의 술로 기록되었다고 한다. 하지만 판매는
더 이상 안 된다는 사실.

## | Glass의 종류 |

| 분류 | 이름 | 설명 | 사용하는술 |
|------|------|------|------------|
| 위스키 | High Ball (8 oz) | 주로 위스키, 진, 보드카등의 음료를 같이 믹스해서 마실 경우 사용하는 글라스 | Scotch Soda, GinTonic Whisky Coke |
| | High Ball (12oz,Collins) | 길고 곧은 잔으로 Long Drink 칵테일용 | Tom Collins, Zombie |
| | On the Rocks (Old Fashioned) | 주로 술에 얼음만을 타서 차게 마실 경우에 사용 | Old Fashioned, Rusty Nail |
| | Straight | Straight 음료용 | Straight |
| 칵테일 | Cocktail | 주로 칵테일 마실 경우에 사용 | Manhattan, Alexander, Pink lady |
| | Martini | Martini Cocktail을 Straight로 마실 경우에 사용 | Martini Cocktail |
| | Irish Coffee | Irish Coffee를 마실 때 사용하는 글라스로 뜨겁기 때문에 손잡이가 따로 달려 있다. | Whiskey Coffee |
| | Sour | 길고 손잡이가 있는 잔으로 Sour Cocktail 전용 Glass | Whisky Sour |
| 와인 | Red Wine (Bordeaux) | Bordeaux 와인은 탄닌 성분이 강하므로 혀끝에서 안쪽으로 넓게 퍼질 수 있도록 경사각이 적고 볼이 큰 글라스 | Red Wine |
| | Red Wine (Burgundy) | Burgundy 와인의 경우 산과 탄닌의 함량이 높다. 그러므로 입안에서 확 퍼지지 않도록 오므라든 글라스 | Red Wine |
| | White Wine (Chardonnay) | 샤도네는 알코올도수와 향이 강하여 와인이 혀의 중간 부분에 처음 닿도록 하여 성분의 조화를 이룰 수 있다. | White Wine |
| | Sherry Wine | 강화 와인용 잔 | Sherry Wine |
| | Port Wine | 레드와인을 강화한 와인용 잔 | Port Wine |
| 샴페인 | Champagne | 길고 손잡이가 있는 잔으로 샴페인과 스파클링 와인용. 튤립모양으로 샴페인의 멋과 향을 살려준다. | Champagne |
| 브랜디 | Cognac (Brandy) | 둥글게 생겨 손의 온도로 코냑의 향과 맛을 더욱 좋게 음미할 수 있도록 만들어졌다. | Cognac |
| 디캔터 | Wine Decanter | Wine의 향을 최대한 얻고, 오래 숙성된 와인의 앙금을 제거하기 위하여 사용 | Red Wines |
| | Decanter | 주로 음료와 술을 믹스해서 마실 때 음료를 담는 글라스 | Mixer Drinks |
| 리큐르 | Liqueur | 손잡이(stem)가 있는 Liqueur 전용 글라스 | Liqueur |
| 맥주 | Mug | 찬 온도를 계속 유지시키기 위한 도자기 또는 주석 잔 | Draft Beer |
| | Pilsner | 주로 병맥주 용으로 사용하며 유럽풍 스타일이다. | Lager Beer |
| | Glass | 주로 병맥주 용으로 사용하며 캐쥬얼한 장소에서 사용한다. | Lager Beer |

# 참고문헌

**단행본**

강우진, 『글로벌 비즈니스 매너의 이해와 활용』, 형설출판사(2012).

강인호, 『글로벌 매너와 문화』, 기문사(2015).

기미지마 사토시, 『사케를 읽다』, 시그마북스(2013).

김강녕, 『세계의 술멋맛』, 대왕사(2009).

김숙희, 『세계의 식생활과 음식문화』, 대왕사(2013).

김영준 外, 『글로벌 비즈니스 에티켓』, 새로미(2008).

김영찬, 『글로벌 매너 및 에티켓』, 백산출판사(2013).

김원곤, 『세계 지도자와 술』, 인물과사상사(2013).

김의근 外, 『세계음식문화』, 백산출판사(2013).

김학민, 『태초에 술이 있었네』, 서해문집(2012).

니시카와 오사무, 『행복한 세계 술맛 기행』, 이정환 역, 나무발전소(2011).

박준형, 『글로벌에티켓을 알아야 비즈니스에 성공한다』, 북쏠레(2006).

박춘란, 『세계의 식생활 문화』, 효일(2014).

원경은 外, 『소울푸드』, 한울(2010).

원융희, 『지구촌 술문화』, 홍경(2000).

이강춘 外, 『만화로 보는 글로벌 에티켓과 음식문화』, 백산출판사(2010).

이기홍 外, 『글로벌 문화와 매너』, 한올출판사(2010).

이지현, 『글로벌시대의 음식문화』, 기문사(2015).

일본술서비스연구회, 『사케 바이블』, 문학수첩(2011).

전홍진 外, 『글로벌 매너와 비즈니스』, 이프레스(2012).

정헌배, 『정헌배 교수의 술나라 이야기』, 예담(2011).

테리 모리슨, 『세계 60개국 비즈니스 사전』, 편집부 역, 가람기획(2001).

KOTRA, 『중동 북아프리카 비즈니스 & 문화 가이드』, 넥서스BOOKS(2009).

**기사**

현문학, "[현문학의 돈되는 중국경제] 술 마시다 쓰러지면 의리⋯
　　비지니스는?", 매일경제 http://news.mk.co.kr/v3/view.
　　php?no=616248&year=2012/.

**웹사이트**

www.globalwindow.org/.

## 해외 현장의 생생한 경험과 정보를 주신 분들

**KOTRA**

이헌찬 전문위원 (중국)

신환섭 이사 (일본)

윤현철 부관장 (독일)

정광영 이사, 장명철 차장 (영국)

이도형 차장 (오스트리아)

박종근 관장, 전춘우 관장 (중남미)

이윤영, 김문호, 이솔 (자료 수집)

**지역난방공사**

정재훈 팀장, 김학균 차장 (몽골)

**전직 종합상사 무역역군**

원창희, 이병환 (유럽, 중동)

이창우 (사우디아라비아)

**박학다식 형제들**

박진한 대표, 심숙희 이사 (일본)